T0278053

Rûmî

بشنو این نی

Halil Bárcena

Rûmî

Alquimista del corazón, maestro de derviches

Herder

Caligrafía árabe: «Escucha el ney», primer verso del *Maznawî* de Rûmî,
realizada por Halil Bárcena
Diseño de portada: Stefano Vuga

© *2023, Halil Bárcena*
© *2024, Herder Editorial, S.L., Barcelona*

1.ª edición, 2.ª impresión, 2024

ISBN: 978-84-254-5091-4

Imprenta: Sagràfic
Depósito legal: B - 4185 - 2024
Printed in Spain - Impreso en España

Herder
www.herdereditorial.com

Índice

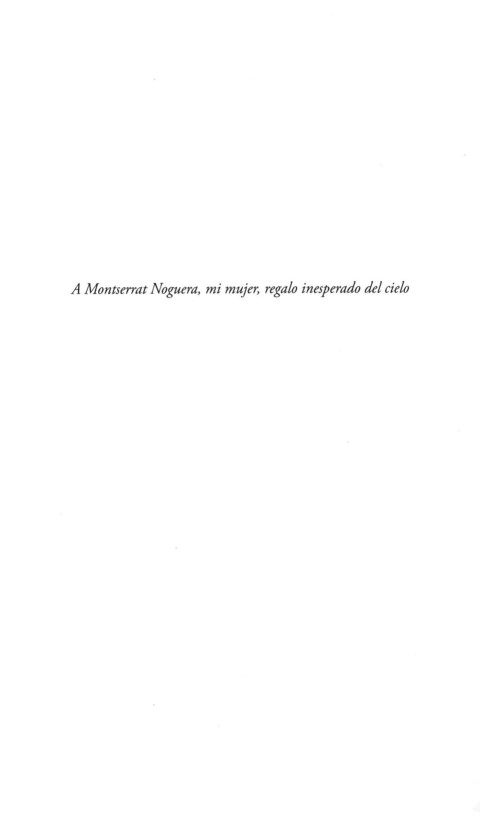

A Montserrat Noguera, mi mujer, regalo inesperado del cielo

¿Y cómo podrían las uvas producir vino sin antes ser pisoteadas?

(Rûmî, *Maznawî* I, 2931)

Es verdad que jamás un amante busca a su amado
sin haber sido buscado antes por este.

(Rûmî, *Maznawî* III, 4393)

Proemio

Cae la tarde en Konya, una ciudad que posee una belleza misteriosa, fragante y sensual. Los últimos rayos de este tímido sol de diciembre acarician las cúpulas de las viejas mezquitas que nos hablan en silencio acerca de un pasado esplendoroso. La luna va asomándose en el horizonte sosegado de la vieja Iconium visitada por Pablo de Tarso en los albores del cristianismo, la misma ciudad que fuera en su día, allá por el siglo XIII, la suntuosa capital del Sultanato selyúcida de Rûm, ya bajo poder turco. De fondo, suena el *azan*, la llamada a la oración que emerge desde los alminares en forma de lápiz de todas las mezquitas de la ciudad. Estamos a las puertas del invierno y el frío se deja sentir con intensidad en el corazón de la Anatolia turca. Grupos numerosos de personas, familias enteras, se dirigen a buen paso hacia el «Centro Cultural Mevlana», un moderno complejo cultural y sala de conciertos que hoy acoge la célebre ceremonia de los derviches giróvagos denominada *samâ*. Al parecer, está prevista la actuación de varios de los mejores músicos, cantantes y recitadores de Corán de toda Turquía, algunos venidos expresamente desde Estambul. En 2003, dicha ceremonia fue declarada por la UNESCO Patrimonio Cultural Inmaterial de la Humanidad. Su elemento más vistoso es la hipnótica danza circular, que más que danza es plegaria en movimiento. El poeta Rainer M. Rilke (m. 1926), tras contemplarla en El Cairo, allá por el año 1910, escribió: «Es el auténtico misterio de la postración de la persona que se arrodilla desde dentro».[1] La danza de los derviches giróvagos ha atraído a lo largo de los últimos siglos a numerosos artistas, literatos y aventureros. Tal vez el testimonio más bello se lo debamos al escritor francés Théophile Gautier (m. 1872), que tuvo la oportunidad de contemplarlos en el barrio estambulita de Gálata. Los derviches giróvagos, escribe Gautier:

> [...] actúan como nadadores confiados que se dejan arrastrar por el río del éxtasis [...]. Su falda, como un pájaro al emprender el vuelo, palpita y aletea; su velocidad se acelera; la tela flexible alzada por el aire que se cuela, se despliega en rueda, se acampana como un torbellino de blancura cuyo centro es el derviche [...]. Su danza evoca el vuelo de un enjambre de espíritus celestes o grandes pájaros místicos abatiéndose al suelo.[2]

La actuación que tiene lugar en Konya forma parte de los actos anuales de homenaje al poeta y sabio sufí persa Rûmî, muerto y enterrado en este lugar un 17 de diciembre de 1273. Conocido entre sus discípulos como Mawlânâ, literalmente «Nuestro Maestro», él es el verdadero artífice e inspirador no solo del *samâ'*, sino también de la fraternidad sufí de los derviches giróvagos *mawlawîes* que hoy honran la memoria de su maestro espiritual cantando y danzando. De unos años a esta parte, gracias a la popularidad alcanzada por Rûmî en Occidente, Konya se llena hasta los topes, a mediados del mes de diciembre, de visitantes, tanto nacionales como extranjeros de todos los rincones del mundo, venidos para rendirle tributo al sabio sufí de Konya, convertido hoy en fuente de inspiración

---

1. Citado en Halil Bárcena, *Perlas sufíes. Saber y sabor de Mevlânâ Rûmî*, Barcelona, Herder, 2015, p. 181.
2. Citado en Juan Goytisolo, *Estambul otomano*, Barcelona, Planeta, 1989, p. 55.

para millones de hombres y mujeres de todo el planeta. De tal manera esta ciudad apacible el resto del año, vive durante estos días un momento muy particular de efervescencia en torno a la figura del que es su hijo adoptivo más ilustre, Rûmî, una de las cimas espirituales no ya del islam, en cuyo seno ocupa un lugar de privilegio como uno de los principales sabios y poetas sufíes en lengua persa, sino de la espiritualidad universal. El hecho de que el año 2007 fuese declarado por la UNESCO «Año Internacional Rûmî», coincidiendo con el 800 aniversario de su nacimiento, supuso una forma explícita de reconocer la universalidad de su legado literario y espiritual.

Fue precisamente tras establecerse en Konya, «una ciudad delicada, elegante, amante de la música y de la danza»,[3] tal como la definió el escritor turco Ahmet Hamdı Tanpınar (m. 1962), cuando los sentidos altamente refinados de Rûmî se abrieron a la belleza de la realidad circundante y su alma se llenó de las más puras visiones místicas. En esta ciudad que le rinde tan fervoroso tributo, se produciría el descubrimiento del amor, símbolo central de su filosofía espiritual, gracias al encuentro con un extraño derviche errante, tan radical como inclasificable, a quien se lo conocía con el nombre de Shams. Dicho encuentro, único por sus características en la historia del sufismo, marcó el acto de nacimiento del Rûmî cantor del amor místico que ha pasado a la posteridad como uno de los nombres más relevantes que la tradición islámica ha dado al mundo.

Rûmî pertenece a esa categoría particular de sabios musulmanes para quienes el mundo no es sino un texto en el que aparecen inscritos los signos divinos. Para tales hombres y mujeres fuera de lo común, la teofanía no es algo puntual, ondulatorio por así decirlo, sino permanente. Dichos seres humanos encarnan lo que los sabios sufíes denominan la *wilâya* o proximidad a Dios, que no es sino la

---

3. Ahmet Hamdı Tanpınar, *Cinco ciudades*, Madrid, Sexto Piso, 2017, p. 110.

conciencia ininterrumpida de la presencia divina. Son los llamados «conocedores por Dios» *('ârifûn bi-Llâh); esos* que han conseguido traspasar el secreto del velo y contemplan a Dios en todas partes y en cualquier circunstancia, quienes son capaces de ver Su gracia y Su misericordia infinitas colmando lo finito y perecedero. De ahí que afirmen que el ser finito del hombre participa del ser eterno de Dios, «el Geómetra de la eternidad» en palabras del propio Rûmî.

Tales sabios poseen la intuición de las esencias, el discernimiento cabal de las formas, de tal manera que presienten de modo natural la naturaleza real de las cosas. Rûmî, que buceó hasta los fundamentos mismos de la existencia, experimentó en vida una verdadera metamorfosis de la mirada. De ahí que en su obra hallemos de principio a fin una cálida invitación a la conversión de nuestra atención, consciente de que cada ser es y se convierte en lo que mira. Rûmî nos enseña una nueva forma de mirar; él que miró con humildad y, al mismo tiempo, con valentía donde nadie antes había mirado.

Hay autores que únicamente adquieren celebridad gracias a sus obras escritas; fuera de sus poemas, de sus ensayos o de sus novelas, no existen. Otros, sin embargo, la alcanzan al unir sus singulares vidas a sus obras. Uno de esos autores privilegiados fue Rûmî, alguien a quien no le faltó jamás sinceridad a la hora de escribir. Y es que fue de una veracidad que no puede expresarse con palabras. Fue un hombre que vivió lo que escribió y escribió lo que vivió. Esta conexión íntima entre la obra y la personalidad del autor, tal identidad entre el mensaje y el mensajero, pocas veces se ha afirmado con mayor rotundidad como en su caso. A una obra absolutamente insólita en el ámbito espiritual de todos los tiempos se corresponde una personalidad fuera de lo común desde cualquier punto de vista. Pues bien, en estas páginas nos embarcaremos en la tarea de bosquejar su singladura vital, al tiempo que nos sumergiremos en su vasta obra poética, verdadera suma metafísica en verso, sabedores de que esta, expresión misma de la potencia de su genio tanto creativo como didáctico, es el espejo en el que se refleja todo su universo espiritual y, en particular, su vivencia fruitiva de Dios.

Así pues, en estas páginas vuelvo a ocuparme del sabio sufí de Konya, a quien he dedicado algunos de mis libros anteriores y también mi tesis doctoral, que versó sobre el simbolismo del *ney*, la flauta sufí de caña, en el sufismo de Rûmî. Gracias al *ney*, cuyo sonido lastimero tanto amó, se convertiría, andando el tiempo, en el instrumento musical por excelencia del sufismo. Y vuelvo a ocuparme otra vez de Rûmî, porque hay autores que exigen toda una vida, del mismo modo que hay amores —y yo no oculto el que siento por él— que duran siempre. Vuelvo a Rûmî, aunque la verdad es que jamás me he despegado de él, desde que irrumpiera en mi vida de forma inesperada, siendo yo por entonces un joven sediento de ser, de belleza y de veracidad, hace de eso más de tres décadas.

Debo decir que a la hora de escribir el libro que tienes en tus manos, querido lector, no he estado solo. Me han acompañado todos aquellos grandes maestros y expertos en Rûmî que me precedieron en el estudio de su magna obra y de su apasionante periplo vital; nombres ilustres, del pasado y el presente, cuya lista es larga. Y es que se escribe siempre con el cúmulo de lo que han escrito los demás previamente. Tampoco quiero olvidarme de todas esas personas, derviches *mawlawîes* algunas de ellas, que he ido encontrando a lo largo de los años y que me han ayudado a comprender mejor no tanto el saber de Rûmî sino cómo transmite ese saber. De hecho, en la manera particular que tiene Rûmî de decir las cosas reside su verdadero encanto. En cualquier caso, nadie salvo yo es responsable de los posibles errores que pueda haber en estas páginas. En cambio, todas las personas, sin excepción, que me han brindado su ayuda y apoyo desinteresado participan en sus posibles aciertos.

Por último, un aviso para navegantes. Querido lector, no niego que el Rûmî que aparece en estas páginas es *mi* Rûmî. Y es que toda biografía nos habla también acerca de nosotros mismos. ¿Acaso narrar otra vida no es narrar un poquito la nuestra también? Indudablemente, para entender en profundidad a un autor y poder participar en su forma de pensar y en su estilo de vida, hay que poseer empatía con él, a fin de comprender certeramente el alcance de sus palabras y de sus acciones, lo cual va mucho más allá del mero conocimiento racional. Reynold A. Nicholson, uno de sus más grandes expertos, el primero en traducir al inglés una parte sustancial del *Maznawî*, reconoció en su día que, al fin y al cabo, solo el místico es capaz de conocer al místico. Es el propio Rûmî quien advierte que para comprender verdaderamente una realidad hay que convertirse en ella. Sea como fuere, saldo con este libro una vieja deuda. Agradezco a mi editor que me haya permitido hacerlo. Esta es la historia de Mawlânâ Rûmî, que fue todo un alquimista del corazón y un auténtico maestro de derviches.

Halil Bárcena
Barcelona-Konya-Estambul

Nota sobre las transcripciones

Hemos optado por un sistema simplificado para la transcripción del léxico árabe y persa, prescindiendo de caracteres diacríticos. Así pues, las letras enfáticas del alifato árabe (*d, t, s, z*) no se diferencian de las consonantes ordinarias. Análogamente, el sonido gutural de la *hamza* y la letra '*ayn* se transcriben por el apóstrofo simple. Respecto al resto, la *dh* suena como la *th* inglesa; la *h* es siempre aspirada; la *s* es siempre dura; la *sh* suena como la *s* inglesa en *sugar;* la *w* corresponde siempre a la vocal *u;* la *y* se pronuncia como la *dj* francesa o la *j* catalana.

El acento circunflejo representa la *scriptio plena*. El artículo árabe aparece como *al-* (incluso ante letras solares) y como *l-* cuando va precedido de una palabra terminada en vocal. La *tâ' marbûta* se transcribe como *a* (en estado absoluto) y *at* (en estado constructo). *Alif maqsûra* se transcribe como *à*.

Para la transliteración de términos persas, hemos seguido idéntico criterio que el empleado en el caso del árabe, a pesar de que la pronunciación de dichas letras comunes difiera en ambas lenguas. La *idâfa* persa se transcribe como *-i* y *-yi*.

Para la terminología técnica en turco, hemos optado por la transliteración del alfabeto turco moderno.

* * *

Respecto a los textos de Rûmî, tanto poéticos como en prosa, doy mi propia traducción a partir del original persa. Estos son los textos persas utilizados:

Kitâb Fîhi mâ fîhi, ed. de Badî' al-Zamân Forûzânfar (5.ª ed.), Teherán, Amîr Kabîr, 1983 (Las referencias a esta obra están anotadas con la abreviatura FF, seguida del n.º de capítulo y del n.º de página).

Kullîyât-i Shams-i Dîwân-i Kabîr, ed. de Badî' al-Zamân Forûzânfar (2.ª ed.), Teherán, Amîr Kabîr, 1965-1967 (Las referencias a esta obra están anotadas con la abreviatura DS, seguida del n.º del poema en esta edición. Por lo que hace a las *Rubâ'îyât* o *Cuartetos*, las referencias están anotadas con la abreviatura R, seguida del n.º del poema en esta edición).

Maznawî-yi Ma'nawî, ed. de Reynold A. Nicholson, Teherán, Intishârât-i Dustân / Intishârât-i Nâhîd, 1993 (Las referencias a esta obra están anotadas con la abreviatura M, seguida del n.º del libro y del n.º de los versos en esta edición).

Maktûbât, Teherán, Markaz Nashr Dâneshgâhî, 1992.

En cuanto a las citaciones coránicas, he utilizado la traducción de Muhámmad Asad, *El mensaje del Qur'an*, Almodóvar del Río (Córdoba), Junta Islámica, 2001.

I
Mawlânâ Rûmî y la senda sufí del amor

Una vida hecha obra de arte

En las últimas décadas, hemos asistido a un creciente interés por el *tasawwuf* o sufismo, la dimensión mística del islam, eso que se ha dado en llamar el corazón del islam y que, a mi juicio, es también el islam del corazón. Dicho interés, no limitado exclusivamente al ámbito de la investigación académica, ha recalado en algunas de sus figuras más prominentes, como es el caso del poeta y sabio persa Mawlânâ[1] Rûmî (1207-1273), cuyo fascinante periplo vital —una verdadera obra de arte, en palabras del islamólogo iraní Seyyed Hossein Nasr— nos proponemos bosquejar en estas páginas.

Desde el siglo XIII hasta nuestros días, el sufismo de Rûmî, caracterizado por un nítido espíritu de tolerancia y un profundo universalismo integrador, ha impregnado de modo decisivo todo el pensamiento y la espiritualidad del islam; también el arte, desde la música y la poesía hasta la caligrafía. El nombre de Rûmî está escrito con letras de molde en la historia del sufismo. Sin embargo, no se trata de una figura que pertenezca solamente al pasado. La memoria de Rûmî aún permanece viva. Hoy en día, sus enseñanzas continúan teniendo vigencia y siguen inspirando a comunidades

---

1. Sus discípulos se dirigían a él como Mawlânâ, es decir, «Nuestro Maestro», de donde el nombre de la escuela y fraternidad sufí que inspiró, la *tarîqa mawlawiyya*, *mevleví* en su forma turca.

enteras de musulmanes de todo origen y condición, así como a multitud de sinceros buscadores espirituales de todas las latitudes del planeta, que en su poesía hallan orientación para conducirse en la vida de una forma más plena y una fuente en la que satisfacer su sed de ser y su nostalgia del absoluto. Rûmî se alza hoy como un faro en las rompientes de un mundo un tanto desnortado; un faro que ilumina con largos guiños a los navegantes que surcan los mares ora calmos, ora procelosos del espíritu.

Es difícil exagerar la relevancia de un autor como Rûmî, cuya centralidad espiritual ha perdurado a lo largo del tiempo hasta nuestros días. Quienes de una u otra forma han hollado la senda espiritual sufí o se han dedicado a su estudio, habrán notado por fuerza su larga sombra proyectarse sobre ellos. Resultaría arduo, por no decir casi imposible, enumerar cuantas traducciones y comentarios ha merecido su vasta obra, los últimos ocho siglos, en las diversas lenguas islámicas, de Bosnia al subcontinente indio. Ningún otro autor musulmán ha originado un corpus interpretativo tan ingente como Rûmî. Incluso una breve reseña de cuanto se ha escrito sobre él y la trascendencia de su obra resultaría abrumadora. Muy posiblemente, el *Maznawî*, su *magnum opus*, esa «inmensa rapsodia mística», según la feliz definición del islamólogo francés Henry Corbin, sea, después del Corán, el libro más comentado en el mundo islámico, sobre todo en el mundo islámico oriental. De dicha obra monumental de más de veinticinco mil versos, que revela el genio particular de Rûmî y su espíritu totalizador, se ha llegado a decir —la expresión es de Yâmî (m. 1492), eminente polígrafo sufí y último gran poeta persa clásico— que es una suerte de «Corán en lengua persa». El caso es que uno tiene la impresión de que Rûmî dijo en el *Maznawî* casi todo lo que merece la pena ser dicho.

Sin embargo, la obra de nuestro autor se encuentra muy lejos de ser una producción meramente acumulativa. Aun siendo un autor prolífico, la cantidad no es el aspecto más relevante de una obra, en buena parte dictada, que brilla con luz propia por su calidad y por el amplísimo alcance de su pensamiento, en el que late una inequívoca aspiración de carácter universal. A pesar de estar profundamente enraizado en la tradición islámica, el mensaje de Rûmî posee una incontestable validez total y global, al fundamentarse en la experiencia del amor divino. Podríamos decir que Rûmî alcanza lo universal desde lo particular: a través de ser esencialmente musulmán cobró participación en lo universal. Al mismo tiempo, el contenido de su poesía no es la mera expresión de emociones y experiencias individuales. Al fin y al cabo, el poeta, cuando lo es de verdad, y a fe que Rûmî lo fue, jamás alza la voz para decir *yo soy*, sino *eso es*. La trascendencia sin reservas de la propia individualidad y el (auto)olvido del sujeto son la savia de la que Rûmî se nutre para alcanzar lo absoluto y universal.

Uno de sus sellos distintivos es su capacidad y disposición a traspasar barreras de todo tipo —culturales, históricas y religiosas también— que para otros marcan límites infranqueables. No en vano creció franqueando no pocas fronteras físicas. Siendo todavía un muchacho sufrió el largo exilio llevado a cabo por su familia, desde el Jorasán persa, en el corazón de Asia Central, donde nació, hasta la ciudad de Konya, en la Anatolia hoy turca, donde halló refugio y ejerció, en primer lugar, como doctor de la ley islámica y, posteriormente, como conductor de almas y maestro de derviches. En un célebre *gazal* u oda mística que se le atribuye, a pesar de no estar clara su autoría, Rûmî reconoce haber trascendido toda barrera religiosa. Y es que el corazón del derviche, vaciado totalmente de sí mismo, en actitud de abandono absoluto y, en consecuencia, siempre en un estado de apertura a la presencia divina y en disposición de recibirla y ser fecundado por ella, es capaz de acogerlo todo o, lo que es lo mismo, de adoptar cualquier forma. Rûmî vivió en un estado perpetuo de disponibilidad para Dios. Despojado de todo artificio, persiguió reducir la vida a su más simple expresión, consciente de la inutilidad de todo lo demás. Solamente desde ahí le es posible a Rûmî, un hombre permeable a la sorpresa y al interés por integrarlo todo, proclamar los siguientes versos de dicho *gazal*, que son su mejor tarjeta de presentación:

¿Qué he de hacer?, ¡oh musulmanes!, pues no me reconozco a mí
 mismo.
No soy ni cristiano, ni judío, ni mazdeo, ni tampoco musulmán.
No soy de Oriente, ni de Occidente, ni de la tierra, ni tampoco del mar.
No pertenezco al mundo de la naturaleza ni al de los cielos circun-
 dantes.
No soy de la tierra, ni del agua, ni del aire, ni tampoco del fuego.
[...] Mi lugar es el no-lugar [*lâ makân*], mi rastro es el no-rastro.
[...] He desterrado la dualidad. Veo que los dos mundos no son sino
 uno.
Uno busco, Uno conozco, Uno veo, Uno llamo.
Él es el Primero, Él es el Último, Él es el Interior, Él es el Exterior.
No conozco sino «Yâ Hû», «Yâ man Hû».[2]
Estoy embriagado con la copa del amor,
los dos mundos se han desvanecido para mí.
No tengo más ocupación ya que danzar y celebrar.[3]

2. *Yâ Hû* y *Yâ man Hû* significan, literalmente, en árabe «¡Oh, Él!» y «¡Oh, El que es!». *Hû*, el pronombre personal «Él», hace referencia a la esencia divina, al absoluto como tal, en su inefable trascendencia y su inviolable misterio.
3. Citado en Reynold A. Nicholson, *Selected Poems from the Divan-e Shams-e Tabrizi of Jalaluddin Rumi*, Bethesda, Ibex, 2001, pp. 124-127. Ofrecemos dicho *gazal* a sabiendas de la sombra de duda que lo cubre. A pesar de ser uno de los poemas más conocidos de Rûmî, lo cierto es que existen dudas acerca de su autoría. De hecho, no aparece en los primeros manuscritos de su *Dîwân-i Shams*, por lo que algunos investigadores no lo consideran suyo. El profesor iraní Badî' al-Zamán Forûzânfar no lo incluye en su edición, hoy obra de referencia. En realidad, Nicholson halló dicho poema en solo uno de los manuscritos que utilizó, datado 170 años después de la muerte de Rûmî.

Con todo, quisiéramos formular aquí una advertencia antes de proseguir con nuestro relato. Estas palabras no nos autorizan a pensar que haya en el sufismo de Rûmî atisbo alguno ni de relativismo ni, mucho menos aún, de nihilismo. Más bien hay que verlas como la prueba de que fue un hombre de síntesis, abierto incondicionalmente a la realidad total, que se supo llamado a reunir lo disperso y a abogar por la unión de los contrarios. Así pues, quienes han querido ver en él, a partir del citado *gazal*, una suerte de eterno extático atemporal, sin orígenes culturales ni tradición religiosa alguna, erran el juicio. Eso sería contentarse con una primera visión demasiado superficial y apresurada de sus palabras. En ese sentido, resulta esclarecedor leer los versos anteriores en paralelo al siguiente cuarteto también de su autoría, aunque sintomáticamente muy poco citado:

> Yo soy el siervo del Corán mientras viva.
> Yo soy el polvo del camino de Muhammad, el profeta escogido.
> Y si alguien afirma lo contrario de mí,
> yo condeno sus palabras y lo repudio.
>
> (R 1173)

Y es que cuando uno se sumerge en la poesía de Rûmî y se topa por doquier con su particular manera de referirse al Corán y al profeta del islam y sus dichos sapienciales, tanto implícita como explícitamente, percibe hasta qué punto ese legado escriturario islámico marcó toda su obra y su personalidad, como no podía ser de otro modo, por otro lado, al tratarse de un verdadero sabio en las diferentes ciencias del islam y de un devoto musulmán para quien Muhammad fue, según sus propias palabras:

> El guía de los que nada poseen y de los humildes de espíritu [...],
> el ciprés del jardín de los profetas, la primavera del mundo del conocimiento,

la rosa y el jacinto del jardín de la senda espiritual, el ruiseñor del
    mundo superior,
el más puro, el elegido, el sublime, el elevado.
¡Oh, tú que sanas los corazones! Amigo íntimo de Dios.[4]

No hay que perder de vista jamás al acercarnos a Rûmî que todo
en él es consecuencia de una radical asunción existencial de la
cosmovisión coránica encarnada en la figura de Muhammad, el
profeta del islam. Hâdî Hâ'irî, uno de los más eximios especialistas
en Rûmî, concluye, tras un exhaustivo estudio realizado a propósito
del *Maznawî*, que más de 6 000 versos —un 25 % del total del libro— contienen paráfrasis, traducciones directas al persa, e incluso
el texto en árabe, de distintas aleyas coránicas. En definitiva, es
imposible comprender a Rûmî sin el islam, del mismo modo que
se nos antoja difícil penetrar en san Juan de la Cruz, pongamos
por caso, sin tener en cuenta su contexto teológico y espiritual
cristiano. Porque el sufismo es el corazón del islam y el islam del
corazón, pero el islam es el corazón del sufismo.

Muy posiblemente, cuando Rûmî compuso el cuarteto antes
citado lo hizo pensando en todos aquellos que en su momento le
censuraron el nuevo rumbo que tomó su vida, tras el encuentro decisivo con Shams, episodio este al que volveremos, dada la enorme
trascendencia que tuvo en la vida de Rûmî. De hecho, el Rûmî que
hoy admiramos es el nuevo que emergió tras toparse con Shams.
Lo cierto es que algunos de sus alumnos y allegados, que adolecían
de una enfermiza estrechez de miras, debieron pensar que no era
propio de un distinguido hombre de religión darse a la poesía y
al ejercicio de prácticas tan poco decorosas y edificantes como la

---

4. Estos versos corresponden al llamado *Na't şerif* en turco, un himno encomiástico al profeta Muhammad. Atribuido al propio Rûmî, fue musicado por
Buhûrizâde Mustafâ Itri Efendi (m. 1711), uno de los más grandes compositores
de la música otomana. Cantado *a capella*, dicho himno abre el *samâ' mawlawî*,
la ceremonia ritual que incluye la célebre danza circular.

música y la danza, consideradas por algunos como contrarias a la ley religiosa. Hay que decir, sin embargo, para no faltar a la verdad, que Rûmî jamás sufrió condena alguna por ello —más allá de algún que otro incidente menor—, muy al contrario de lo que a veces se ha dicho. Al fin y al cabo, nada hay de reprochable ni en el periplo vital ni en la obra de Rûmî, desde el punto de vista islámico. Ya en vida fue un hombre no solo respetado, sino también venerado, que contó con numerosos discípulos y simpatizantes. En modo alguno Rûmî corrió la suerte, por ejemplo, de Mansûr Hallây (m. 922),[5] a quien admiraba, ejecutado en Bagdad a causa de su enseñanza espiritual —tenida por blasfema— y por sus ideas políticas socializantes.

Retomando el hilo del cuarteto referido anteriormente, podemos convenir que la queja que Rûmî expresa en él bien podría referirse hoy a quienes, desde ciertas expresiones de la llamada espiritualidad *new age*, soslayan su islamicidad, a veces de forma inconsciente, por simple desconocimiento. Sea como fuere, el caso es que, por fuerza la experiencia humana de expatriación vivida por Rûmî durante el primer tramo de su periplo vital tuvo que haber modelado no solo su carácter —Rûmî se supo en vida siempre un expatriado—, sino también su pensamiento espiritual, atravesado todo él por la idea del viaje y el exilio. Un viaje que, huelga decirlo, no se circunscribe al hecho material y específico del desplazamiento físico a un lugar determinado, sino que alude a una travesía simbólica o, acudiendo una vez más a Henry Corbin, a un acontecimiento del alma acaecido en una topografía estrictamente espiritual que en modo alguno designa una ubicación ni geográfica ni temporal. No es, por lo tanto, un suceso en el tiempo, lo cual quiere decir que acontece en una temporalidad privilegiada que no es el tiempo cronológico o secuencial, el tiempo evanescente, denso y cuantitativo, sino un

5. Cf. Hallây, *Dîwân*, Barcelona, Fragmenta, 2021. Edición, traducción y caligrafía árabe de Halil Bárcena.

tiempo kairológico, sutil y cualitativo. Por ello, no aparece en los anales de la historiografía, sino en esa otra historia que más bien es hierohistoria, una verdadera historia sagrada. Ambos motivos, viaje y exilio, junto con los de la nostalgia y el retorno, la pérdida y el reencuentro, que les son afines, palpitan muy presentes en toda la poesía de Rûmî, un exiliado él mismo, a fin de cuentas. De hecho, el binomio exilio/retorno, que no es sino la historia simbólica del ser humano escindido de su fuente original en Dios, es el tema predilecto, mayor y fundamental del sufismo, sobre todo el de raigambre persa. Pero no se trata de términos antitéticos o de realidades excluyentes. Al fin y al cabo, la historia de toda pérdida es también la historia de un posible hallazgo. A decir verdad, el sufismo persa, en el que Rûmî se inscribe, constituye todo él una verdadera parábola sobre el exilio espiritual *(gurba)* y las hondas emociones que lo acompañan, como el dolor por la separación, la nostalgia del origen perdido y el anhelo del retorno, teniendo en cuenta que, tal como ya hemos anticipado, dicho origen no se encuentra en un espacio determinado, puesto que no es un sitio geográficamente localizado, sino una presencia localizadora que nos sitúa u orienta como seres humanos ante el mundo y ante Dios. En resumen, el origen del que habla Rûmî es un lugar del alma; y el retorno a él, ontológicamente hablando, un modo de ser. Nos hallamos aquí ante el derviche como prototipo del ser humano en tránsito perpetuo, cuya senda lo proyecta hacia una meta desconocida. Es el *homo viator* por excelencia, para quien vivir es viajar, y viajar, ser.

Pero volvamos a la disposición a traspasar barreras de nuestro autor, que es lo que más nos interesa subrayar por el momento. En cierto modo, Rûmî rehusó con firmeza permanecer confinado en los estrechos márgenes de una religión acomodaticia que le había granjeado prestigio y seguridad, ciertamente, pero no plenitud. Y es que toda seguridad fundamenta su aparente solidez en el hecho de evitar ser sometida a discusión. Su sed de ser, esa sed innata de belleza y verdad que se siente en lo más hondo del corazón humano, parte irreductible del hombre, y que los místicos experimentan como una suerte de deseo esencial, insaciable y transfigurador, no se vio colmada hasta haberse aventurado en un nuevo camino por el que jamás antes había transitado; un camino más allá del dogmatismo religioso y, en consecuencia, no momificado por los profesionales de la teología, ni los burócratas de lo sagrado.

Rûmî, por entonces ya adulto, lo denominó *madhhab-i 'ishq* en persa, su lengua materna, esto es, la «senda de la pasión amorosa». Y es que el amor acabaría convirtiéndose para él en el «astrolabio de los misterios divinos» (M I, 110), tanto el fundamento como el motivo de la existencia, la fuerza que lo engendra todo, lo que da sentido a la realidad y lo que la transforma. El amor es la causa final de la creación. «Si no existiese el amor —sostiene Rûmî— el mundo se apagaría» (M V, 3856). Y añade:

> Por el amor, las cosas amargas se vuelven dulces; por el amor, los trozos de cobre se tornan como el oro;
> por el amor, las heces se aclaran y se vuelven limpias; por el amor, el dolor se convierte en cura;
> por el amor, el muerto vive; por el amor, el rey se convierte en esclavo.
>
> (M II, 1530-1532)

Dicho sin ambages, el amor *('ishq)* y la muerte mística, realidades que para Rûmî están inextricablemente unidas, son los dos grandes temas que atraviesan toda su obra y, en consecuencia, su filosofía espiritual. Ambos están presentes, igualmente, en la simbología, el ritual y los pormenores de la vida comunitaria del sufismo *mawlawî* inspirado en y por Rûmî. Un rasgo muy característico de su poesía es la coalescencia del amor y la muerte mística en un mismo verso, subrayando de este modo que no hay amor digno de ser llamado así sin pasar por la experiencia de la propia muerte mística. Y es que, para Rûmî, amar es morir, o lo que es lo mismo, solo quien se vive a sí mismo como nada, vive al Amado divino como todo: «La vida de los amantes apasionados consiste en la muerte. No obtendrás el corazón del Amado divino sin antes perder el tuyo» (M I, 1751).

Por otro lado, al hablar del amor en Rûmî nos hemos de referir forzosamente a la belleza. De hecho, existe un vínculo muy estrecho e ineludible entre la belleza y el amor. La belleza despierta el amor y el amor engendra la belleza. Y esa es, precisamente, la función alquímica que la belleza opera en el corazón enamorado del aspirante sufí, teniendo en cuenta que el corazón es el lugar privilegiado donde fue plantada la semilla de la belleza, dando origen de este modo al chispazo inicial del amor. Para Rûmî, la belleza es la teofanía por excelencia. Según un célebre hadiz atribuido al profeta Muhammad, «Dios es bello y ama la belleza». Sin embargo, nada de cuanto venimos diciendo se habría desencadenado de no haber sido por el encuentro con ese derviche errante, tan indómito como inclasificable, llamado Shams, al cual ya nos hemos referido páginas atrás. Aunque Rûmî se hallaba preparado para un acontecimiento de tal magnitud, la coincidencia con Shams fue absolutamente fortuita. Y es que los hechos fundamentales de la existencia humana, como el nacimiento y la muerte, la irrupción del milagro de la amistad y el amor —porque eso son, en definitiva, la amistad y el amor, verdaderos milagros—, no los planificamos, es decir, no son fruto de nuestra elección ni de nuestra voluntad, sino que nos son dados y, muchas veces, impuestos incluso. Nadie puede planear que salga el sol o que llueva.

Como todo amor verdadero, la relación entre Shams y Rûmî tuvo algo de providencial, ya que no fue elegida, sino destinada. El amor incondicional entre ambos fue decreto y destino. Y es que dicho encuentro fue mucho más que un mero acontecimiento como otros en la vida de Rûmî; de ambos, más exactamente. Fue la acuñación definitiva de un verdadero mito del sufismo. Shams ejerció en Rûmî una influencia decisiva, como si el azar se hubiese hecho destino. Pero, más que un mero encuentro, la irrupción de aquel derviche errante fue una revelación, una auténtica conmoción que hizo tambalearse todos los cimientos sobre los que Rûmî había sustentado su vida hasta entonces. Fue ese un instante fundacional para él. Desorientado y hasta perdido incluso, en un principio, descubrirá junto a Shams, y gracias a él, una nueva visión espiritual del mundo. Y es que Shams pertenecía a esa categoría de personas que actúan de simiente, nutriendo nuestro ser y abriéndolo a la percepción de otras dimensiones de la realidad y a nuevas posibilidades existenciales.

Personaje enigmático sobre el que bien poco sabemos con certeza, su nombre aparece envuelto por un halo de misterio. ¿Quién fue y qué fue realmente Shams? En su momento, trataremos de elucidarlo. Lo que sí podemos anticipar ahora es que dicho acontecimiento, extraordinario y determinante en la odisea espiritual de Rûmî, el que define esencialmente su curva de vida, cambió de forma raigal su existencia personal, al tiempo que modeló su pensamiento espiritual, despertando en él la vocación poética y musical. De ahí que su obra no se pueda comprender sin conocer también su vida, tan profunda y plena como su pensamiento. Y ese es el propósito que alienta estas páginas: narrar la fascinante vida de un ser extraordinario.

Shams, que desenmascaró el saber afectado de Rûmî, que conturbó con su presencia la paz hasta entonces ficticia de nuestro autor, la tranquilidad relativa de quien vive parapetado en dogmas y creencias, lo condujo hacia un mundo que jamás había visto, totalmente desconocido hasta entonces para él; hacia un plano superior de la realidad en el que lo divino se presiente con mayor intensidad no como idea ni como objeto de fe, sino como presencia iluminadora. Y es que la palabra «agua» no quita la sed, del mismo modo que nadie se embriaga diciendo «vino». En Shams, tanto el agua como el vino eran vida y no meros conceptos. ¡De qué sirven tantas palabras cuando no hay conocimiento interior, ni ojos que vean! Shams no hablaba de memoria, ni tampoco de doctrinas aprendidas, sino de vida vivida, es decir, de lo que había visto con sus propios ojos y palpado con sus propias manos. Tanto en él como en Rûmî, maestros de la experiencia, hallamos un estrecho vínculo entre pensamiento y vivencia espiritual, conscientes ambos de que una cosa es tener información del fuego por lo que nos han dicho acerca de él y otra muy distinta por haberse quemado en él. Rûmî se pregunta «¿cómo podría alcanzarse la perla mirando simplemente el mar desde la orilla?» (FF L, 186).

Aquel hombre solar —*shams* significa en árabe «sol», justamente, un nombre muy en boga por aquel entonces—, en cuyo interior ardía una suerte de ancestral fuego sacro, derviche encendido e incendiado, operó en Rûmî todo un descentramiento existencial, copernicano, una verdadera intensificación del ser, al tocar las fibras más sensibles, íntimas y a veces contradictorias del ser humano. Fue de ese modo como Rûmî logró transformar de cuajo su alma, lo cual le capacitó para abrirse a todo un nuevo horizonte de posibilidades existenciales anteriormente impensadas. Gracias al concurso de Shams, alguien, al parecer, firme como una roca y libre como el viento, cuya fuerza era su integridad, Rûmî consiguió superar el conformismo y servidumbre a todo aquello recibido como inamovible. Podría decirse que la religión dejó de ser para él dogma heredado, convirtiéndose en presencia real de lo divino hecho presente en cada presente. Sin duda la irrupción de Shams en la vida de Rûmî fue el origen de su conversión, es decir, de la nueva dirección que emprendió con toda su alma. Y es que hay seres —como también lugares y acontecimientos— privilegiados, personas que lo metamorfosean todo a su alrededor, que despiertan en nosotros el sentido de lo sagrado y lo maravilloso. En resumidas cuentas, Rûmî halló en Shams un espíritu afín y una fuente inagotable de continua inspiración, más allá incluso de la muerte.

Un autor de moda en Occidente

En los últimos tiempos, Rûmî ha trascendido los lindes geográficos —y espirituales también— del orbe islámico, en el que se desarrolló, logrando pasar a la posteridad como uno de los mayores místicos y pensadores con carácter universal, una prerrogativa que hoy nadie discute. Porque no hay duda de que Rûmî ha protagonizado uno de los grandes episodios de la historia del espíritu humano. Hoy, su legado literario y espiritual está presente —e influye de manera decisiva— en el estudio de la espiritualidad en los más diversos medios y ámbitos de todo el mundo. Y es que su ascendiente sigue vivo a más de siete siglos de su muerte.

Es innegable la vigorosa actualidad de su pensamiento espiritual, así como el impacto de su obra entre personas espirituales, artistas, científicos e intelectuales contemporáneos de lugares, tendencias y estilos de vida muy diversos, como el poeta y filósofo indio Allamah Muhammad Iqbal (m. 1938), Yahya Kemal (m. 1958), el último poeta clásico turco; el también poeta turco, además de dramaturgo y ensayista de tendencia comunista, Nazim Hikmet (m. 1963); el físico pakistaní Muhammad Abdus Salam (m. 1996), Premio Nobel de Física; la islamóloga y traductora francesa Eva de Vitray-Meyerovitch (m. 1999), enterrada en Konya, no muy lejos del mausoleo, hoy museo, donde yacen los restos de Rûmî; el bailarín y coreógrafo francés Maurice Béjart (m. 2007); el cantante iraní Shahram Nazeri; el compositor estadounidense de música minimalista Philip Glass o el videoartista, también estadounidense, Bill Viola, entre otros nombres destacados.

El corazón mendigo de sabiduría, belleza y amor de los hombres y mujeres de nuestra atribulada contemporaneidad, que en Occidente se manifiesta en forma de apertura significativa e interpelante a las diferentes expresiones místicas no europeas, ha encontrado en Rûmî una fuente inagotable en la que saciarse. Ningún otro místico y poeta del mundo islámico es tan conocido en Occidente como lo es él. Sorprendentemente, hoy algunas de las traducciones de sus poemas —versiones o adaptaciones debiéramos decir para ser más exactos— han llegado incluso a lo más alto de las listas de libros más vendidos en Estados Unidos. El 25 de noviembre de 1997, el rotativo norteamericano *The Christian Science Monitor* recogía un artículo de la periodista Alexandra Marks en el que podía leerse: «Rûmî se ha convertido en el poeta más vendido en los Estados Unidos».[6] Ese mismo año, pocos días antes, el 3 de noviembre, otro prestigioso diario norteamericano, el *USA Today*, incluía entre su selecta lista de recomendaciones literarias el libro *The Illuminated Rumi*,[7] una antología de poemas de Rûmî, versionados libremente —¡demasiado libremente en algunos casos!— por Coleman Barks e ilustrados por Michael Green. Resulta de una curiosa ironía constatar que Rûmî, un poeta musulmán, nacido muy cerca de lo que hoy es Afganistán y cuya lengua materna fue el persa, la lengua mayoritaria hablada en Irán, sea *best seller* en Estados Unidos, cuyas tensas relaciones con ambos países, Afganistán e Irán, en los últimos tiempos, son de sobra conocidas. Pero, al margen de lo meramente anecdótico, uno sospecha que Rûmî, y ese es su último destino, está llamado a ser un nexo de unión entre naciones, culturas y religiones que han vivido durante siglos dándose la espalda, cuando no luchando entre sí a viva fuerza, con el consiguiente empobrecimiento de todas ellas.

Por otro lado, la proclamación por parte de la UNESCO del «Año Internacional Rûmî», en 2007, coincidiendo con el octingentésimo aniversario de su nacimiento, supuso el reconocimiento oficial del carácter universal de su pensamiento. Unos años antes, en 2003, el *samâ'*, la ceremonia ritual que incluye la célebre

6. Citado en Franklin D. Lewis, *Rumi. Past and Present, East and West. The Life, Teachings and Poetry of Jalâl al-Din Rumi*, Oxford, Oneworld, 2000, p. 1. La antología *The Essential Rumi*, Nueva York, HarperCollins, 1995, traducida por Coleman Barks, alcanzó la inaudita cifra de 100 000 ejemplares vendidos.
7. Coleman Barks, *The Illuminated Rumi*, Nueva York, Broadway Books, 1997.

danza circular de los derviches giróvagos, había sido incluido en la lista del patrimonio cultural inmaterial de la humanidad de la UNESCO. De ahí que hoy podamos proclamar que Rûmî es un bien de todos. Los derviches *bektaşíes* turcos tienen un dicho que describe a la perfección la universalidad de Rûmî, en tanto *walî* o «amigo íntimo de Dios», equivalente *mutatis mutandis* del santo cristiano. Dice así: «El *walî*, cuando lo es de verdad, lo es para todo el mundo».[8]

A pesar de la notable popularidad alcanzada por Rûmî, al menos por cierto Rûmî, entre el público occidental cultivado, todavía sigue siendo un autor en buena medida desconocido. Y es que la súbita fama sobrevenida tras la ingente proliferación de versiones libres de sus versos, después divulgados de forma parcial y fragmentada en las redes sociales, no se ha traducido en una comprensión más certera ni de su compleja personalidad, ni tampoco de su vasta obra, cuajada de múltiples significaciones. Por ello, es legítimo preguntarse si el Rûmî de las adaptaciones populares es el mismo Rûmî que leemos en el original persa. Lo cierto es que coexisten hoy dos Rûmî en el mercado editorial occidental: el de las versiones en las distintas lenguas occidentales, realizadas mayoritariamente a partir del inglés, un Rûmî empalagoso y desislamizado, muy del gusto de ciertos paladares occidentales poco exigentes; y el auténtico Rûmî, el que late con vigor en el original persa y en las traducciones fidedignas que de él han realizado algunos de sus estudiosos más acreditados, como Reynold A. Nicholson, Arthur J. Arberry, William C. Chittick, Ibrahim Gamard y Jawid Mojaddedi al inglés, y Eva de Vitray-Meyerovitch, Leili Anvar-Chenderoff y Christian Jambet al francés, por no citar sino un puñado.

Por desgracia, el conocimiento que en Occidente se posee de Rûmî es escaso, sobre todo acerca de su pensamiento espiritual y

---

8. Halil Bárcena, *Sufismo*, Barcelona, Fragmenta, 2012, p. 50.

del verdadero alcance de este; y todo ello, insistimos, a pesar de la estimable visibilidad que ha cobrado en los últimos tiempos y de la verdadera *Rumimanía* —la expresión es de Franklin D. Lewis—[9] que se aprecia en determinados círculos occidentales, en los cuales Rûmî se ha convertido en un autor de curso corriente, demasiado corriente incluso. Y es que hay que reconocer que Rûmî está de moda. Sin embargo, el perfil del Rûmî mediático está repleto de agujeros negros. Lo cierto es que cuando un autor tan exigente como él se pone de moda y se lo comercia en el «supermercado espiritual», hay que activar las señales de alarma porque, con toda seguridad, se está desfigurando su rostro y prostituyendo su palabra.

Ciertamente, la imagen del Rûmî que fascina en Occidente puede resultar atractiva a simple vista, pero se trata de un Rûmî parcial e irreconocible en muchos casos, al que se le ha amputado su perfil religioso. Es indudable que la vistosidad del *samâ'* ha ejercido desde siempre una atracción sobre el público occidental, lo cual no es un fenómeno nuevo. Ya en la segunda mitad del siglo XIX, los derviches giróvagos habían cautivado la atención de no pocos artistas y escritores europeos, así como de aquellos viajeros que, fascinados por Oriente, recalaban en el Estambul otomano de la época, aún Constantinopla, pertrechados con sus flamantes cámaras fotográficas. Recuérdese que la invención de la fotografía data de 1839 y que las primeras postales de derviches giróvagos se empezaron a comercializar como reclamo turístico durante las dos décadas siguientes. La verdad es que a muchos el velo seductor de la danza derviche les impidió vislumbrar que tras ella se hallaba latente Rûmî y su pensamiento espiritual, algo que, en cierta manera, aún sigue ocurriendo hoy en día con algunas miradas exóticas que se proyectan sobre el sufismo, en general, y, más particularmente, sobre el sufismo de Rûmî.

9. Cf. Franklin D. Lewis, *Rumi...*, *op. cit.*, p. 1.

Un océano infinito

Con Rûmî nos hallamos ante un autor de una imponente talla humana y espiritual, cuyo fértil legado se deja abarcar con dificultad. La geografía de su mundo interior es tan vasta y compleja que es imposible abrazarla y describirla de manera breve. Ante la proliferación de publicaciones de y sobre Rûmî, se ha generalizado la sensación de que se trata de un autor fácil y accesible. Sin embargo, es él mismo el que nos previene acerca de su condición excesiva e inabarcable, al compararse con un «océano infinito»: «Mi propio mar se ha ahogado en sí mismo, ¡asombroso océano infinito que soy yo!» (DS 1759). Es cierto que el propio Rûmî nos pone las cosas un poco difíciles a la hora de acercarnos a él y penetrar en su mundo más íntimo. Se nos muestra esquivo cuando se trata de revelarnos la naturaleza de su experiencia interior, que podría ser descrita como una experiencia del fuego; al fin y al cabo, Dios es para él una suerte de fuego que todo lo consume, de tal manera que su destino no fue otro que consumirse en el fuego del amor divino, a fin de consumarse como ser humano. Así, cuando el joven Husâm al-Dîn Çelebî (1225-1284), discípulo y secretario personal de Rûmî en el último tramo de su vida, le insta a explicitar sin rodeos los secretos de dicho amor divino, Rûmî rehúsa hacerlo directamente, tal como se recoge en el siguiente diálogo entre maestro y discípulo incluido en el propio *Maznawî*, uno de los pasajes más deliciosos del libro:

> Yo digo [es Rûmî quien habla]: «Más vale que el secreto del amigo
> sea disimulado y conocido a través de historias.
> Es preferible que sea otro quien cuente el secreto de los amantes».
> Él dice [es el turno ahora de Husâm al-Dîn]: «¡Decláralo abiertamente, de forma sincera y sin ambages! ¡No busques excusas,
> no seas impertinente!
> Levanta el velo y habla sin tapujos, que yo no llevo camisa cuando
> duermo con la amada».

Yo digo: «Si el amigo se mostrara sin velos, desaparecerías, nada
   quedaría de ti.
Formula tu deseo, pero con tacto. Una brizna de paja no puede
   soportar el peso de una montaña.
Si el Sol que ilumina el mundo se acercara tan solo un poquito más
   a nosotros, todo se consumiría en su fuego».

(M I, 135-141)

Así pues, ¿cómo abarcar un océano infinito?, ¿cómo acercarse a
comprender a alguien que nos evita y se oculta premeditadamente
tras cuentos y leyendas? El propio Rûmî nos advierte de nuevo:

Analízame cuanto desees, que jamás llegarás a conocerme.
Soy muy distinto a lo que crees imaginar de mí.
Mira con mis propios ojos y verás así cómo me veo yo a mí mismo.
He elegido vivir en un lugar que tú no alcanzas a ver.

(DS 1372)

Todo ello nos remite al dilema que asaltó a Julien Green cuando
se enfrentó a la vida de san Francisco, el *poverello* de Asís. «Habría
que ser santo para comprender a un santo», reconocía Green.[10]
Y es que lo semejante solo puede ser conocido por lo semejante.
El propio Rûmî sostiene que, para conocer verdaderamente una
realidad perteneciente al mundo espiritual, el ser humano debe
de convertirse en ella. Lo cierto es que una personalidad tan compleja como la suya se resiste a esquemas fijos.

---

10. Citado en Claude Addas, *Ibn 'Arabí o la búsqueda del azufre rojo*, Murcia,
Editora Regional de Murcia, 1996, p. 20.

Una mística de los signos divinos

No cabe duda de que Rûmî fue un místico, y lo fue en un doble sentido. Primero, por tratarse de un iniciado en los misterios —tal vez debiéramos decir «secretos»— del sufismo y en los modos de transmisión de dichos misterios. Al fin y cabo, la etimología de la palabra «mística», del griego *mustikos*, hace referencia justamente a los misterios iniciáticos. En segundo lugar, Rûmî fue un místico por el tipo de conocimiento que cultivó, que más que un conocimiento fue un saber: un saber saboreado que implica apertura vital y liberación del círculo vicioso del ensimismamiento humano. El suyo no fue un conocimiento meramente libresco, acumulativo o instrumental, basado en información y datos literarios o cronológicos. Porque Rûmî no fue jamás un erudito. Fue un místico por su conocimiento fruitivo o participativo, experiencial e iluminativo del Misterio —en este caso sí, con mayúsculas—, concebido aquí como el fondo subyacente de la realidad que hace que *misteriosamente* las cosas sean lo que son. Para Rûmî, ese Misterio no es otro que Dios. Este no precede ni se superpone al Misterio, tampoco es la explicación del Misterio, Dios es el propio Misterio.

La de Rûmî puede definirse como una mística de los signos divinos. En la tradición islámica, él es el intérprete por excelencia del pasaje coránico que dice así:

> En su momento les haremos comprender plenamente Nuestros signos por medio de lo que perciben en los horizontes más remotos del universo y en ellos mismos.
>
> (Corán 41, 53)

Todo es signo divino. Todo es vestigio de Dios. En árabe, lengua de una extraordinaria capacidad alusiva y polisémica, el término *âya* posee un vasto campo semántico que incluye, en primer lugar, la palabra «aleya» coránica, pero también «signo divino» e incluso «milagro». Para Rûmî, todo habla, nada hay que sea mudo, inerte o inanimado. Y es que «Dios da el habla a todas las cosas» (Corán 41, 21). De ahí el encanto sonoro del universo. Todas las formas son manifestaciones de significado. Dicho de otro modo, nada es, todo significa. La creación es una sucesión de teofanías, el despliegue del verdadero milagro divino, una suerte de Corán cósmico que debe ser leído como se lee el Corán en forma de libro. Rûmî asevera que «cielos y tierra son palabras para quien comprende sin palabras, y fueron, a su vez, engendrados por medio de palabras» (FF VI, 22).

Pero, tal como reza la aleya coránica antes mencionada, los signos divinos también se revelan en el propio ser humano. Pues bien, he aquí la intuición primordial de Rûmî y su mística de los signos divinos: el ser humano es un espejo en el que se refleja la luz divina, de ahí que sea ontológicamente capaz de Dios. En otras palabras, el ser humano, «astrolabio divino» (FF II, 10), sobrepasa infinitamente al ser humano. Somos más de lo que pensamos, aunque mucho menos de lo que nos creemos: «El ser humano es una maravilla, todo está inscrito en él, pero los velos y la oscuridad no le permiten descubrir los tesoros que brillan en su interior» (FF XI, 78). En efecto, no todo el mundo es capaz de oír el lenguaje de las cosas, ni de entrever la riqueza que atesora dentro de sí mismo. Y es que percibimos de acuerdo a la capacidad receptiva de cada ser. Es preciso que haya una conversión de las facultades de la percepción sensible, a fin de experimentar el mundo a través de lo que Rûmî denomina los sentidos interiores: «Los sentidos de la gente del corazón [los sufíes] perciben la palabra del agua, la palabra de la tierra y la palabra del barro» (M I, 3279).

Pero si las cosas poseen su propio lenguaje es para poder comunicarse. En un célebre hadiz *qudsî*,[11] citado muy a menudo por Rûmî (FF XVII, 80), Dios afirma ser un tesoro oculto que anheló

---

11. Tradición sapiencial en la que Dios habla en primera persona por boca del profeta Muhammad.

darse a conocer, y por tal motivo creó el mundo. Todo cuanto vemos no es sino para reconocer al Creador. Dicho de otro modo, la creación es Dios diciéndose. El cosmos en su totalidad es un mensaje de Dios dirigido a Sí mismo y a través de Sí mismo. Nos hallamos, así pues, ante un Dios próximo y extrovertido, cuya faz se muestra por doquier: «De Dios son el este y el oeste: y allí donde os volváis hallaréis la faz de Dios. Ciertamente, Dios es infinito, omnisciente» (Corán 2, 115).[12]

La creación es fruto del anhelo divino de ser hallado, que es previo al deseo de Dios del ser humano. Dios, ese tesoro oculto deseoso de darse a conocer, no es sino ¡un secreto a voces! Por eso mismo todo constituye un acto de amor recíproco. En otras palabras, si no hubiera sido por el amor, nada habría sido deseado y, por lo tanto, nada existiría tampoco. Ni un solo amante anhelaría la unión amorosa si el Amado divino no la anhelara también. Dios es testigo de sí mismo a través de la humanidad. Desde un punto de vista teocéntrico, es evidente, primero, que Dios no tiene necesidad alguna del ser humano, dada su absoluta trascendencia y, segundo, que el ser humano no es nada fuera de Dios. Pero no es menos cierto, desde la perspectiva del tesoro oculto deseoso de ser hallado, que tampoco Dios es nada sin el ser humano. Así expresa Rûmî dicha reciprocidad amorosa que desmiente que en el islam haya un hiato insalvable entre el hombre y Dios: «No solo el sediento va en busca del agua. También el agua busca al sediento» (M I, 1741).

Con todo, Rûmî fue plenamente consciente de que el sediento jamás saciará su sed por mucho que beba, del mismo modo que el Misterio es por definición irresoluble. Cuando puedo explicar el Misterio, este deja de ser Misterio. En otras palabras, Dios, dada su naturaleza inabarcable, rebasa las capacidades de comprensión del ser humano:

<hr>

12. Esta aleya se recita siempre al final del *samâ'*.

Si la falena se lanza sobre la llama de la vela y no se quema, quiere decir que la vela no es tal vela. Del mismo modo, la persona que no se apasiona por Dios y se esfuerza por alcanzarlo no puede considerarse una persona; pero si lograse aprehenderlo, entonces él no sería Dios.

(FF IX, 36)

Rûmî reconoció que no podía saberlo todo, por la sencilla razón de que es imposible. La capacidad de comprensión del ser humano tiene límites, puesto que le «ha sido dado muy poco conocimiento real» (Corán 17, 85). El ser humano, por el simple hecho de ser lo que es, criatura contingente cuyas facultades declinan, no está en condición de tener una comprensión definitiva y total de las cosas. Sin embargo, no por ello cayó Rûmî en la desesperación o se entregó al nihilismo existencial, todo lo contrario. Rûmî renunció gozosamente a la pretensión de entender lo que no es entendible para el ser humano, una actitud de la que solo se deriva sufrimiento y angustia. Su yo desarmado renunció a toda pretensión de superioridad y de saber. Renunció también a explicarlo todo, consciente de que hay cosas que no es que sean inexplicables, como la belleza de las rosas, por ejemplo, sino que no necesitan explicación. Cuando se contempla una flor no hay necesidad de entender el mensaje de la vida o del universo. Dicha renuncia, que nada tuvo de resignación fatalista, fue el fermento de su certidumbre apacible e inquebrantable, por extraño que pudiera parecer. Y es que todo límite es, al mismo tiempo, una posibilidad. Dicho de otro modo, lo mismo que limita, posibilita. Nuestros límites añaden un valor distinto al significado de vivir, de tal modo que el ser humano se libera cuando toma conciencia de su indigencia ontológica.

No es por casualidad que a Rûmî le gustara recrear estas palabras de Abû Bakr (m. 634), el primer califa de la incipiente comunidad islámica tras la muerte del profeta Muhammad y uno de los compañeros más íntimos de este: «La imposibilidad de conocer es en sí una forma de conocimiento». A veces, para comprender más hay

44

que saber menos, del mismo modo que, en ocasiones, para tenerlo todo no hace falta nada. Rûmî halló una puerta abierta a nuevas dimensiones de la realidad en esa otra forma de conocimiento que es el no saber y que comporta un despojamiento radical de todo lo circunstancial y aleatorio, quizás en busca del sentido más puro de la existencia, porque tal como asevera el teólogo Xavier Melloni: «Aceptar que no sabemos es lo que nos abre a otro modo de saber y de entender. Mientras creemos que sabemos, impedimos que irrumpa el misterio».[13]

El reconocimiento de la propia imposibilidad de conocerlo todo avivó en Rûmî el interés y admiración por todo. De repente, el mundo, convertido todo él en signo divino, se le apareció envuelto en sorpresa. La mirada inquisitiva se volvió mirada amorosa, y el conocimiento devino amor. «La búsqueda espiritual —proclamó entonces Rûmî— es maravillarse y más incluso que maravillarse» (M I, 1506). Explorador de lo ignoto, Rûmî no sintió atenuarse en él jamás el efecto sorpresa ante la incertidumbre y la imprevisibilidad inmanentes a la vida. En ese sentido fue un niño hasta la muerte. Y no nos referimos a la curiosidad intelectual del erudito, sino a la virtud de la inocencia, nieve nunca pisada, que es capacidad de asombro y presteza para admirar. De ahí que el estado interior que mejor lo define sea la estupefacción *(hayra)* que produce la experiencia del roce de lo maravilloso de la existencia.

Samâ', *una mística de la escucha*

Igualmente, podemos aseverar que la mística de Rûmî es una mística de la escucha, dada la preeminencia que concede al plano acústico de la creación y al oído como órgano fundamental capaz

13. Xavier Melloni, *Éxodo y éxtasis en Ignacio de Loyola. Una aproximación a su Autobiografía*, Santander, Sal Terrae, 2020, p. 43.

de percibir dicho plano. El musicólogo alemán Marius Schneider sostenía que «el sonido es la base del pensar místico, pues tiene una cualidad mística casi extraordinaria».[14] Para Rûmî, el plano acústico constituye la dimensión principal —y *principial* también— del ser humano y de toda la existencia. Al fin y al cabo, la creación es un acto de palabra. Cuando Dios desea algo, leemos en el texto coránico, no tiene más que pronunciar *¡kun!*, «¡sé!» (Corán 36, 82), la orden creadora, para que tal deseo cobre existencia.

Al subrayar el valor de la escucha y su poder transformador, Rûmî se inscribe de lleno en una tradición religiosa como el islam que pone el acento en la dimensión trascendente y reveladora de lo sonoro. Existe en el alma del islam un inequívoco predominio de lo auditivo sobre lo visual. Piénsese que el Corán, antes que libro, esto es, palabra escrita, es palabra dicha, pura oralidad. En ese sentido, resulta revelador comprobar que de los diferentes profetas que aparecen en el texto coránico hay algunos ciegos, como, por ejemplo, Shu'ayb y Ya'qûb —el Jacob bíblico—, pero, en cambio, no hay ningún profeta sordo. Pareciera como si el sentido del oído fuese el único imprescindible a la hora de ser receptáculo válido de la palabra divina. Para Rûmî, el oído es una suerte de matriz de la vida espiritual. La invitación a la escucha que abre el *Maznawî* —«Escucha el *ney*» (M I, I)— no es sino una invitación a la experiencia mística: a abrirse al misterio de Dios y a dejarse penetrar por él. El ser humano deviene un sabio cuando sabe escuchar. Se ha advertido que la máxima finura por lo que respecta a la percepción acústica se da en cierto estado de primordialismo existencial. Por el contrario, en las culturas más sofisticadas la facultad auditiva disminuye progresivamente en favor de la vista. Quiere ello decir que el «Escucha el *ney*» de Rûmî es también una invitación a retornar a cierto estado primigenio

14. Cf. Marius Schneider, *El origen musical de los animales-símbolos en la mitología y la escultura antiguas*, Madrid, Siruela, 1998, p. 162.

de comunión natural con el cosmos que el ser humano ha ido perdiendo con el devenir del tiempo.

Tres son, fundamentalmente, los vehículos expresivos a través de los cuales se nos presenta la mística de la escucha de Rûmî: la música, la danza y la poesía. De hecho, tal como él mismo reconoce, esas son las vías de acercamiento al misterio de lo divino que eligió: «Varios son los caminos que conducen a Dios. Yo he escogido el de la música y la danza».[15] Así pues, no nos hallamos ante meras manifestaciones estéticas, sino ante verdaderas vías de acercamiento a Dios. Entre las diferentes prácticas espirituales del sufismo *mawlawî* sobresale el *samâ*, auténtica seña de identidad de los derviches *mawlawîes*. Pues bien, dicho ritual, sobre el que tendremos oportunidad de volver más adelante, constituye una suerte de símbolo actuado que sintetiza todo el pensamiento espiritual de Rûmî.

Efectivamente, la imagen plástica de un derviche giróvago durante el *samâ* resume de manera inmejorable los principios fundamentales de la mística de la escucha de Rûmî, teniendo en cuenta que la palabra árabe *samâ* quiere decir, justamente, «escucha» y no «danza», como a veces se dice erróneamente. El *samâ* constituye el elemento vertebrador y, al mismo tiempo, explicativo de la filosofía espiritual de Rûmî y el posterior sufismo *mawlawî*. Ataviado con el vestido ritual, símbolo de la muerte y renacimiento espiritual del ser humano, danzando impasible sobre sí mismo, de derecha a izquierda, esto es, en dirección al corazón —asiento del ser y umbral hacia lo intangible—, o lo que es lo mismo, en sentido contrario a las agujas del reloj, como queriendo remontar en el tiempo hasta el instante primero de unión primordial en Dios, el derviche personifica todo lo que significa Rûmî.

En cuanto a la poesía, la mística de la escucha de Rûmî aparece destilada en los 18 primeros versos del *Maznawî*, que hacen las

---

15.   Eva de Vitray-Meyerovitch, *Mystique et poésie en Islam. Djalâl-ud-Dîn Rûmî et l'Ordre des Derviches tourneurs*, París, Desclée De Brouwer, 1972, p. 83.

veces de pórtico autónomo del libro, en el que se condensan los seis volúmenes que lo integran. Conocido como *Ney-nâma*, «El canto del *ney*», tiene como protagonista, justamente, al *ney*, la flauta sufí de caña, el instrumento más emblemático de la música sufí, símbolo del ser humano universal *(al-insân al-kâmil)* en el que se encarnan los principios de verdad, belleza y bondad promovidos por el sufismo. De hecho, uno de los rasgos más originales de la obra poética de Rûmî es el uso extensivo de la simbología musical. El tenor musical del periplo espiritual de Rûmî ha hecho que todo el sufismo *mawlawî* posterior a él haya estado profundamente ligado a la música y la danza. *Maznawî, ney* y *samâ'* constituyen las tres palabras clave que mejor lo definen e identifican, las que más estrechamente están asociadas a su perfil espiritual y las que de una forma más cabal sintetizan la «senda de la pasión amorosa» a través de la cual Rûmî transitó. Un mismo hilo conductor une dicha tríada de palabras. Así, en el *Ney-nâma*, preludio del *Maznawî* consagrado al *ney*, se compendia todo el libro, verdadero espejo en el que se refleja su universo espiritual. Por su parte, el *ney* es la semilla de la que nace todo el *Maznawî*, cuyo primer verso es una invitación a la escucha o *samâ'*, término tomado aquí en su sentido lato. Según el propio Rûmî, el acto del *samâ'* constituye la esencia del *Maznawî*. El *Ney-nâma*, íncipit del libro, invita a escuchar la historia que el propio *ney* narra en primera persona, acerca de su exilio y el anhelo del retorno al cañaveral en el que brotó y del que fue arrancado. Así recrea simbólicamente Rûmî el destino espiritual del ser humano escindido de su venero original en Dios. El *ney*, figura epitómica del exiliado, personifica al hombre abandonado y dolorido, separado de toda fuente de vida:

> Escucha el *ney* narrando su historia, en la que se lamenta de la separación:
> «Desde que me cortaron del cañaveral, mi lamento ha hecho llorar a hombres y mujeres.

Yo anhelo un pecho desgarrado por la separación, para poder confiarle el dolor de la añoranza.

Todo el que vive lejos de su origen anhela el instante de la unión».

(M I, 1-4)

Del mismo modo, el *ney*, cuya sonoridad se fundamenta en el canal diáfano propio de las cañas, que permite que la columna de aire pase a través suyo, constituye, según la propia tradición exegética *mawlawî*, el emblema del ser humano universal *(al-insân al-kâmil)* personificado, a ojos sufíes, por el profeta Muhammad, ese ser humano vaciado de sí mismo, libre de las excrecencias del ego, a través del cual transitó la palabra divina contenida en el Corán.

Un pensar poético

A diferencia de lo que sucede en Occidente, en el Oriente islámico no resulta extraño que un místico, científico o pensador de nota sea al mismo tiempo poeta. Piénsese, por ejemplo, en Omâr Jayyâm (m. 1131), matemático, astrónomo y un poeta de primer orden, célebre en todo el mundo por sus cuartetos, mucho más impregnados de sufismo de lo que algunos piensan. También los sabios sufíes se han distinguido como eximios poetas. De hecho, en el contexto de la cultura persa al que pertenece Rûmî, el grado más elevado del ejercicio filosófico se halla, fundamentalmente, en la poesía. Y es que esta vehicula un lenguaje que tal vez sea más profundo que el de la propia filosofía. Para los persas, los poetas no solo son grandes filósofos, sino también los únicos escritores con mayúscula. En el ámbito específico del sufismo, no es que poetas y místicos sean figuras complementarias, sino que están destinados a ser lo mismo. La mirada del místico se convierte en un acto poético. Como apunta Daryush Shayegan, los persas tienden a ver las cosas en imágenes, a expresarse en ritmos sonoros y a pensar mediante la poesía. Quizá en ningún otro lugar del mundo pensamiento y poesía han conocido tal simbiosis prodigiosa.[16] En el caso de Rûmî, el poema no es «lo otro» de la especulación filosófica, sino su culminación. Su poesía, destilación de lo más genuinamente humano, escruta el trasfondo de lo visible, contemplando tanto el adentro como el afuera del mundo. En ese sentido, no es cierto que fuese nada más que un poeta extático del amor, ajeno a cualquier tipo de elaboración metafísica, como a veces se insinúa. Rûmî no fue solo un poeta, también fue un gran filósofo en el sentido etimológico de la palabra, al igual que otros poetas persas. De hecho, son muchos los problemas de naturaleza filosófica que se exponen en el *Maznawî*. Rûmî pertenece a esa estirpe de bardos que son poetas sin renunciar al pensamiento, aunque se trata, cierto es, de un pensamiento de otra esfera. Rûmî, el poeta Rûmî, opera de manera diferente, por ejemplo, a los filósofos de oficio. Porque soñar es la forma de comprender que tienen los poetas como él. Su poesía propaga tanto luz como calor. El poema es como una lumbre, un fuego prendido que calienta y alumbra. «El fruto de los Amigos de Dios es luz y calor» (M I, 320), afirma Rûmî. De ahí que su luz sea cálida.

En su poesía no hallamos jamás una elección excluyente entre luz y fuego, o lo que es lo mismo, entre conocimiento y amor. El amor es el fuego, y el conocimiento la luz que emana de él. La luz del conocimiento enciende el amor, mientras que el fuego del amor prende la luz del conocimiento. No hay fuego real que no alumbre, ni lumbre sin fuego, del mismo modo que no hay amor sin conocimiento y viceversa. Rûmî sabe que a Dios no se lo puede amar si no se lo conoce y no se lo puede conocer si no se lo ama: «Este amor nuestro es fruto del conocimiento» (M II, 1533). La filosofía constituye para Rûmî una experiencia iluminativa y

16. Cf. Daryush Shayegan, *Climas de presencia: cinco poetas persas*, Madrid, Vaso Roto, 2017.

transformadora del ser que significa bastante más que cambiar la forma de pensar acerca de algo. Y es que en modo alguno disocia saber especulativo y vivencia espiritual. Rûmî no reduce el ser al pensar, ni el conocimiento a la razón, tal como por desgracia ha sucedido en una parte de la tradición filosófica occidental, aunque no en el pensamiento medieval. Sea como fuere, si consideramos a Nicolás de Cusa un filósofo, por ejemplo, no hay ninguna razón para no afirmar lo mismo de Rûmî.

La de Rûmî es, fundamentalmente, una poesía metafísica. Sin embargo, los temas que en ella aparecen relativos a la ontología o a la teología negativa, por ejemplo, no son expuestos jamás bajo el formalismo del discurso filosófico. En su poesía, personas y símbolos —el *ney*, por ejemplo— ocupan el lugar de las ideas abstractas. La gran mayoría de las metáforas que utiliza proceden de todas las esferas de la vida. Según Annemarie Schimmel, en Rûmî lo sagrado irrumpe en el mundo a través de lo más cercano, conformando una filosofía espiritual sin lujo de lo cotidiano:

> Rûmî conoció la vida en todos sus aspectos. Es su fuerza la que consigue transformar incluso las más humildes manifestaciones de este mundo en símbolos de algo más elevado, en señales que apuntan a una Realidad más honda y verdadera —de la misma forma en que el sol transforma, según las antiguas creencias, los guijarros en rubíes [...]. Su poesía, sin embargo, nunca envejece, porque no se trata de un conjunto abstracto de enseñanzas filosóficas o teosóficas, sino de la expresión de una experiencia de amor que todo lo impregna.[17]

Muy pronto Rûmî descubrió la inanidad de la filosofía cuando se la despoja de su aspecto transformador. Por eso no vemos en él escisión entre conocimiento y ser. Si algo detesta Rûmî es la

---

17. Annemarie Schimmel, «Mawlânâ Rumi y Konya revisitados», *SUFI*, n.º 7 (2004), p. 16.

jerga abstrusa que halaga la vanidad de los filósofos, cuya estéril dialéctica le resulta no solo inoperante sino también hiriente. En Rûmî raramente hallaremos, por ejemplo, una definición conceptual del amor. En su poesía mística hay pensamiento, pero no especulación en el vacío. Porque la filosofía, a la que le sobran muchas frases subordinadas, en modo alguno puede ser reducida al léxico. Rûmî huye de los filósofos de oficio y su frialdad escolástica cuando se ponen a perorar pretenciosamente sin decir nada sustancial, o cuando complican lo obvio en vano: «Has de saber que el conocimiento real consiste en ver el fuego cara a cara, no en pronunciar palabras afirmando que el humo es la prueba del fuego» (M VI, 2505). Y es que, para Rûmî, el problema estriba en que la filosofía, que ha pervertido su sentido originario, habla un lenguaje frío, instrumental y calculador, nulo a la hora de dar cuenta de todo aquello que se puede vivir, pero no formular; una filosofía dominada por la fiebre del análisis que es incapaz de saciar la sed de ser de las gentes. La palabra del filósofo es agua encauzada, cuando no estancada. La palabra del místico sufí, por el contrario, es agua cristalina que brota directamente de la fuente del espíritu universal. Para Rûmî la diferencia entre ambos es muy clara: los filósofos caminan, los derviches danzan.

Ferviente admirador del polímata, teólogo y también sufí de origen persa Abû Hâmid al-Gazzâlî (m. IIII), latinizado como Algazel, que criticó sin titubeos la, según él, incoherencia de los filósofos y su estéril racionalismo, Rûmî tomó parte en la controversia entre filósofos y místicos, alineándose, naturalmente, con estos últimos, al igual que ya antes que él había hecho su padre Bahâ' al-Dîn Walad (1151-1231). Rûmî les reprocha a los filósofos su sometimiento a la dialéctica y a la lógica y su incapacidad para ver las realidades espirituales. Rûmî denuncia su tendencia a racionalizarlo todo y a crear sistemas de pensamiento dogmáticos y cerrados en sí mismos. Siguiendo la estela de su padre, Rûmî abogará por otro tipo de vía, por un conocimiento distinto. De ahí que evitara codificar sus enseñanzas a fin de no esclerotizarlas y para que se mantuviesen vivas en los corazones de sus discípulos. Las realidades espirituales, dirá Rûmî, se descubren a través de eso que los primeros místicos sufíes denominaron *kashf al-mahyûb*, que quiere decir en árabe «rasgar el velo para revelar la esencia oculta de algo», un acto cognitivo que implica revelación interior, percepción visionaria e intuición mística:

> La razón es buena y deseable mientras te conduce a la morada del Rey. Pero, una vez estés frente a su puerta, repudia la razón, puesto que, en ese momento preciso, no te conducirá más que a tu perdición, convirtiéndote en un bandido. Cuando llegues a Él, abandónate a Él y no te preocupes más ni del cómo ni tampoco del porqué.
>
> (FF XXVI, 112)

Un poeta llamado Rûmî

La poesía tal vez sea la forma de expresión más eficaz del místico sufí, la única que le permite exteriorizar, aunque con limitaciones, sus vislumbres acerca del misterio divino. Solo mediante la palabra poética, grávida de significación, puede el sufí dar cuenta en parte de una realidad superior que no cabe en el lenguaje común, tan gastado por el uso y el maltrato al que se ve sometido a diario. Y es que existe una distancia inconmensurable entre la verdad divina y su receptáculo terreno, entre la palabra de Dios y el lenguaje humano, una distancia que se acorta mediante la palabra poética. Una tradición islámica afirma que, en el paraíso terrestre, Adam —el Adán bíblico—, símbolo prototípico del ser humano y primer profeta de la humanidad, hablaba en verso, es decir, en un lenguaje rimado. La eficacia de la palabra poética reside en el uso del símbolo, verdadero corazón de la poesía, cuya función no es otra que abrir al máximo las perspectivas del sentido. Rûmî supo reconocer la sacralidad de la palabra, don divino que como tal se debe custodiar: «Para quien conoce el valor de la palabra, esta es importante. La palabra es noble para los que poseen nobleza. La palabra ha descendido del cielo, no es una espina» (FF LII, 195). De ahí el cuidado que Rûmî tiene del lenguaje, hasta el punto de saberse un verdadero guardián de la palabra, consciente de que el ser humano habita en el lenguaje y que vivimos como hablamos. Y es que «el ser humano vive escondido en su lengua» (M II, 845). La creación es un acto de palabra, ya lo hemos visto, lo que quiere decir, entre otras cosas, que el ser humano está hecho de palabras. Toda vivencia humana adquiere forma de lenguaje, que es donación, apertura y comunicación. Y la experiencia mística del sufí no es una excepción. Por eso uno de los rasgos distintivos del sufismo a lo largo de la historia ha sido su capacidad colosal de crear lenguaje. Según Louis Massignon, el sufismo tal vez haya concebido la expresión más primigenia del lenguaje,[18] lo cual contradice el tópico que subraya machaconamente la condición indecible de la mística, como si esta tuviese que ver con lo que no se puede hablar. Sin embargo, no es ese el caso de Rûmî, cuya obra se mide en miles de versos y, a pesar de ello, no contiene ni una sola palabra de más. En Rûmî la experiencia mística se traduce en una exuberancia desbordante del lenguaje. De otro modo, sería inexplicable su descomunal producción poética. A Rûmî no se le condenó al mutismo; antes bien, se le colmó con el don de la palabra, o lo que es lo mismo, con una capacidad infinita de nombrar. La mística jamás es indiferente al habla. Rûmî ironiza al respecto confesando necesitar al menos cuarenta camellos para acarrear todo cuanto se agolpa en su corazón y pugna por asomarse al mundo mediante la palabra.

Otra cosa bien distinta es que el lenguaje pueda dar cuenta fehaciente de los paisajes interiores por los que transita el místico sufí.

18. Cf. José Antonio Antón Pacheco, *Intersignos. Aspectos de Louis Massignon y Henry Corbin*, Sevilla, Athenaica, 2015, pp. 14 ss.

Para Rûmî las palabras son siempre impotentes, ya que no consiguen expresar fidedignamente lo que entrevé en sus súbitos fogonazos visionarios. El misterio del amor divino, experimentado en instantes en cúspide en los que al místico sufí se le desencuaderna el alma, sobrepasa toda expresión verbal. Entonces, la palabra deviene velo y el velo palabra, sombra de la realidad. De ahí la sensación de insatisfacción y fracaso que se apodera a veces de Rûmî y que lo impulsa, a pesar de todo, a proseguir y no callar. A fin de cuentas, el amor no puede —ni tampoco debe, ni sabe— guardar silencio: «Yo sentía una gran fuerza interior que me inspiraba e impelía a componer versos, lo cual impresionaba a las gentes que los escuchaban» (FF LIV, 199).

Rûmî jamás está satisfecho con su poesía. Luce López-Baralt lo llama «la desesperación artística del místico»,[19] es decir, la tensión que se entabla en su interior entre dos imposibilidades que duelen a cada cual más: la imposibilidad de decir y la imposibilidad de callar. En última instancia, lo que está en juego en la poesía de Rûmî es el intento de hallar la mejor manera —que siempre será la menos mala— de verbalizar la experiencia de Dios, siendo consciente en todo momento de la precariedad del lenguaje para balbucir algo con sentido acerca de una experiencia que excede los límites de lo puramente humano para rozar lo divino. Y es que a quien pretende describir la belleza divina siempre le faltan —y le fallan— las palabras. Uno de los frutos más dulces de su andadura espiritual es precisamente la revelación del lenguaje. Rûmî llegará a pronunciar una lengua nueva, ignota para muchos, surgida de los pliegues más recónditos del ser, desde el punto donde se deja de ser uno mismo. Rûmî no la escoge, le viene impuesta, incluso, en contra de su propia voluntad. De ahí que en ocasiones renuncie a ella, aunque sin éxito, y reniegue de su condición de poeta o bien disimule afirmando que compone y recita poesía solo para entretener a sus amigos:

---

19. Luce López-Baralt, *Luz sobre luz*, Madrid, Trotta, 2014, p. 13.

Con el fin de que no se aburran y reflexionen un poco, a los amigos que vienen a mi casa les recito algunos versos. Pero, al margen de esto, ¿qué tengo yo que ver con la poesía? Por Dios, la detesto; nada hay peor para mí que la poesía. En esto soy como el que remueve los callos en la cazuela para azuzar el apetito del comensal invitado, ya que, en el fondo, es lo que este desea [...]. Nada hay más deshonroso en nuestra tierra que ser poeta.

(FF XVI, 74)

Nos hallamos muy cerca aquí de la negación del arte por el arte, que es un puro narcisismo. Y es que todos los poetas sufíes —y Rûmî no es una excepción— han huido siempre del mero esteticismo, a fin de no complacerse en lo que para ellos no deja de ser sino circunstancial, como es la cuestión formal: «Disfrutas de lo que es accesorio como la rima» (M II, 719), denuncia el propio Rûmî. De ahí, tal vez, que su poesía no responda escrupulosamente a las estrictas reglas prosódicas persas, lo cual ha inducido a algunos a juzgarla formalmente descuidada. Es cierto que Rûmî no es Hâfiz Shîrâzî (m. 1389) ni tampoco Yâmî, grandes estilistas de la poesía persa, pero tampoco lo pretende. Para Rûmî, que huye siempre del lenguaje ampuloso, el poema gestado es el poema natural, el que nace de manera espontánea como la hierba que crece por sí sola. Rûmî utiliza siempre palabras fáciles, aunque muy difíciles de hallar. Por el contrario, «el poema sobrecorregido es un producto artificial», como afirma José Ángel Valente, «como una gestación fuera del útero».[20] Dicha naturalidad hace de Rûmî un caso singular en la literatura sufí. Su principal característica como poeta es su inconfundible «encanto». Rûmî es, huelga decirlo, un autor «encantador», por mucho que esta no sea una categoría literaria ni muy ortodoxa ni académicamente aceptada.

20. José Ángel Valente, *Material memoria (1979-1989)*, Madrid, Alianza, 1992, p. 10.

Sabido es el poco valor que le concede Rûmî a la apariencia formal de las cosas, preocupado como está por las realidades
interiores. En ningún momento disimula Rûmî su desdén con
respecto a las cuestiones estilísticas, para él secundarias, aunque
sea consciente de que la forma debe ser la expresión adecuada del
contenido. En ese sentido, su poesía, en cuanto a fondo y forma,
es absolutamente coherente:

Yo pienso en rimas y mi Bienamado me dice: «No pienses más que
en verme.
Siéntate cómodamente, amigo mío, tú que compones rimas; pues es
en mi presencia cuando versificas con felicidad.
¿Qué son las palabras para que pienses en ellas? ¿Qué son las palabras?
Las espinas del seto que rodea la viña son.
Sumergiré en la confusión las palabras, los sonidos, los discursos, a
fin de que, sin estas tres cosas, pueda yo conversar contigo».

(M I, 1727-1730)

Rûmî, lo hemos dicho ya, pronuncia una nueva lengua que él
mismo denominó en persa *zabân-i hâl* o «muda elocuencia», to-
mando prestada la traducción de Eva de Vitray-Meyerovitch. Tal
vez sea la más prístina experiencia del lenguaje que haya dado la
espiritualidad islámica. En ella late el poder silencioso de la Poesía
con mayúsculas, ese poder que instaura algo sagrado, la forma su-
prema de lo sagrado. ¿Acaso será eso la presencia en el poeta Rûmî
del gran arte, del arte de verdad? En el texto coránico se les censura a
los poetas que «a menudo dicen lo que no hacen ni sienten» (Corán
26, 226). Y es que el poeta de verdad —como sucede también con
el místico— no tiene derecho a mentir. Rûmî, en cuanto poeta
verdadero, sabe que nunca se dice la verdad más que en verso. El
poeta —Lorca lo dijo en un célebre soneto— no sabe mentir.

La música de Rûmî

Hay geografías especialmente dotadas para la música y la poesía. Persia, la gran Persia, que rebasa con creces las fronteras del Irán contemporáneo, es, sin lugar a dudas, una de ellas. En Persia, la poesía, que es un don innato, cuenta con una riquísima tradición de siglos. Ya desde los tiempos del reformador religioso Zoroastro y el mazdeísmo, los persas hallaron en ella el medio más acorde a su personalidad para expresarse, de tal manera que hablar hoy de literatura persa es referirse a su fructífera poesía. En Persia, «una tierra de religiones, una tierra de filósofos, una tierra de poetas», como gustaba evocar Henry Corbin, poesía y música se han imbricado, de siglo en siglo, de una manera sorprendentemente fácil y afortunada, hasta llegar a ser casi una misma realidad. Afirma el islamólogo francés:

> Entre todas las místicas de las que pueden tener conocimiento nuestras ciencias de las religiones, la mística persa se caracteriza por haber tendido siempre a la expresión musical, y por haber alcanzado en ella su expresión más acabada.[21]

Poesía y música han convivido en perfecta armonía desde antes que el poeta y el músico tuvieran conciencia del propio destino. En Persia, toda poesía deviene canto verbal. En última instancia, el recitado no es sino una forma particular de canción. Así, el poeta, convertido en rapsoda, utiliza la palabra como elemento de sonoridades combinadas cuyo fin es conmover al oyente. La poesía persa de corte sufí, en general, y la de Rûmî muy en particular, se ha pensado a sí misma como una suerte de arte musical basado en la justa armonía de rimas y ritmos, mientras que la música, afirma

---

21. Henry Corbin, *L'Iran et la philosophie*, París, Fayard, 1990, p. 245.

Husayn Ilahi-Ghomshei, ha sido experimentada como una forma especial de poesía:

> La prosodia de la poesía sufí persa está repleta de música. Cada poema sufí clásico está concebido para ser recitado con ritmo intenso y para ser cantado apasionadamente con acompañamiento musical. El ritmo del poema está hecho para danzar más que para el aprendizaje académico o el análisis métrico. La poesía sufí persa es inseparable de la canción y de la danza.[22]

Este vínculo entre música y poesía, multiplicador de sentidos, es más estrecho en Rûmî que en cualquier otro poeta. Piénsese que buena parte de sus *gazales* u odas místicas fueron compuestos —improvisados, más bien habríamos de decir— en largas sesiones de música y canto, mientras se entregaba con verdadero fervor a la danza derviche del giro. Como sea, Rûmî acomete en su obra una profunda sacralización del hecho musical. Su poesía es pura música, consciente de que la razón primera y última del ser humano, su arcano insondable en tanto criatura de Dios, no se puede ni vislumbrar ni tampoco mostrar eficazmente de forma racional a través de la palabra. De ahí la advertencia, nuevamente, de Henry Corbin: «Solo el hechizo musical nos puede hacer presentir y ver, en la medida en que la audición musical llegue a hacernos súbitamente "clarividentes"».[23]

Para Rûmî, el ser humano solo puede reconocer su condición de exiliado en este mundo y, en consecuencia, emprender el viaje de retorno a su verdadero origen en Dios, única patria legítima del hombre, mediante el influjo de la escucha y, más concretamente, de la escucha musical. Ese es, a fin de cuentas, el sentido primero

---

22. Husayn Ilahi-Ghomshei, «La Poética y la Estética en la tradición literaria sufí persa», *SUFI*, n.º 4 (2002), p. 19.
23. Henry Corbin, *L'Iran et la philosophie...*, *op. cit.*, p. 247.

y último del *samâ' mawlawî*. En Rûmî existe un vínculo ineludible
entre música y anamnesis. Escuchar es recordar. La escucha es memoria. La música, principio de resonancia cósmica que entrelaza
realidades distantes en el tiempo y el espacio, propicia en el ser
humano el recuerdo de su origen en Dios, porque Dios no nos ha
creado fuera de Él sino en Él. Toda la conciencia espiritual islámica
gira alrededor de lo que se conoce en árabe como *mîzâq*, a saber, el
pacto preeterno recogido en el Corán, según el cual toda la humanidad, presente de forma misteriosa, individuo por individuo, en
Adán, es conminada por Dios a responder a la siguiente pregunta:
«¿Acaso no soy yo vuestro Sustentador?» *(¿A-lastu bi-Rabbikum?)*
(Corán 7, 172), a lo que todo el mundo respondió afirmativamente.
Situado fuera de las coordenadas espaciotemporales convencionales, ese acontecimiento, al que Rûmî denomina «Día de *alast*»,[24]
alude a la realidad ontológica preeterna del ser humano. El «Día
de *alast*», que podríamos traducir literalmente como el «Día del
"¿acaso no soy yo?"»», no describe nada, puesto que no se trata de
un suceso histórico, en el sentido de la historia positiva, la que
narra el devenir lineal de las cosas y avatares del mundo y del ser
humano, sino de un hecho, insistimos, que acontece en lo que
Henry Corbin dio en llamar la metahistoria, y que trasciende la
materialidad de los sucesos empíricos.

La respuesta afirmativa de este compromiso primordial que
tanto tiene de simbolismo nupcial abarca para Rûmî toda la antropología espiritual del sufismo, determinando incluso su *ethos*,
es decir, la manera propia que tiene el sufí de estar en el mundo,
consciente de que nadie existe por sí solo, ni tampoco para sí solo.
Para Rûmî, comprender el significado profundo de la experiencia
unitiva del «Día de *alast*» es reconocer que Dios nos está otorgando
la vida a cada instante como un don suyo, puesto que el «Día de

24. La palabra *alast* utilizada por Rûmî es la contracción del árabe *a-lastu*,
«¿no soy acaso?».

alast» es cada día y está sucediendo con cada respiración: «A cada instante, de Él [Dios] nos llega el grito *"¿alast?"*; y la sustancia y los accidentes llegan a la existencia» (M I, 2110). En el «Día de *alast*» Rûmî ve la promesa del amor recíproco entre Dios y el hombre que se recoge en el texto coránico: «Dios hará surgir a una gente a la que Él ama y que Le ama» (Corán 5, 54). Sin embargo, lo más singular es la poetización que Rûmî lleva a cabo de este motivo central de la antropología espiritual coránica y el uso que hace del simbolismo musical para revelar su verdad interior. Para Rûmî, el significado profundo de la música guarda una estrecha relación con el «Día de *alast*». Por supuesto, se refiere a cierto tipo de música, ¡porque hay música y música! Rûmî sostiene que algunas melodías musicales poseen la capacidad de establecer un vínculo con la dimensión celestial. Así, nos dice que el sonido lastimero del *ney* posibilita la rememoración del «Día de *alast*», esto es, la actualización del vínculo que liga al ser humano con el Creador.

Rûmî llegará a visualizar el propio acto de la creación como una danza extática por la cual el no-ser se precipita felizmente a la existencia al oír la voz de Dios en el «Día de *alast*». Todo ello nos indica que la música constituye para Rûmî el medio más eficaz para que el ser humano recuerde cuanto olvidó al nacer:

> Todos formamos parte de Adam [Adán] una vez y oímos esas melodías allá en el paraíso.
> A pesar de que el agua y el fango de nuestros cuerpos nos sumiera en la duda, un resquicio de aquellas melodías nos viene de nuevo a la memoria.
>
> (M IV, 736-737)

La música, en cuanto gnosis sensorial, nos permite reconocer nuestra verdadera identidad y nuestra filiación divina. He ahí su verdadera función mistagógica. Según Rûmî, la música propicia la reminiscencia del «Día de *alast*» y todo lo que este significa, salvando así el hiato del olvido humano. En cierta forma, rememorar el compromiso contraído con Dios en dicho día es cumplir el imperativo pindárico de ser lo que siempre se ha sido y se es. Pues el hombre lleva inscrito en su código genético la memoria de Dios y, por lo tanto, la nostalgia del reencuentro con su origen divino. Si Rûmî manifiesta una indisimulada predilección por la música es porque esta opera en el ser humano el recuerdo de aquellas verdades que están inscritas en la sustancia misma del espíritu humano, pero que el olvido y la negligencia han vuelto mudas e inoperantes en la mayoría de la gente. A la cámara del corazón se penetra a través de la antecámara de los oídos. En ese sentido, solo la escucha musical posibilita la visión interior directa mediante lo que los sabios sufíes denominan el ojo del corazón *('ayn al-qalb):* «Cuando el oído es penetrante se convierte en ojo; de otro modo la palabra divina se enreda en la oreja sin alcanzar el corazón» (M II, 862).

En cierto modo, la música irrumpe en Rûmî para expresar lo que la palabra es incapaz por sí misma de verbalizar. Si Rûmî recurrió a la música fue porque esta, a diferencia de la palabra, constituye el lenguaje más adecuado para proclamar la experiencia íntima de Dios. La música comporta una relación de carácter auditivo con el ámbito nouménico, con una armonía suprasensible y supraudible. Vladimir Jankélévitch afirmaba que «la música es de otro mundo».[25] El oído interior del que habla Rûmî percibe a través de las melodías musicales una dimensión de la realidad más sustancial, inaccesible para el lenguaje verbal. Como reconoce George Steiner, «resulta casi cruel contrastar la riqueza comunicativa de lo musical con los baldíos movimientos de lo verbal».[26] La singladura espiritual de Rûmî pertenece a un reino distinto

---

25. Vladimir Jankélévitch, *La música y lo inefable*, Barcelona, Alpha Decay, 2005, p. 30.
26. George Steiner, *Presencias reales*, Barcelona, Destino, 1991, p. 9.

al de las palabras, dada la condición supraverbal que entraña la vivencia fruitiva de Dios. Su hijo Sultân Walad (1226-1312), una persona fundamental en su vida y en el desarrollo del posterior sufismo *mawlawî*, tal como veremos llegado el momento, expresó así la insuficiencia verbal que sintió su padre: «El océano de sus pensamientos no puede ser contenido en sus palabras, su lengua y su aliento».[27] Resulta imposible articular con palabras el fogonazo súbito en el que Rûmî llegó a comprender la urdimbre secreta del amor que subyace al universo. Según Luce López-Baralt:

> El lenguaje es insuficiente para expresar el instante cúspide en que el ser humano percibe, en un estado alterado de conciencia y más allá de las coordenadas de la razón, de los sentidos, del lenguaje y del espacio-tiempo, la unidad participante con el Amor infinito.[28]

Hay un secreto oculto en la música, algo que resulta enigmático. Según Claude Lévi-Strauss «la invención de la melodía musical es el supremo misterio del hombre».[29] Si ese secreto oculto en la música pudiese explicarse con exactitud nos hallaríamos ante una explicación precisa de la creación. Rûmî lo supo bien: «En las cadencias de la música reside oculto un secreto; si yo lo revelara, el mundo se trastornaría».[30] Cedamos la palabra nuevamente a George Steiner:

> Nuestras aptitudes para componer y responder a la forma y el sentido musicales implican de modo directo el misterio de la condición

27. Sultân Walad, *La parole secrète. L'enseignement du maître soufi Rûmî*, trad. de Eva de Vitray-Meyerovitch y Djamshid Mortazavi, Chatillon sous Bagneux, Le Rocher, 1988, p. 90.
28. Luce López-Baralt, *Luz sobre luz, op. cit.*, p. 13.
29. Citado en George Steiner, *Presencias reales, op. cit.*, p. 8.
30. Citado en Eva Vitray-Meyerovitch, *Konya ou la danse cosmique*, París, Jacqueline Renard, 1989, p. 133.

humana. Preguntar «¿qué es la música?» puede perfectamente ser un modo de preguntar «¿qué es el hombre?».[31]

En ese sentido, podría decirse que a Rûmî lo que en verdad le interesó fue el ser humano, más que la música en sí, o mejor aún, le interesó la música porque le apasionaba el ser humano y su destino. La cuestión de la música resulta capital a la hora de interrogarse acerca del misterio que rodea al hombre. Al fin y al cabo, sus orígenes son tan lejanos como los de este.

Fragmentos de una vida entre la leyenda y la historia

Todo lo que conocemos hoy en día acerca de Rûmî discurre a la par entre la exageración legendaria y la fidelidad a los hechos históricos. Rûmî ha sido desfigurado y transfigurado a partes iguales. Desfigurado, en los últimos tiempos, sobre todo en Occidente, donde, más allá de la ferviente admiración que despiertan las adaptaciones muy al gusto de hoy en día de su poesía, se ignora casi todo acerca de su condición de hombre de religión y sabio musulmán. Y transfigurado también, esta vez en tierras orientales, en el entorno más próximo de sus discípulos y seguidores, a través de todo un proceso de mitologización nada extraño, por otro lado, en personalidades de la talla humana y espiritual de Rûmî. «Todo personaje histórico —decía Mircea Eliade— es transfigurado en héroe mítico por la memoria popular, transformando su historia personal en historia ejemplar».[32]

A pesar de la mitologización sufrida por Rûmî, hay que decir que se trata de una de las grandes personalidades del islam de quien más datos concretos conocemos, lo cual facilita la tarea

31. George Steiner, *Presencias reales*, op. cit., p. 3.
32. Mircea Eliade, *Briser le toit de la maison*, París, Gallimard, 1986, p. 316.

de reconstrucción fidedigna de su trayectoria vital, tanto humana como espiritual. Ello a pesar de que Rûmî se refiere muy poco en sus textos a sí mismo o a su entorno familiar más inmediato. Su poesía no habla de él, pero está presente lo que vivió. Tampoco su hijo Sultân Walad se prodiga en exceso al respecto. En ese sentido, su obra puede calificarse de impersonal. Rûmî se toma muy poco en cuenta, no está interesado en sí mismo. El sufí jamás eleva la voz para decir lo que le pasa, puesto que sabe bien que esa carga subjetiva carece de relevancia. El sufí da testimonio de lo que le traspasa y, más importante aún, de lo que le sobrepasa.

Los textos acerca de la vida de Rûmî que han llegado hasta nuestros días se escribieron durante los dos primeros siglos tras su muerte, y fluctúan entre la leyenda literaria y espiritual y la realidad histórica. Todos ellos poseen un inequívoco sesgo hagiográfico, razón por la cual deben ser leídos con suma precaución, porque cuando prevalece la figura icónica de Rûmî se resiente su obra y, con ella, su enseñanza espiritual. En dichos textos se repiten unos mismos lugares comunes y patrones narrativos. De hecho, forman parte de todo un género literario, el de los relatos laudatorios de los sabios sufíes o *manâqib*, que acabó de tomar cuerpo, justamente, en tiempos de Rûmî.

Son cuatro las hagiografías de Rûmî que se conservan, todas ellas escritas en persa. La primera, cronológicamente hablando, se debe a su hijo Sultân Walad y fue escrita pocos años después de la muerte de su padre. Se trata de un documento soberbio dada la personalidad de su autor y el espacio medular que ocupó en la vida de su padre y tras la muerte de este. De hecho, Sultân Walad fue el verdadero fundador y organizador de la fraternidad de los derviches *mawlawîes* —Rûmî fue únicamente su inspirador— y quien sistematizó el pensamiento espiritual de su padre. La segunda es obra de Farîdûn bin Ahmad Sipahsâlâr (m. 1319), quien, al parecer, fue discípulo de Rûmî durante unos cuarenta años, con lo que pudo dar testimonio personal de los hechos que narra. Tenemos, en tercer lugar, la hagiografía de Shams al-Dîn Ahmad Aflâkî (m. 1360), *Manâqib al-'ârifîn (Las proezas de los conocedores de Dios)*, que está basada en lo que se decía de Rûmî, ya que fue escrita tras su muerte, entre 1318 y 1353. El libro posee el valor añadido de haber recogido textos sustanciales de Bahâ' al-Dîn Walad, padre de Rûmî y su primer guía espiritual, de su mentor Shams al-Dîn Tabrîzî, de su hijo Sultân Walad y de su nieto Amîr 'Ârif Çelebî, quien instó a Aflâkî a escribir el libro. Por último, está la obra de Dawlat Shâh de Samarcanda, la más tardía de las cuatro hagiografías. El material que presenta tiene un interés relativo, puesto que fue escrita el año 1487, más de dos siglos después de la muerte de Rûmî. Todas ellas han sido consultadas a la hora de escribir el presente libro, si bien hemos prestado una mayor atención a los textos de Sultân Walad y Aflâkî, y en menor medida al de Sipahsâlâr.

Una mirada atenta al periplo vital de Rûmî nos permite reconocer en él a un hombre de una personalidad poliédrica en la que se distinguen diversos rostros solo en apariencia contradictorios. Ciertamente, Rûmî es uno, pero al mismo tiempo es varios. Una individualidad tan vasta y heterogénea como la suya a duras penas cabe en un solo nombre. Está el Rûmî piadoso musulmán, que reconoce haberse «convertido completamente en plegaria» (DS 903) a fuerza de sumergirse en la práctica de la oración; y está también el maestro sufí, pedagogo insobornable del Misterio y los secretos iniciáticos; el Rûmî poeta embriagado con el vino del amor, y el derviche giróvago que danza con el cosmos, noche y día, sin cesar; el Rûmî padre de familia preocupado por el bienestar de los suyos y el Rûmî conductor de hombres, auténtico sanador de almas sedientas de verdad; el Rûmî versado en las distintas ciencias del islam y el consejero de los que tienen responsabilidades de gobierno; el Rûmî melómano al que se le quiebra el alma cuando oye el sonido lastimero del *ney* y el filósofo del arte —en palabras de Seyyed Hossein Nasr—, para quien «todo en el universo es una jarra llena hasta los bordes de sabiduría y belleza» (M I, 2860), puesto que la belleza del mundo es la belleza de Dios. Está, en fin, el Rûmî mago de la palabra, que proclama el amor divino en miles de versos encendidos e incendiados, y el Rûmî que calla, el mismo que concluye sus odas místicas con la palabra persa *jâmûsh*, «silencio», sabedor de que el silencio es el guía y el sostén de los buscadores sinceros, quienes saben que lo fundamental no se puede decir y huyen del fangal de las palabras que nada dicen, que nada aportan, que tuercen el sentir y fracturan el pensar.

En definitiva, nos hallamos ante un hombre que es muchos hombres, con la dificultad que conlleva dar cuenta de un espíritu humano de tal magnitud y complejidad. Pero ¿quién es ese poeta y sabio del sufismo, corazón y entraña viva del islam, aclamado hoy por multitudes en el mundo entero? Y, lo que es más significativo aún, ¿cómo llegó Rûmî a ser Rûmî, ese devoto de la música, la danza y la poesía que ha guiado a generaciones enteras de derviches desde el siglo XIII hasta nuestros días? ¿Qué motivó una metamorfosis tan asombrosa en un religioso como él? ¿Cómo fue el tránsito de jurista musulmán, sobrio y cabal, a ebrio celebrante de los misterios del amor divino?

Todo el mundo coincide en afirmar, sin provocar la menor refutación, que el acontecimiento más trascendental de la vida de Rûmî fue el encuentro con Shams. Ese evento marcó un antes y un después en el periplo vital de nuestro autor, cuya vida quedó partida en dos mitades bien distintas, aunque estrechamente vinculadas entre sí, a tal punto que podemos hablar, incluso, de la existencia de dos Rûmî, uno previo y otro posterior a la irrupción de Shams en su vida. El primer Rûmî es el religioso honorable, experto en las distintas ciencias islámicas, cuyas inclinaciones espirituales le llevarían a convertirse en todo un maestro sufí que tuvo numerosos discípulos. El segundo Rûmî es el poeta embriagado por el amor divino, fuente de todos los misterios; el derviche giróvago que, superados los gastados e inocuos formalismos y formulismos doctrinales, ensayó nuevas rutas existenciales, tanto humanas como espirituales, a través de la «senda de la pasión amorosa», su camino personal, que lo distingue en el ámbito de la espiritualidad islámica y por el que es celebrado hoy en día en todo el mundo. Porque, a fin de cuentas, el Rûmî que hoy se conoce mayoritariamente es este segundo Rûmî. Sin embargo, es imposible desligar uno del otro. Más aún, el segundo Rûmî, el cantor extático del amor, el testigo del fuego a quien le sobró doctrina e ideología, no se explica sin su primera etapa como sabio religioso.

Shams, espejo en el que Rûmî contempló al Amado divino, irrumpió en la vida de Rûmî cuando este estuvo preparado para acogerlo, no antes. Téngase en cuenta, además, que Rûmî ya era un reconocido maestro sufí cuando se dio de bruces con Shams. Y es que su transformación fue total, pero no tan repentina como pudiera parecer a simple vista. De hecho, nadie, ni siquiera un hombre de su envergadura espiritual, es capaz de obrar un cambio de tales proporciones en tan poco tiempo, apenas veinte meses juntos a lo largo de tres años. Antes bien, la metamorfosis de Rûmî debió haber comenzado a gestarse mucho antes del encuentro con Shams, si bien acabó de madurar durante el tiempo que permanecieron juntos. Podría decirse que Shams avivó el deseo por el fuego que subyacía latente en el corazón de Rûmî, a quien siempre le había movido el anhelo de ver el otro lado de la colina. Dicho sin rodeos, la gestación fue ya el nacimiento del Rûmî que nos ha llegado y que conocemos. Así pues, no se puede desligar la experiencia del amor vivida por Rûmî tras su encuentro con Shams de su andadura religiosa previa. Lo más importante es comprender la naturaleza de ambos períodos de su vida y cómo y por qué se produjo el tránsito de uno a otro. He ahí el propósito principal de este libro, conscientes de que solo de esa manera podremos acercarnos a la comprensión de una personalidad tan vasta y fascinante como la suya. Escribe Rûmî: «Noche y día, leo la historia del Amado. Ahora, enamorado como estoy, me he convertido en una historia para vosotros» (DS 1499).

Pues bien, dispongámonos a adentrarnos en la historia de Rûmî, el maestro de derviches y el alquimista del corazón capaz de transmutar, con su exuberancia verbal ardentísima, el plomo de las almas humanas en oro puro; una historia que transcurrió entre el Jorasán persa donde nació y la Anatolia turca donde transcurrió la mayor parte de su vida, y donde Rûmî llegó a ser Rûmî; una historia que partió del islam, se adentró en los vericuetos místicos del sufismo y desembocó, finalmente, en el océano de la pasión amorosa en el que halló su verdadera razón de ser, la culminación a su destino como persona. El propio Rûmî se refirió a esas tres etapas de su vida utilizando un rico simbolismo culinario de netas reminiscencias alquímicas: «El fruto de mi vida no es más que tres palabras: yo estaba crudo, fui cocido, me consumí en el fuego».[33]

---

33. Citado en Shams-i Tabrîzî, *Me and Rumi. The Autobiography of Shams-i Tabrizi*, trad. de William C. Chittick, Louisville, Fons Vitae, 2004, p. XIV.

II
El siglo XIII, el siglo de Rûmî:
violencia y eclosión sufí

La vida de Rûmî transcurrió toda ella a lo largo del siglo XIII, séptimo de la hégira islámica, quizás el período más fascinante, y a la vez violento, de la historia del orbe islámico. Efectivamente, no ha habido un tiempo tan inestable y devastador para los pueblos islámicos como dicha centuria, testigo de profundas transformaciones en todos los órdenes de la vida. El siglo XIII no fue para el orbe islámico una época de cambios simplemente, sino un verdadero cambio de época.

Entre los cruzados y los mongoles

El siglo XIII coincidió con un periodo de caos generalizado y continuo sobresalto en el corazón del Próximo Oriente islámico, a causa de las serias amenazas exteriores, mucho más decisivas, sin duda, que las múltiples disputas internas que también se dieron. Por un lado, en el flanco occidental, se cernía el peligro de los cruzados cristianos, que llevaron a cabo un total de seis campañas militares a lo largo del siglo —las dos últimas, un fracaso estrepitoso—, cuyo objetivo era recuperar Tierra Santa para la cristiandad, entonces bajo dominio islámico. Los enfrentamientos, percibidos por los musulmanes como una suerte de invasiones bárbaras, fueron episodios más o menos prolongados y sangrientos, pero en modo alguno cabe hablar de guerras dilatadas en el tiempo. Por el contrario, sí fueron intensas y persistentes las relaciones económicas, comerciales, diplomáticas, culturales e, incluso, espirituales entre ambos bandos.

Por lo que respecta al flanco oriental, la amenaza, mucho más temible que la de los cruzados, provenía de los mongoles. Entre los siglos XII y XIV, irrumpieron en el escenario asiático nuevos actores cuyo destino estaría estrechamente ligado al orbe islámico. Eran los pueblos de pastores nómadas a los que suele englobarse bajo el nombre colectivo de «mongoles» o «tártaros». El término «tártaro», *tâtâr* en persa, que es como Rûmî se refiere a ellos, posee una larga y curiosa historia. En la mitología griega, Tártaro, además de ser un lugar del inframundo, era también una deidad. Estas tribus nómadas compartían una lengua común de la familia uroaltaica, al tiempo que practicaban unos mismos cultos chamánicos, basados en experiencias extáticas y en la adivinación. No obstante, en algunas zonas habían penetrado tanto el budismo y el taoísmo, como el cristianismo en su versión nestoriana.

Habitantes de la zona oriental de la actual Mongolia, los mongoles son descritos en las crónicas de la época como hordas errabundas de guerreros despiadados montados a caballo. Indudablemente, el cine y la literatura han contribuido a perpetuar ese perfil. Sin embargo, se trata de una imagen un tanto estereotipada que no hace justicia a la realidad. Todos los imperios han sido inherentemente complejos, y el de los mongoles no es una excepción. El Imperio mongol fue mucho más que uno formado por violentas hordas de pastores nómadas. Lo cierto es que el gran momento de los mongoles en el río de la historia fue resultado no solo de su poderío militar, sino también de la construcción de un Estado mucho más sofisticado de lo que se ha popularizado, así como de un conjunto considerable de avances tecnológicos. En el ámbito estrictamente militar, sus aplastantes victorias se debieron al empleo de tácticas avanzadas y flexibles. Igualmente, establecieron centros administrativos con impuestos estatales que permitían recaudar recursos de una manera muy eficaz. En suma, el imperio de los mongoles supo combinar de forma magistral una poderosa organización político-militar de carácter móvil, con una estructura política y administrativa más jerarquizada.

Fue a comienzos del siglo XIII cuando las huestes mongolas sacudieron los cimientos de Oriente, amenazando con aplastar bajo los cascos de sus caballos a todo el orbe islámico y aún más allá. De hecho, sus conquistas llegarían hasta Rusia, Polonia y Hungría, construyendo de este modo uno de los imperios más extenso de cuantos registra la historiografía. En el momento de mayor apogeo, a finales del siglo XIII, llegó a extenderse desde Siberia hasta la India y desde el Mediterráneo hasta el Pacífico. El artífice de tal proeza fue un jefe tribal o *jân* que respondía al nombre de Temuyín, «El más noble acero» (m. 1227). Proclamado jefe supremo mongol, recibió el título de Gengis Jân —algo así como «Señor del universo»—, con el que ha pasado a la historia. En el año 1211, Gengis Jân, considerado el peor enemigo del islam, consiguió formar un ejército de 250 000 hombres, la mejor fuerza militar del mundo conocido entonces. De hecho, ese fue su mayor logro, la unión de todas las tribus mongolas bajo un solo estandarte.

Los mongoles detestaban profundamente las ciudades y el estilo de vida urbano y sedentario. De ahí su encono destructivo contra las urbes que hallaron a su paso. Es cierto que el hecho de que en Asia Central se construyera mayormente en fango y no en piedra facilitó su afán destructor. Las tropas de Gengis Jân, en cuyo séquito había desde chamanes a budistas, maniqueos y cristianos nestorianos, entraban en las ciudades, las saqueaban, asesinaban a su población, para luego huir a uña de caballo tras incendiarlas, puesto que los mongoles, que vivían en un estado permanente de guerra, no deseaban asentarse en ningún lugar.

Samarcanda y Bujara, cunas del islam centroasiático, así como Balj, Nishapur, Damasco y Bagdad, fueron algunas de las principales ciudades islámicas ligadas estrechamente a la vida de Rûmî que sufrieron el fuego de los mongoles, cuyos *jânatos* acabarían por abrazar la fe islámica tiempo después. El mismo Rûmî sufrió en sus propias carnes el azote mongol, aunque no fue el único. Debido al desmoronamiento provocado por el empuje mongol, se produjo entonces un reflujo de sabios desde Asia Central hacia el Próximo Oriente, a través del actual Irán. De todas las conquistas mongolas, la de Bagdad, sede califal abasí, cobró una especial carga simbólica. El 10 de febrero del año 1258, la ciudad, erigida a unos 30 kilómetros de Ctesifonte, antigua capital del Imperio sasánida persa, sucumbió ante las tropas mongolas conducidas por el nieto de Gengis Jân, Hûlâgû Jân (m. 1265), apodado «el terror del islam» por los historiadores musulmanes. A la caída de Bagdad le siguió una brutal masacre que, según las crónicas, se prolongó durante toda una semana —hay quien habla de cuarenta días—, convirtiéndose en uno de los acontecimientos más devastadores en la historia de la civilización islámica. Las tropas mongolas redujeron a cenizas la mayor parte de la ciudad, asesinando a más de doscientas mil personas.

Para comprender el alcance real de dicho episodio, hay que pensar que Bagdad, cuna de la cultura clásica islámica era algo así como la Atenas del orbe islámico. Su momento de mayor esplendor, marcado por una gran prosperidad científica, cultural y religiosa, coincidió con el califato de Hârûn al-Rashîd (m. 809), quien aparece mencionado en *Las mil y una noches*. Lo cierto es que la ciudad acabaría por convertirse en un centro político, económico, militar, científico, artístico y cultural de gran relevancia, de modo que en el siglo IX ya era uno de los mayores núcleos urbanos del mundo, con una población de casi un millón y medio de habitantes. A su esplendor contribuyó una situación privilegiada que posibilitó el control de rutas comerciales estratégicas con Persia, India y China. También su ubicación a orillas del río Tigris resultó fundamental, ya que permitió disponer de agua en abundancia, algo poco frecuente en la época. Con todo, la irradiación de la ciudad no se limitó al ámbito estrictamente islámico, sino que llegó a todo el mundo conocido entonces. Algo que a menudo se olvida son las profundas huellas que Bagdad dejó en el Renacimiento europeo.

Tras la fundación, en el año 827, por el califa Al-Ma'amûn de la célebre «Casa de la sabiduría» *(Bayt al-hikma)*, dedicada a la traducción al árabe de obras del griego, persa y siríaco, los sabios más sobresalientes de todo el ámbito islámico se dieron cita en Bagdad. Dicha labor traductora permitió la introducción de la filosofía griega y de la antigua ciencia india, reinterpretada por los persas, en el mundo islámico. De hecho, Bagdad encarna los distintos elementos árabes, griegos y persas que han modelado el perfil de la civilización islámica. Por otro lado, fue uno de los dos polos geográficos en los que el sufismo irrumpió en la historia. El otro fue la vasta región del Jorasán persa donde Rûmî nació. Si 1258 fue un año dramático para el orbe islámico, para Europa fue el año sin verano. El Viejo Continente fue víctima de un período estival inusualmente frío en el que escasearon las cosechas. Según algunos estudios realizados recientemente, ese año tuvo lugar una formidable erupción del volcán Samalas, en la isla indonesia de Lombok, que bien pudo haber afectado el clima no ya del continente europeo sino del planeta entero. Al parecer, el volcán en erupción creó una gigantesca fumarola de más de 40 kilómetros de altura que bloqueó por un tiempo los rayos solares, originando un efecto de enfriamiento global.

Así pues, la historia de Rûmî transcurrió a lo largo de unos años de extraordinaria convulsión. Rûmî fue testigo de uno de esos momentos de inflexión que delimitan la historia del orbe islámico. Sin embargo, nadie lo diría, ya que dicho contexto enloquecido, teñido de sangre y dolor, apenas si se deja entrever en su obra literaria. La profesora Leili Anvar-Chenderoff lo advierte así:

Cuando se lee la poesía de Rûmî, que evoca la nostalgia de la patria celeste y deriva del gozo de la unión espiritual y de una confianza absoluta en la grandeza y la benevolencia de la providencia, uno casi olvidaría el contexto histórico extremadamente violento en el que vivió; las masacres de pueblos enteros, los saqueos, las ciudades reducidas a cenizas, la violencia inaudita y el terror que las hordas llegadas de las estepas de Mongolia hicieron reinar desde la India hasta Asia Menor.[1]

Es cierto que, muy de tanto en tanto, en los pliegues de un verso suelto de algún *gazal* u oda mística o en alguna de sus charlas espirituales, aflora la crudeza de ese mundo violento en el que Rûmî vivió. Sin embargo, él espiritualiza de inmediato esas raras referencias a ciertos episodios históricos, reorientándolas hacia el ámbito del amor y el poder divinos, como sucede en el siguiente ejemplo, que alude explícitamente a la devastación mongola:

> Los tártaros han destruido el mundo en la guerra,
> pero las ruinas encierran tu tesoro. ¿Qué desgracia podría alcanzarlo?
> El mundo ha sido destrozado, pero ¿acaso no eres tú el amigo
> de quienes la vida ha despedazado? A quien está ebrio de ti
> ¿qué desgarro podría alcanzarle?
>
> (DS 1327)

También en el *Fîhi mâ fîhi*, libro que reúne algunas charlas impartidas en el círculo íntimo de sus discípulos, Rûmî se refiere a la violencia ejercida por los mongoles. En cierto momento, responde incluso a las preguntas que algunos de los presentes le formulan al respecto, prueba del desasosiego dominante en Konya por aquel entonces. Sin embargo, las respuestas de Rûmî van siempre mucho más allá de lo inmediatamente predecible:

1. Leili Anvar-Chenderoff, *Rûmî. La religion de l'amour*, París, Médicis-Entrelacs, 2004, p. 21.

Cuando eran débiles, harapientos y carecían de poder, Dios los auxilió y escuchó sus súplicas. Pero, ahora que están saciados y son fuertes, el Altísimo provoca su aniquilación a manos de seres insignificantes, para que se den cuenta de que solo gracias al mandato de Dios y a su favor, y no por sus propias fuerzas, pudieron apoderarse del mundo entero.

(FF XV, 65)

Igualmente, Rûmî alude de pasada, en una de sus odas místicas, a la presencia en la ciudad santa de Jerusalén de los llamados «francos», los cruzados cristianos, de quienes se vale para acallar a un maleducado que le critica de forma impertinente:

¡Oh tú, que osas hablar mal de mí en mi presencia!
El pico del buitre apesta siempre a carne podrida.
Tu rostro amargado es fiel reflejo de tus palabras soeces,
y mira que no siempre la vileza se ve en la cara de alguien.
Yo tengo un Amigo y un Amado. Así que sigue engendrando tu
    odioso veneno,
que el océano jamás fue ensuciado por la boca de un perro.
La ciudad santa [Jerusalén] está repleta de cerdos cruzados,
pero ¿acaso ello ha afectado al templo sagrado?[2]

(DS 1211)

El siglo de la eclosión del sufismo

Paradójicamente, mientras el orbe islámico sufría, a lo largo del siglo XIII, el acoso de sus enemigos exteriores —los cruzados y los mongoles—, la espiritualidad sufí experimentó una soberbia eclosión, tras varios siglos de gestación y maduración. Resulta

---

2. Alusión a la Cúpula o Domo de la Roca.

cuando menos inaudito que en un tiempo de tanta destrucción tuviese lugar uno de los periodos más prolíficos y deslumbrantes del sufismo islámico. Pero ¿acaso no reza un viejo aforismo persa, bien conocido por Rûmî, que cuanto más negra es la noche más brillan las estrellas? Así se expresa el profesor Seyyed Hossein Nasr a propósito del florecimiento sufí en tiempos de ruina y dolor:

> Rûmî apareció en un momento en el que seis siglos de espiritualidad islámica habían moldeado ya toda una tradición de una inmensa riqueza. Vivió en un siglo que fue como un retorno a la intensidad espiritual del momento de la génesis del islam, un siglo que produjo sabios y santos remarcables a lo largo y ancho del mundo islámico, desde Ibn 'Arabî, natural de Al-Ándalus, a Naym al-Dîn Kubrà de Samarcanda. Rûmî irrumpió al final de dicho período de inmenso rejuvenecimiento y actividad espirituales que marcó la subsiguiente historia espiritual de los pueblos islámicos.[3]

Y mientras tanto, en Europa: escolásticos y andalusíes

Pero mientras todo ello sucede en tierras del Oriente islámico, Europa transita a través de la llamada Edad Media, un período mucho menos tenebroso de lo que comúnmente se cree. Uno de los hechos más determinantes acaecidos durante el siglo XIII, conocido en el continente europeo como el siglo de los castillos, fue la difusión del sistema de numeración indoarábigo, uno de los avances más significativos de las matemáticas. Esto mejoró sustancialmente la contabilidad comercial, la conversión de pesos y medidas y el cálculo, entre otras muchas aplicaciones. Tal sistema había sido introducido en el continente europeo a través de Al-

3. Seyyed Hossein Nasr, *Islamic Art & Spirituality*, Ipswich, Golgonooza Press, 1987, p. 134.

Ándalus, si bien su invención se gestó mucho antes en la India. Allí, los matemáticos persas lo adoptaron, y más tarde los árabes lo tomaron de ellos. Este sistema, en el que el valor de los dígitos es posicional y existe un dígito de valor nulo —el cero, un invento trascendental—, acabaría sustituyendo a la numeración romana, mucho más engorrosa y limitada.

Desde el punto de vista religioso, el siglo XIII coincidió en Europa con el esplendor de la escolástica, cuya figura más sobresaliente fue el fraile, teólogo y filósofo católico Tomás de Aquino (m. 1274), una de las figuras más descollantes de la teología sistemática. Declarado Doctor de la Iglesia en 1567, Tomás de Aquino, contemporáneo de Rûmî, recibió notables influencias tanto del platonismo de Agustín de Hipona (m. 430), como del aristotelismo del cordobés Ibn Rushd (m. 1198) —el Averroes de los latinos—, principal comentarista musulmán de Aristóteles y uno de los nombres más prominentes de la filosofía islámica, cuyo afán fue conciliar la fe con la razón.

Por lo que respecta a Al-Ándalus, en 1212 tiene lugar la batalla de las Navas de Tolosa, en la que los ejércitos almohades cayeron derrotados ante un ejército aliado cristiano formado por tropas castellanas, aragonesas y navarras. Esta derrota tuvo consecuencias decisivas para el futuro andalusí, ya que supuso el inicio de la paulatina disminución de la presencia musulmana en la península ibérica. Es cierto que el período medieval europeo estuvo marcado por el choque entre la cristiandad y el mundo islámico. Sin embargo, sería injusto no mencionar, al mismo tiempo, el fértil intercambio cultural entre ambas civilizaciones. Sin duda tales intercambios contribuyeron sobremanera a ensanchar los horizontes intelectuales de la incipiente Europa. La literatura clásica española conserva numerosos testimonios del fecundo intercambio cultural que tuvo lugar durante el período andalusí. Sirva como botón de muestra un ejemplo que tiene a Rûmî, precisamente, como protagonista.

Sabido es que el humor es uno de los recursos que más emplea Rûmî en su obra. En varios pasajes humorísticos del *Maznawî* se sirve de uno de los personajes más fascinantes del Oriente islámico, conocido en Turquía, Irán y Asia Central como Nasreddîn Hoca y como Yuhâ entre los pueblos árabes. A caballo entre la historia y la leyenda, Nasreddîn encarna la figura del sabio loco que desconcierta por su lógica insólita y su conducta espontánea y desinhibida, similar a la de un niño. Pues bien, la historia del niño que lloraba desconsoladamente la muerte de su padre, protagonizada por Nasreddîn —al que Rûmî llama Yûhî—, recogida en el *Maznawî* (M II, 3115-3132), aparece recreada en el tratado tercero del *Lazarillo de Tormes*,[4] la novela anónima que, publicada por primera vez el año 1554, inaugura el género de la picaresca en la literatura española.

4. Anónimo, *Lazarillo de Tormes*, Madrid, Espasa-Calpe, 1973, pp. 101-103.

III
Los primeros años

¿Por qué lo llamamos Rûmî?

Rûm es el término árabe empleado históricamente por los musulmanes para referirse a la población cristiana de habla griega que formaba parte del Imperio romano de Oriente, cuya capital, durante el período medieval, fue la llamada «Nueva Roma», esto es, Constantinopla, hoy Estambul y antiguamente Bizancio. La azora 30 del Corán lleva por título, precisamente, «Al-rûm», esto es, «Los romanos orientales», ya que se alude en ella a los enfrentamientos bélicos que estos sostuvieron con los persas. Mientras que a los cristianos orientales, de cultura griega, se los llamaba *rûm*, a los cristianos de Occidente, de cultura latina, se los denominaba *faranch*, «francos» en árabe, extendiéndose después dicha denominación a todos los cristianos de la Europa occidental.

Tras la batalla de Manzikert —actual Malazkirt—, librada en suelo hoy turco, en el año 1071, en la que el Imperio romano de Oriente fue derrotado por los turcos selyúcidas, estos pasaron a ocupar la península de Anatolia, inaugurando de esta forma el poder turco en los antiguos territorios romanos de Asia Menor. La presencia turca en suelo anatolio fue una de las razones que desataron la primera cruzada, llevada a cabo en 1095. En el transcurso del siglo XI, el mundo islámico se vio enriquecido con un nuevo pueblo procedente de Asia Central cuando algunas tribus turcas se convirtieron al islam. De origen étnico y lingüístico muy diferente tanto respecto de los semitas árabes como de los indoeuropeos persas, los turcos, pertenecientes a una rama del tronco uraloaltaico afín a la mongola, hablaban una lengua perteneciente a la gran familia ugrofinesa. Sin embargo, los turcos selyúcidas fueron no solo islamizados, durante el siglo X, sino también iranizados en cuanto a la lengua, usos y costumbres. Tal vez dicha iranización fue lo que favoreció el asentamiento de la familia de Rûmî en Konya, capital por entonces del Sultanato selyúcida de Rûm, una Persia que no estaba en Persia ni era Persia, donde hallaron un lugar en el que vivir que no les debió de resultar del todo extraño.

Antepasados directos de los actuales pobladores de Turquía y Azerbaiyán, los selyúcidas, denominados así por Selyûq ibn Duqaq (m. *ca.* 1038), héroe epónimo de la tribu, llegaron a Anatolia procedentes del norte del mar de Aral, entre los siglos XI y XIII, y desempeñaron un papel cardinal en la geopolítica del momento. Por un lado, crearon una suerte de barrera protectora para Europa frente a las hordas mongolas venidas del este. Por otro, defendieron el mundo islámico de los cruzados cristianos llegados del continente europeo. Desde el punto de vista cultural, los selyúcidas forjaron una suerte de mixtura turco-persa, siendo los responsables de la introducción en la Anatolia de la época de muchos elementos culturales iranios, lo cual facilitó la aclimatación de los persas de Asia Central que huían del avance mongol, como fue el caso de la familia de Rûmî. Fue en la Anatolia turca donde, en 1077, vio la luz el Sultanato selyúcida de Rûm, rama occidental del Imperio selyúcida del que acabaría independizándose más tarde y al cual sobrevivió tras el colapso sufrido por este debido al acoso mongol.

La capital del sultanato estuvo, en un primer momento, en Iznik, pero debido a la presión ejercida por los cruzados fue trasladada, en 1097, a Konya, la vieja Iconium griega, en el altiplano central de Anatolia. La ciudad, en la que coexistían por entonces en relativo buen entendimiento diversas confesiones religiosas y etnias —turcos, árabes, persas, armenios y griegos—, fue el lugar en el que Rûmî pasó más de la mitad de su vida. Eso explica el gentilicio con el que se le conoce hoy, sobre todo en Occidente: Rûmî, el hombre del Jorasán que vivió y murió en el territorio de Rûm. Sin embargo, el nombre de nacimiento que recibió fue Muhammad, como su propio padre, una forma de honrar la memoria del Profeta. Así pues, Rûmî se llamaba Muhammad ibn Muhammad, tal como aparece citado en algunas fuentes, es decir, «Muhammad el hijo de Muhammad».

Pero dicho nombre resultaba demasiado común, con lo que siendo aún un niño su padre se dirigirá a él como Yalâl al-Dîn, título que significa «El Esplendor de la Fe». Dicha clase de apelativos era frecuente entonces entre los hombres de religión. Es el caso, por ejemplo, de su padre, conocido como Bahâ' al-Dîn, «La Gloria de la Fe», o de Shams, que era, en realidad, Shams al-Dîn, «El Sol de la Fe». Pero, más allá del lógico amor parental, algo debió de vislumbrar Bahâ' al-Dîn en su hijo para otorgarle tal título. Se dice que ya de niño Rûmî tuvo algunas experiencias extraordinarias, inusuales para su edad. En cierta ocasión, hallándose en el círculo íntimo de los discípulos de su padre, cayó en una especie de estado de trance. Bahâ' al-Dîn diría entonces que su hijo había sido visitado por los ángeles del mundo invisible. Se cuenta del pequeño Rûmî que era un niño extremadamente sensible, inquieto e, incluso, ardoroso, pero también inteligente, afectuoso y encantador.

Algunos de sus discípulos de origen persa se dirigían a él como Jodâvandgâr, que en persa quiere decir «Señor» o «Maestro». Sin embargo, en las primeras fuentes escritas en dicha lengua sobre Rûmî, incluido el libro de su hijo Sultân Walad, hallamos que se refieren a él con la expresión árabe «Mawlânâ», «Nuestro Maestro», que ha dado en turco «Mevlana», título con el que ya antes se había reconocido a su padre. El propio Rûmî lo utiliza en algún poema para hablar de sí mismo. Esa será la forma más común de referirse a Rûmî en el orbe islámico, y particularmente en los círculos sufíes, si bien con alguna pequeña variación local. Dado que en la tradición islámica ha habido otras muchas personalidades que han recibido el apelativo de «Mawlânâ», Rûmî ha sido nombrado de forma más específica con el gentilicio Baljî, esto es, Mawlânâ Baljî, «Mawlânâ el de Balj», la antigua ciudad hoy afgana de la cual era originaria su familia más inmediata. En resumen, el nombre completo de Rûmî es Mawlânâ Yalâl al-Dîn Muhammad ibn Muhammad al-Baljî al-Rûmî. Piénsese que el nombre de alguien es una suerte de currículo abreviado que nos aporta información acerca de su lugar de nacimiento, su linaje y, en muchos casos, de su ocupación.

Rûmî, un hombre del Jorasán, un espíritu de síntesis

Rûmî nació un 30 de septiembre de 1207, correspondiente al 6 de *rabî' al-awwal*, el tercer mes del calendario islámico, del año 604 de la hégira. A pesar de que se han propuesto otras fechas, esta parece ser la más plausible y la más aceptada hoy en día. Por entonces, su padre contaba casi 60 años de edad. *Rabî' al-awwal*, cuyo significado en árabe es «primera primavera», es un mes especialmente gozoso para los musulmanes, dado que el día 12 de dicho mes se celebra el aniversario del nacimiento del profeta Muhammad. Pues bien, en dicho mes «primaveral» ligado al profeta del islam nació Rûmî en la pequeña ciudad de Wajsh, perteneciente al actual Tayikistán, en la vasta región del Jorasán persa. Hasta no hace mucho se había pensado que el lugar de nacimiento de Rûmî había sido Balj, pequeña ciudad del actual Afganistán, de ahí el gentilicio Baljî con el que se le conoce aún hoy en el propio Afganistán, en Irán y en el subcontinente indio. Sin embargo, a finales de los años ochenta del pasado siglo, tras los trabajos del islamólogo suizo Fritz Meier sobre Bahâ' al-Dîn, se comenzó a hablar de la pequeña población tayika de Wajsh como el lugar exacto en el que Rûmî vino al mundo.

De Wajsh podría derivar la palabra «Oxus», con la que los griegos se referían al río Amû Daryâ en la antigüedad. Históricamente, el Amû Daryâ ha marcado en Asia Central la línea divisoria entre Turán e Irán, esto es, entre los pueblos túrquicos y los iranios. Bahâ' al-Dîn (*ca.* 1153-1231) ejerció en Wajsh como enseñante y predicador religioso entre 1204 y 1210. Fue durante dicha estancia en la ciudad cuando nació Rûmî, quien se refiere a Wajsh de pasada en el *Maznawî:* «La inteligencia parcial es como el rayo y el relámpago. ¿Cómo se puede ir a Wajsh veloz como una centella? (M IV, 3319). Tal vez el equívoco respecto al lugar de nacimiento de Rûmî pudo deberse a su propia familia. En Anatolia, final de su largo periplo de más de 4000 kilómetros a través de paisajes inexplicables de Asia Central y el Próximo Oriente, Wajsh era del todo desconocida, a diferencia de la prestigiosa Balj, con lo que, muy probablemente, debieron de haberse presentado como originarios de dicha ciudad. A su muerte, los hagiógrafos de Rûmî contribuyeron también al equívoco al reconstruir míticamente el pasado de la familia, de tal forma que situaron su nacimiento en Balj pensando que ello contribuiría a elevar su categoría como maestro espiritual. Sea como fuere, lo cierto es que la familia de Rûmî estaba vinculada de una u otra forma a Balj. Al fin y al cabo, Wajsh, ubicada a unos 250 kilómetros al nordeste de Balj, dependía de ella. Importante vivero entonces de sabios sufíes y hombres de religión, Balj tenía una alta reputación por ser cuna de excelentes juristas. La ciudad, que vivió sus mejores días como floreciente centro cultural entre los siglos X y XII, fue una de las cuatro capitales políticas que tuvo el Jorasán, junto a Herat, Merv y Nishapur, todas ellas centros neurálgicos del sufismo.

El Jorasán constituye uno de los veneros más exuberantes del mundo por lo que se refiere al *pathos* espiritual y religioso de la humanidad. El papel jugado por dicho rincón persa, a lo largo de los siglos, como semillero y reserva espiritual del sufismo, ha sido incomparable. Un dicho muy conocido atribuido al sabio sufí Sarî al-Saqatî (m. 867) así lo recoge: «Mientras la ciencia del sufismo permanezca viva en el Jorasán, vivirá en cualquier otro lugar del mundo; pero si un día muere en el Jorasán, dejará de existir dondequiera».[1] Al hablar del Jorasán nos estamos refiriendo a una vasta región situada en el corazón de Asia Central que comprende importantes territorios de los actuales Estados de Irán y Afganistán, así como de las repúblicas exsoviéticas de Tayikistán, Turkmenistán y Uzbekistán. Antaño, el Jorasán constituyó una verdadera encrucijada de pueblos y saberes ancestrales, donde el islam se encontró cara a cara con las sabidurías mazdea, maniquea, cristiana —en su versión nestoriana—, budista e incluso griega. No cabe duda de que el sufismo jorasaní heredó dicho sedimento religioso. El polo espiritual del sufismo jorasaní fue Bâyazîd al-Bistâmî (m. *ca.* 875), célebre por sus locuciones teopáticas *(shatahât)*, fruto de sus raptos espirituales. Las fulguraciones extáticas de Al-Bistâmî inauguraron lo que se conoce como sufismo embriagado *(sukr)*. En contraposición a él, se desarrolló en Bagdad el llamado sufismo sobrio *(sahw)*, cuyo polo fue el maestro, también persa, Al-Yunayd (m. 910).

Todo el sufismo jorasaní pivota alrededor del amor divino. Siguiendo la estela de Al-Bistâmî, los sufíes del Jorasán supieron trascender el miedo a Dios de los primeros ascetas musulmanes, inaugurando una nueva forma de espiritualidad basada no en el miedo y la sumisión, sino en el amor incondicional y la entrega libre y confiada a Dios, conscientes de que una cosa es temer reverencialmente a Dios *(taqwà)* y otra muy distinta tenerle miedo. Al mismo tiempo, el sufismo del Jorasán estuvo impregnado de un vivo espíritu *malâmatî*, muy palpable en Rûmî. Desde sus albores, alrededor del siglo IX, en la ciudad de Nishapur, primera capital del Imperio selyúcida, los *malâmatíes* se esforzaron por desenmas-

---

1. Citado en Yâmî, *Nafahât al-Uns* [Los hálitos de la intimidad], Teherán, Mû'assasa-yi Itilâ'ât, 1991, p. 51.

carar las formas más sutiles con las que el ego ejerce su dominio sobre el ser humano, como, por ejemplo, la autocomplacencia, el exhibicionismo y el narcisismo espirituales. «Tus oraciones te han llenado de orgullo el corazón» (M II, 339), se lamentaba Rûmî. Pues en toda buena obra y en toda virtud existe un veneno mortal que solo puede ser contrarrestado con la firme convicción de que, al fin y al cabo, Dios no necesita nada de todo cuanto el hombre realiza pretenciosamente en Su nombre.

Como hemos dejado escrito en otro lugar,[2] los *malâmatîes*, y en esto hicieron gala de una fina agudeza, partían de la idea de que en el camino espiritual no hay velo más difícil de descorrer que el de la vanidad y la autocomplacencia, fruto de la cháchara elogiosa de la gente y de la propia voluntad de complacer a los demás. Los *malâmatîes* fueron conscientes de las trampas que el ego *(nafs)* tiende al buscador, de ahí que denunciaran con una lucidez implacable las formas más diversas de exhibición espiritual, conscientes de que la egolatría espiritual constituye la forma más grosera de idolatría. Embebido de dicho espíritu *malâmatî*, Rûmî denunció sin miramientos la hipocresía religiosa: «El ego lleva un *tasbîh*[3] y un Corán en su mano derecha, y un alfanje y un puñal bajo la manga» (M III, 2554).

Rûmî fue un crítico sin componendas de la necedad humana y la hipocresía social, especialmente la de los hombres de religión cuando olvidan el verdadero espíritu de su misión. Para Rûmî, «nobleza obliga», lema que también puede y debe leerse de manera espejada: «obligación ennoblece». Con todo, la actitud crítica de Rûmî es a menudo tan discreta y sutil que resulta difícil detectarla a primera vista. En ese sentido, su obra viene a confirmar lo que Theodor W. Adorno sostiene acerca de la poesía en su

---

2. Halil Bárcena, *Sufismo*, Barcelona, Fragmenta, 2012, pp. 136-140.
3. Especie de rosario islámico de 99 cuentas, correspondientes a los 99 nombres de Dios.

conocido *Discurso sobre poesía lírica y sociedad*. Según el filósofo y musicólogo alemán, la poesía, que jamás es algo totalmente individual contrapuesto a lo social, se muestra sistemáticamente más crítica con la sociedad cuando en apariencia menos lo parece.[4]

Al igual que la espiritualidad *malâmatî*, la llamada caballería espiritual sufí —*futuwwa* en árabe, *yavanmardî* en persa— también es originaria de la ciudad jorasaní de Nishapur. De hecho, existen no pocos vínculos entre ambos movimientos, que aparecieron casi al mismo tiempo. En cierto modo, la *futuwwa*, muy ligada al trabajo iniciático de los gremios artesanales, constituye la dimensión ética del sufismo, basada en la subordinación de toda acción a una consecuencia espiritual. La *futuwwa* toma como fuente de inspiración un hadiz del profeta Muhammad en el que este asevera que su misión en el mundo no ha sido otra que «perfeccionar la nobleza del espíritu». Según Abû 'Abd al-Rahmân Sulâmî (m. 1021), uno de los primeros tratadistas tanto sobre la espiritualidad *malâmatî* como sobre la *futuwwa*, las cuatro virtudes que engalanan a la caballería espiritual son la generosidad, el servicio desinteresado e incondicional al otro, la nobleza de carácter y la pureza de corazón.[5] Por su parte, Rûmî dirá que «la *futuwwa* consiste en entregarlo todo sin expectativas» (M VI, 1972). Al iniciado en la *futuwwa* se le conoce como *fatà*, que quiere decir en árabe «hombre joven», esto es, alguien que rebosa fuerza jovial. Más allá de la edad biológica, el *fatà* es quien vive en un estado de permanente lozanía, dado que la generosidad actúa en el espíritu humano a la manera de un potente elixir de la juventud. La rectitud y ejemplaridad del sufí, en tanto *fatà* o caballero espiritual, exige transparencia. Por eso, Rûmî instaba a sus discípulos a que se mostraran tal como eran y a que fuesen tal como se mostraban, ya que nada resulta más

---

4. Theodor W. Adorno, *Notas sobre literatura. Obra completa*, vol. 11, Madrid, Akal, 2003, pp. 49-67.
5. Sulâmî, *Futuwah. Tratado de caballería sufí*, Barcelona, Paidós, 1991, p. 88.

contrario al espíritu caballeresco que la vana pretensión de ser lo que no se es.

'Alî ibn Abî Tâlib (m. 661), primo y yerno del profeta Muhammad, así como el primer eslabón de casi todas las cadenas iniciáticas sufíes, personifica no solo dichas virtudes caballerescas, sino también los atributos del místico que se adentra en los vericuetos de la senda que conduce a Dios. Rûmî no escatima en elogios a la hora de referirse a 'Alî: «Aprende de 'Alî a actuar sinceramente. Sabe que Haydar,[6] el León de Dios, estaba limpio de todo engaño» (M I, 3721). Que celebre de forma tan encomiástica la figura de 'Alî ha hecho pensar en una posible filiación chií de Rûmî, dado que 'Alí, además de paladín de caballeros espirituales y místicos sufíes, es el primer *imâm* o polo espiritual del chiismo.[7] Sin embargo, nada hay ni en su obra ni en su árbol genealógico que avale tal suposición, sobre todo si tenemos en cuenta que los persas eran predominantemente sunníes en la época en que vivió Rûmî. Es cierto que con el correr del tiempo el sufismo *mawlawî* acogió en su seno no pocas influencias chiíes, lo cual en modo alguno prueba la filiación chií de Rûmî. Además, nada tiene de extraño si consideramos la permeabilidad habida entre el sufismo y el chiismo popular de la Anatolia turca durante el período otomano. Tampoco resulta excepcional el trato preferente que Rûmî le dispensa a 'Alî, sabiendo lo que este significa para el islam, en general, y el sufismo, en particular. Además, Rûmî se refiere de forma no menos laudatoria a personajes fundamentales del islam sunní, como, por ejemplo, el califa Abû Bakr, ya citado.

Por otro lado, Rûmî se muestra abiertamente crítico con ciertas prácticas del chiismo popular. Así, por ejemplo, les censura a los chiíes de Alepo —tal vez los únicos a los que conoció en vida— sus

6. 'Alî es conocido también como Haydar, «león» en árabe.
7. Cf. Seyed Ghahreman Safavi, *Rumi's Spiritual Shi'ism*, Londres, London Academy of Iranian Studies Press, 2008.

excesos, tanto físicos como sentimentales, a la hora de evocar la figura de Husayn (m. 680), nieto del profeta Muhammad, durante la festividad de la *'ashûra* en la que se conmemora su martirio. Las lágrimas que vierten por Husayn, les advierte Rûmî, más les valdría verterlas por ellos mismos, dado el ruinoso estado de sus corazones y de su maltrecha fe (M VI, 777-805). Rûmî les censura también a los chiíes sus forzadas interpretaciones tanto del texto coránico como de ciertas palabras sapienciales pronunciadas por el profeta Muhammad (M I, 3741-42). Pareciera como si quisiese advertirles acerca del significado exacto del símbolo y la utilización cabal de la hermenéutica, que nunca es caprichosa. Y es que el símbolo exige ser interpretado, pero jamás sobreinterpretado.

Sea como fuere, Rûmî heredó, en cuanto hombre del Jorasán, todo el poso sapiencial de esa tierra tan fértil espiritualmente hablando. Así, por ejemplo, hizo suya la lucidez implacable de los *malâmatîes* y el espíritu de entrega y servicio a los demás de los caballeros espirituales de la *futuwwa*. Sin embargo, que fuese un hombre del Jorasán en modo alguno quiere decir que no hubiese sido permeable a otras influencias exteriores, como la del sufismo bagdadí, por ejemplo, presentado a veces como antagonista del sufismo jorasaní. En Rûmî late tanto el Jorasán de Al-Bistâmî como el Bagdad de Al-Yunayd, maestros que ni se oponen ni se excluyen, como tampoco se oponen o excluyen la ebriedad y la sobriedad de ambos.

Lo realmente sustancial es que Rûmî fue un hombre de síntesis en todos los órdenes de la vida y planos de la existencia. Así, se abrazan en él amor y conocimiento, fuego y luz, ebriedad y sobriedad. De ahí que viva en un estado interior de sobria ebriedad, o si se prefiere, de ebria sobriedad. Pues ser algo no excluye poder ser otra cosa. Un aire de templanza saturado de pasión recorre toda la poesía de Rûmî, así como su filosofía espiritual, que oscila entre dos principios estructurales complementarios: el éxtasis y el orden. Todo en él es fervor contenido, inspiración sin aspavientos. He ahí su más íntimo estilema. La imagen de sobriedad del derviche giróvago entregado al torbellino de la danza circular personifica la conciliación de los opuestos. Durante el *samâ' mawlawî*, el derviche es como una peonza que danza tan rápidamente que parece inmóvil, y siempre bajo un estricto control. En definitiva, se trata de superar el mundo de la lógica ordinaria. Para Rûmî, orfebre de la síntesis y la conciliación, los dualismos carecen de sentido, de ahí que opte siempre por equilibrar juicios y de ahí también su capacidad de acoger cualquier punto de vista. Trovador de la búsqueda y del anhelo, pedagogo del encuentro con el misterio de lo divino, Rûmî desenmascara la absurda artificiosidad de toda categorización, fruto de nuestra mentalidad binaria, excluyente y clasificadora. Buen ejemplo de todo ello son las diversas historias recogidas en el *Maznawî*, en las que, más allá de todo maniqueísmo simplista, cada personaje, por muy perverso que pueda parecer a simple vista, posee su particular grado de participación en la verdad, dado que esta jamás está en un solo lado. Además, como sostiene su traductor Reynold A. Nicholson:

> lo que parece una maldición para uno puede ser una bendición para otro; es más, el propio mal se convierte en bien para el hombre recto. Rûmî no admite que haya nada que sea absolutamente malo [...]. Esta es sin duda una doctrina notable [...]. ¿Cómo es posible discernir el alma de bondad en las cosas malas? Mediante el amor, dice Rûmî, y el conocimiento que solo el amor puede dar.[8]

Rûmî insta a vivir sin estar ni a favor ni en contra de nada, lo cual en modo alguno significa indiferencia ante las cosas; todo lo contrario. Su empeño es acogerlo todo, sea lo que sea, venga de donde venga. En ese sentido, haber reunido en un cuadro unitario

8. Reynold A. Nicholson, *Los místicos del islam*, Palma de Mallorca, J. J. de Olañeta, 2008, p. 113.

como es el *Maznawî* todo el pensamiento religioso y filosófico del islam de su época no es una empresa menor. El sufismo *mawlawî* heredó dicho carácter conciliador de Rûmî. De hecho, la fraternidad sufí de los derviches giróvagos es fruto ella misma de una síntesis cultural de elementos persas, árabes y turcos. Considerado como su comentarista más señero, Ismâ'îl Rusîjî al-Anqarawî (m. 1631) define la senda trazada por Rûmî como la vía del medio —o también del centro—, capaz de conciliar todas las sensibilidades religiosas y espirituales nacidas en el seno del islam:

> Quienes entran en nuestra vía, encuentran la vía del medio,[9] que es la mejor vía entre las diferentes vías posibles, puesto que está exenta del fatalismo y del libre albedrío, del antropomorfismo y del ateísmo, de la parquedad y de la desmesura.[10]

Los Walad, un linaje de hombres de religión

Rûmî nació en el seno de una familia musulmana de hombres de religión, cuyos ancestros eran descendientes, así lo recogen tanto Aflâkî como Sipahsâlâr, de Abû Bakr, primer califa del islam tras la muerte del profeta Muhammad y un referente ineludible del sufismo. Sin embargo, dicho vínculo resulta un tanto dudoso, hablando en términos históricos. Ciertamente, Abû Bakr, conocido como el «Veraz» *(Al-Siddîq)*, es mencionado con frecuencia por Rûmî, lo cual no prueba nada más que el profundo afecto que este sentía por el que fue uno de los personajes del primer islam más cercanos al profeta Muhammad. Uno de los hadices favori-

---

9. Dicha afirmación recrea la aleya coránica en la que se define a la comunidad islámica como una «comunidad de en medio» (Corán 2, 143) y, por consiguiente, justa, equilibrada y enemiga de los excesos.
10. Alberto Fabio Ambrosio, *Vie d'un derviche tourneur. Doctrine et rituals du soufisme au XVIIe siècle*, París, CNRS, 2010, p. 132.

tos de Rûmî tiene a Abû Bakr, precisamente, como protagonista: «Abû Bakr no alcanzó la excelencia porque sus plegarias, ayunos o actos de caridad fuesen numerosos, sino por *algo* que había en su corazón» (FF LX, 215).

Tanto el bisabuelo como el abuelo de Rûmî por parte de padre, Ahmad al-Jatîbî y Yalâl al-Dîn Husayn al-Jatîbî, respectivamente, eran hombres de religión y predicadores, como se desprende del *mansab* o nombre de profesión que ambos ostentaban: *jatîb*, es decir, el encargado de ofrecer la *jutba* o «prédica» durante la oración comunitaria de los viernes. Sin embargo, la relevancia religiosa de ambos hombres debió de ser mucho menor de la que se creyó durante algún tiempo. De las cuatro principales escuelas jurídicas del islam sunní hoy subsistentes —el islam chií posee la suya propia—, a saber, *mâlikî, hanbalî, shâfaî* y *hanafî*, la familia de Rûmî se adhirió a esta última. Fundada por el teólogo y jurista de origen persa Abû Hanîfa (m. 765), es la escuela jurídica más antigua y la más seguida hoy en día. Se caracteriza por una concepción magnánima de la jurisprudencia islámica, muy alejada del dogmatismo rigorista de otras escuelas, la *hanbalî*, por ejemplo, gobernada por un rígido código interpretativo. En materia de música, por citar solo un ejemplo, la escuela *hanafî* se mostró muy permisiva, lo cual favoreció el desarrollo sin cortapisas de las distintas disciplinas musicales, incluido el arte de la recitación alcoránica *(taywîd)*, en aquellos ámbitos geográficos en los que se propagó. En ese sentido, no resulta extraño que un hombre como Rûmî, que se formó y vivió en un entorno *hanafî* proclive a la música, mantuviese con esta una relación tan íntima.

Al igual que sus antepasados más inmediatos, Bahâ' al-Dîn, el padre de Rûmî, hizo de la religión su vida y también su ocupación profesional. Conocido en el ámbito del sufismo *mawlawî* como *Sultân al-'ulamâ'*, esto es, el «Sultán de los sabios religiosos», llegó a ser un notable teólogo y predicador *hanafî*, aunque hay quien cuestiona su relevancia, como veremos más adelante. Al mismo tiempo, Bahâ' al-Dîn alcanzó el rango de maestro del sufismo, si bien desconocemos a qué corriente sufí en particular perteneció. Educado en un ambiente familiar tan profundamente religioso, el destino de Rûmî estuvo marcado desde su más tierna infancia. Aquel niño en el que todo el mundo creyó vislumbrar signos inequívocos de ejemplaridad espiritual, estaba llamado a seguir los pasos de su abuelo y de su padre; a seguirlos y a superarlos con creces. A pesar de su corta edad, Rûmî sintió una vocación y un deber ineludibles, y los siguió sin titubear, asumiendo todas sus consecuencias. Hay circunstancias que no se escogen, sino que nos son impuestas.

El entorno familiar de los Walad

Poco es lo que sabemos acerca del entorno familiar más inmediato en el que vivió y creció el pequeño Rûmî, y lo que sabemos es un poco disperso, fragmentario y, a veces, contradictorio incluso. Sabemos, sí, que creció en el seno de una familia que le dispensó amor y optimismo a raudales, lo cual marcó para siempre su carácter. Todo ello a pesar de las continuas idas y venidas de la familia, y de los cambios de ciudad motivados por la profesión de predicador itinerante de su padre. Más tarde, siendo ya un hombre adulto, el propio Rûmî reconocería que «el amor es tu verdadero progenitor, tu verdadera familia» (DS 333).

Su padre respondía al sobrenombre de Walad, cuyo significado en árabe —«niño» e, incluso, «hijo»— ha dado pie a suponer que tal vez fuera hijo único. En cualquier caso, incorporó dicho sobrenombre y fue conocido como Bahâ' al-Dîn Walad. Andando el tiempo, el hijo pequeño de Rûmî, Bahâ' al-Dîn Muhammad, también lo adoptaría en honor a su abuelo. Nos referimos a Sultân Walad, verdadero custodio del legado espiritual no ya de Rûmî sino de todos los Walad. Gracias al testimonio del propio Bahâ' al-Dîn, conocemos el nombre de su padre, Yalâl al-Dîn Husayn al-Jatîbî, hombre de religión y de prédica como él. Todo apunta a que el abuelo paterno de Rûmî murió antes del año 1200, de tal manera que Rûmî no llegó a conocerlo en vida. A quien sí conoció, ya que murió después de 1213, fue a su abuela paterna, aunque lo desconocemos casi todo de ella. Por ejemplo, ignoramos su nombre, aunque sabemos que Bahâ' al-Dîn se dirigía a ella como *Mâmi*, ¡apelativo cariñoso que no necesita traducción! Según consta en los escritos autobiográficos del propio Bahâ' al-Dîn, este acostumbraba a mantener con su madre conversaciones de cierto nivel sobre filosofía y religión.

Rûmî tuvo un hermano, 'Alâ' al-Dîn Muhammad, nacido en 1205, dos años antes que él, fruto del matrimonio entre Bahâ' al-Dîn Walad y Mû'mina Jâtûn, hija de Rukn al-Dîn, gobernador de la ciudad de Balj. Años después, Rûmî puso el nombre de 'Alâ' al-Dîn a su hijo menor en recuerdo de su hermano, muerto en torno a 1224, cuando los Walad, ya lejos de su hogar en el Jorasán persa, se encontraban instalados en la ciudad de Karaman, al sur de la actual Anatolia turca. Además de 'Alâ' al-Dîn Muhammad, Rûmî tuvo dos hermanastros más: un chico, Husayn (*ca.* 1175-?), el primer hijo de Bahâ' al-Dîn Walad, y una chica, Fâtima Jâtûn (*ca.* 1190-?), de quien se sabe que cursó estudios de jurisprudencia islámica (*fiqh*) y llegó a ser toda una verdadera experta en la materia. Además de casarse con Mû'mina Jâtûn, madre de Rûmî, todo apunta a que Bahâ' al-Dîn Walad contrajo dos matrimonios más, con Bîbî Jâtûn 'Alawî y Bint Qâdî Sharaf.

Cuando los Walad se vieron empujados a dejar para siempre su hogar en el Jorasán, fue Mû'mina Jâtûn quien acompañó a su marido en su destierro voluntario. Pero no toda la familia le siguió en dicho periplo sin rumbo fijo. Por ejemplo, su madre, aquejada de una diabetes crónica, permaneció en el Jorasán; y junto a ella, Husayn, hermanastro de Rûmî, aunque hay quien apunta que pudo haber emprendido la marcha junto a su padre, muriendo poco antes de que la familia se instalara, definitivamente, en Konya. Tampoco su hermanastra Fâtima Jâtûn siguió los pasos del resto de la familia, permaneciendo en el Jorasán junto a su marido.

Rûmî y su hermano mayor 'Alâ' al-Dîn acostumbraban a acompañar a su padre en sus frecuentes desplazamientos por la región motivados por su condición de predicador itinerante y enseñante. Mientras que las escuelas jurídicas *mâlikî* y *shâfa'î* abogaban por la presencia de un solo *jatîb* o predicador por ciudad, la escuela *hanafî* consentía que hubiese varios, lo cual explica los constantes desplazamientos de los Walad de una ciudad a otra. La vida de Bahâ' al-Dîn, que expresó por escrito su pasión por la profesión que ejercía, fue vivida intensamente y en tránsito perpetuo, lo cual le permitió acceder a personas y lugares de muy diversa condición. También la vida de Rûmî estaría marcada por la idea del viaje y la continua errancia, lo cual explica, en buena parte, su concepción dinámica tanto del ser humano como del universo en su conjunto.

La filiación sufí de la familia

El hecho de que Bahâ' al-Dîn Walad fue un adepto del sufismo está fuera de toda discusión. El problema estriba en saber cuál fue exactamente su filiación sufí y, en consecuencia, qué tipo de disciplina espiritual siguió y le pudo haber transmitido a Rûmî. Durante un tiempo se creyó que fue discípulo de Naym al-Dîn Kubrà (m. 1221), pero lo cierto es que carecemos de pruebas concluyentes que lo demuestren. Fundador epónimo de la fraternidad sufí *kubrawiyya*, Kubrà fue uno de los grandes maestros del sufismo centroasiático y un autor prolífico, entre cuyas obras destaca *Las eclosiones de la belleza y los perfumes de la majestad*, centrada en las experiencias visionarias que el iniciado sufí experimenta en su camino espiritual.

Uno de los rasgos más originales de su sufismo es el de los fotismos coloreados. A pesar de no construir una teoría al respecto, fue el primer maestro sufí que prestó atención al fenómeno de los colores, vinculándolos a los acontecimientos que se desarrollan en el interior del iniciado. A partir de la descripción pormenorizada que ofrece Kubrà de los diferentes fenómenos lumínicos que el aspirante sufí visualiza durante su aprendizaje espiritual, el sufismo *kubrawî* posterior desarrolló toda una fisiología del hombre de luz que comprende el estudio tanto de los sentidos interiores como de los órganos del cuerpo sutil. Se trata, en definitiva, de una fisiología en la que la luz y el ser se identifican. Ciertamente, luz y color poseen una destacada significación en las visiones que experimentó Bahâ' al-Dîn Walad, lo cual lo aproxima al sufismo *kubrawî*. También el tema de la luz está presente en Rûmî. Él sugiere, a través del fenómeno de la luz precisamente, que el campo cognitivo del amor es tan vasto que la razón instrumental no lo puede concebir. Tanto en Bahâ' al-Dîn Walad como en el mismo Rûmî la luz del sol remite al Amado divino, cuyo poder anula las demás luces y borra toda imagen. Sin embargo, todo ello no es suficiente para emparentarlos a ambos, padre e hijo, con el linaje sufí *kubrawî*. De hecho, en la cadena iniciática *(silsila)* del sufismo *mawlawî* que recoge Aflâkî no aparece ni un solo maestro de raigambre *kubrawî*, lo cual no deja de ser sintomático. Por otro lado, la imaginería visionaria de luces y colores no es exclusiva del sufismo *kubrawî*, ya que aparece expuesta en los escritos de otros sabios musulmanes relevantes, como por ejemplo Abû Hâmid al-Gazzâlî, autor de un importante tratado sobre el tema titulado *El nicho de las luces*.

En el caso concreto de Rûmî resulta cronológicamente imposible que hubiese podido ser un adepto de la fraternidad sufí *kubrawî* y, mucho menos aún, discípulo directo de Naym al-Dîn Kubrà, como algunas veces se ha insinuado. Rûmî abandonó el Jorasán siendo aún un niño y no alcanzó el rango de maestro sufí hasta el año 1240, aproximadamente, esto es, unos veinte años después de la muerte de Kubrà. Además, no existe ninguna mención a este, ni tampoco a ninguno de los principales autores *kubrawîes*, en la extensa obra escrita tanto de Bahâ' al-Dîn como del propio Rûmî, lo cual es muy significativo, puesto que el *adab* (civilidad, cortesía espiritual sufí) exige que los discípulos reconozcan a sus maestros y a los maestros de sus maestros, y que mencionen sus nombres, algo que Rûmî siempre hizo.

Respecto a la disciplina espiritual propiamente dicha también existen notables diferencias entre el sufismo *kubrawî* y el de Bahâ' al-Dîn y Rûmî. Un ejemplo lo hallamos en el *dhikr* o recuerdo de Dios, que es al mismo tiempo el olvido de sí. El propósito del *dhikr*, quintaesencia del sufismo, es actualizar la presencia de Dios en el ser humano a través de la invocación de Su nombre u otras fórmulas islámicas emanadas tanto del texto coránico como del ejemplo del profeta Muhammad. En cierta forma, el tipo de *dhikr* empleado y la manera de realizarlo constituye la seña de identidad de una fraternidad sufí específica. Pues bien, el *dhikr kubrawî* consiste en la repetición del así llamado *tahlîl*, es decir, la fórmula árabe *Lâ ilâha illâ Allâh*, «No hay más divinidad que Dios», en la que se sintetiza el *tawhîd* o principio de la unidad y unicidad divinas, primera intuición espiritual del islam. Sin embargo, Bahâ' al-Dîn Walad refiere en sus propios escritos que su *dhikr* es la palabra *Allâh*, «Dios» en árabe. Más tarde, el propio Rûmî adoptará esta misma práctica, que acabaría convirtiéndose, tras su muerte, en el *dhikr mawlawî* por antonomasia, según recoge Aflâkî: «La fórmula empleada en nuestro *dhikr* es *Allâh, Allâh, Allâh*, puesto que nosotros somos los partidarios de Allâh. De Allâh venimos y a Allâh regresamos».[11]

En resumen, si nos atenemos a lo que tanto Bahâ' al-Dîn como el propio Rûmî afirman de sí mismos y a lo que sus hagiógrafos nos aportan, hemos de concluir que todo lo que hoy sabemos es

11. Aflâkî, *The Feats of the Knowers of God (Manâqib al-'ârifîn)*, trad. de John O'Kane, Leiden, Brill, 2002, p. 174.

que padre e hijo no estuvieron incardinados en ningún linaje sufí concreto, ni vinculados a ninguno de los maestros espirituales sufíes de su época. Y otro tanto podría decirse de Shams. Y es que en paralelo al sufismo confrérico de las grandes fraternidades que cristalizaría, precisamente, en el siglo XIII, el siglo de Rûmî, ha existido históricamente otro sufismo mucho menos formal e institucionalizado. Por lo que respecta al Rûmî, este adquirió todos sus conocimientos religiosos hasta la aparición de Shams a través de sus vínculos familiares. Rûmî tuvo sus maestros en la propia familia y en el círculo de los amigos de esta. Apunta Franklin D. Lewis sobre el sufismo de padre e hijo: «Ellos [Bahâ' al-Dîn Walad y su hijo Rûmî] creían en la praxis del misticismo más que en la teoría, en eso que los sufíes denominan "saboreo" *(dhawq)* o experiencia de uno mismo».[12]

Sin embargo, que no tuvieran una filiación sufí determinada no significa que menospreciaran la importancia del guía espiritual, algo impensable en una sociedad tradicional como la suya en la que el autodidactismo era inconcebible, y menos aún en el sufismo. En principio, todo aspirante en la senda sufí ha de tener un maestro espiritual o *shayj*, aunque hay excepciones —y muy notables, por cierto— que confirman la regla. Un aforismo sufí, tan antiguo como el propio sufismo, advierte: «*Shaytân* [Satán] es el maestro de quien no tiene maestro». Si tenemos en cuenta que en la literatura clásica sufí se afirma que Satán opera desde el ego del ser humano, todo ello querrá decir que quien no posee un guía cualificado corre el peligro de ser conducido —o tal vez habríamos de decir desencaminado— por su propio ego caprichoso. Esta ha sido la regla general. Sin embargo, ciertos maestros han recorrido la senda sufí sin haber recibido una iniciación formal de ningún maestro vivo. Son los llamados *uwaysîes*, en referen-

12. Franklin D. Lewis, *Rumi. Past and Present, East and West. The Life, Teachings and Poetry of Jalâl al-Din Rumi*, Oxford, Oneworld, 2000, p. 33.

cia a Uways al-Qarânî (m. *ca.* 657), contemporáneo yemení del profeta Muhammad, quien habría sido iniciado espiritualmente por este sin que hubiese mediado ningún contacto físico entre ambos. De hecho, el propio Shams se presentó a sí mismo como un *uwaysî*, como veremos en su momento. Rûmî no deja lugar a dudas a propósito de la necesidad de tener un maestro espiritual que conduzca certeramente los pasos del aspirante. Al margen de los posibles extravíos que implica andar huérfano de guía, Rûmî menciona también la pérdida inútil de energía que ello supone:

> Elige un maestro, pues sin un maestro que te guíe este viaje estará lleno de dolor, de riesgo y de peligro.
>
> (M I, 2942)

> Quien viaja sin guía necesita doscientos años para completar un viaje de dos días.
>
> (M III, 588)

Bahâ' al-Dîn Walad, un padre y un guía espiritual

Bahâ' al-Dîn Walad en modo alguno se limitó a cumplir con sus obligaciones parentales. En ese sentido, fue mucho más que un padre para Rûmî, ya que se convirtió en su primer mentor, quien le enseñó —y le enseñó a enseñar— el islam. Él fue el preceptor espiritual que lo introdujo en el estudio de los pilares de la fe islámica, según el punto de vista *hanafî*, escuela jurídica que seguían los Walad. No sabemos a ciencia cierta ni dónde ni con quién completó su formación Bahâ' al-Dîn Walad, pero, ya fuera en las ciudades de Balj o de Termez, como se ha especulado, tuvo que haber estudiado, forzosamente, las disciplinas que todo hombre de religión debe conocer en profundidad para poder enseñar o bien emitir juicios legales, es decir: jurisprudencia *(fiqh)*, exégesis coránica *(tafsîr)*, tradición profética (hadiz) y, por supuesto, árabe, vehículo lingüístico de la revelación coránica. No parece, sin embargo, que fuese un gran experto en ninguna de dichas disciplinas. Una particularidad de los religiosos *hanafíes* de entonces es que, a diferencia de lo que ocurría en las otras escuelas jurídicas, estudiaban también algunos principios de medicina, a partir del libro *La medicina del Profeta (Tibb al-nabî)* de Abû l-ʿAbbâs ibn Yaʿfar al-Mustagfarî, en el que aparece compendiado todo el saber médico conocido por los árabes de los primeros tiempos del islam, un saber que el propio profeta Muhammad conocía y aplicaba. De ahí que se conozca como «la medicina del Profeta». Al mismo tiempo, los *hanafíes* estudiaban las mínimas nociones de astronomía necesarias para calcular los horarios de la oración ritual y localizar la *qibla*, esto es, la dirección de La Meca hacia la que se realiza dicha oración ritual. Tal vez ello explique el uso reiterado que Rûmî hace en su poesía del astrolabio. Así, por ejemplo, dirá del amor que es el «astrolabio de los misterios divinos» (M I, 110) y definirá al ser humano como una suerte de «astrolabio divino» (FF II, 10), como ya hemos visto. Pues bien, todo ese fue el saber que Bahâ' al-Dîn le brindó a su hijo durante el primer tramo de vida. Sin embargo, Bahâ' al-Dîn no solo fue un hombre versado en los aspectos más formales y exotéricos del islam. También fue, como sabemos, un iniciado en la vía del sufismo, algo que no es extraño, ya que algunos de los maestros sufíes más prominentes de la historia han sido, al mismo tiempo, juristas muy notables que supieron conciliar sin problema alguno jurisprudencia y sufismo o, lo que es lo mismo, ley y senda interior. Andando el tiempo, también Rûmî llegaría a ser un sabio reconocido en ambas dimensiones del islam.

Bahâ' al-Dîn dejó por escrito su pensamiento espiritual en el *Maʿârif (Vislumbres gnósticos)*,[13] una suerte de dietario personal

---

13. Bahâ' al-Dîn Walad, *Maʿârif*, ed. de Badîʿ al-Zamân Forûzânfar (2.ª ed.),

dispuesto a la manera sufí, asistemática e iterativa, expresamente inorgánica, que tanto ha desconcertado a ciertas mentes occidentales demasiado imbuidas de cartesianismo. Las reflexiones de Bahâ' al-Dîn se suceden en el *Ma'ârif*, un libro polimórfico, entreveradas con percepciones visionarias, preguntas y respuestas acerca de diversas cuestiones sobre la senda sufí, conversaciones íntimas con Dios, comentarios de pasajes significativos del Corán, historias edificantes, fragmentos de poesía, vislumbres repentinos, prescripciones médicas, consejos de jardinería, registro de sueños, cuentos jocosos, episodios eróticos y especulaciones varias de distinta naturaleza. La suerte corrida por el *Ma'ârif* tras la muerte de Bahâ' al-Dîn fue, cuando menos, curiosa. El libro lo heredó y custodió Rûmî como el tesoro preciado que para él era. Caligrafiado más tarde por algunos de sus discípulos, las distintas copias del libro fueron pasando de mano en mano a lo largo de los siglos a través de los círculos *mawlawîes* de Konya y Estambul, siendo rescatado del olvido, a mediados de los años cincuenta del siglo pasado, por el investigador iraní Badî' al-Zamân Foruzânfar (m. 1970), una de las mayores autoridades mundiales en Rûmî, quien dio con una de dichas copias. Algo que llama poderosamente la atención del libro es el tratamiento absolutamente natural y desinhibido que Bahâ' al-Dîn le dispensa a la sexualidad, un tema siempre espinoso. A algunos les podría resultar extraño que un hombre de religión, todo un maestro del sufismo, hablara en esos términos. Sin embargo, no hace otra cosa que mostrar el talante islámico hacia el cuerpo y la sexualidad, un talante muy alejado de la aversión hacia dichas realidades que hallamos en otras tradiciones religiosas como, por ejemplo, el maniqueísmo persa y su culpabilización del cuerpo. Aunque el islam posee una neta vocación natalista, en modo al-

---

Teherán, Idâra-yi Kull-i Intibâ'ât-i Wizârat-i Farhang, 1973 (2 vols.). (Las referencias a esta obra están anotadas con la abreviatura MB, seguida del n.º del libro y del n.º de página).

guno prohíbe o excluye el goce sexual lícito, esto es, dentro de los márgenes legales del matrimonio. Como sea, Bahâ' al-Dîn Walad no tuvo reparo alguno en confesar que era un hombre con un vivo apetito sexual, y lejos de sentirse culpable o avergonzado por ello lo aceptó y agradeció, pues obedecía, confiesa él mismo, a la voluntad de Dios: «Esta excitación sexual mía también fue causada por Dios. ¿Por qué debería yo entonces sentirme avergonzado o verlo como una omisión?» (MB I, 381).

Igualmente, el *Ma'ârif* deja entrever los rasgos más determinantes de la compleja personalidad de Bahâ' al-Dîn, porque hay que admitir que no fue el hombre sencillo y conformado que describen los hagiógrafos de Rûmî. Tampoco responde con exactitud a la imagen ensalzada que el propio Rûmî tenía de él, lo cual resulta comprensible. ¡Qué hijo no ha idealizado jamás a su padre! En las páginas del *Ma'ârif* se nos revela un Bahâ' al-Dîn franco y transparente, que nos hace partícipes de los paisajes interiores por los que transita su espíritu y de sus experiencias visionarias. Pero, al mismo tiempo, nos confiesa sus anhelos, sus ambiciones profesionales, sus deseos más íntimos e, incluso, sus vacilaciones y hasta sus frustraciones. Se trata de las sombras sin las que ningún cuadro alcanza profundidad. Porque toda sombra es, a fin de cuentas, hija predilecta de la luz. Además, ya se sabe, donde hay cumbres, también hay valles. Gracias a sus propias confesiones, sabemos de su ardor sexual, como acabamos de ver, incluso conocemos los nombres concretos de algunas de las mujeres que despertaron su deseo. También sabemos que amaba su profesión de enseñante y predicador religioso, pero que detestaba tener que ejercerla, él, que era ambicioso y soñador y tenía un alto concepto de sí mismo, en una ciudad en definitiva menor como era Wajsh: «Me pregunto por qué Wajsh. Mientras algunos viven sus vidas en Samarcanda, Bagdad, Balj u otras ciudades aureoladas de gloria, yo me hallo como un prisionero en este rincón desguarnecido, tedioso y olvidado por todos» (MB II, 138).

Hemos de admitir que Bahâ' al-Dîn no fue el sabio admirado por todos que aparece retratado en la literatura hagiográfica, siempre muy excesiva. Uno de los típicos excesos recogido en dicha literatura tiene que ver con el apelativo encomiástico *Sultân al-'Ulamâ'*, «Sultán de los sabios religiosos», con el que era conocido. Se dice que, una noche, trescientos expertos en las distintas ciencias de la religión de la ciudad de Balj y sus alrededores tuvieron un mismo sueño en el que el profeta Muhammad los visitó para pedirles que a partir de entonces se dirigieran a Bahâ' al-Dîn como *Sultân al-'Ulamâ'*. Pero lo cierto es que los hagiógrafos de Rûmî tomaron dicha historia del propio Bahâ' al-Dîn, quien reconoce haber tenido dicho sueño tan sobresaliente, aunque su narración es muchísimo más sobria que la de aquellos. Bahâ' al-Dîn Walad, que se sintió por momentos «un rey sin reino, un juez sin autoridad, un hombre elevado, pero sin rango alguno» (MB I, 374), sufrió una profunda crisis existencial cuando rondaba los 55 años de edad:

> Cuando empiece el próximo mes de Ramadán cumpliré 55 años. Dicen que viviré otros diez años más, ya que la esperanza de vida está entre los 60 y los 70 años de edad. Diez años suman un total de 3600 días. Pues bien, deseo vivir los 3600 días que me restan de vida de la mejor manera posible, recordando siempre la grandeza y el esplendor de Dios.
>
> (MB I, 354)

En resumen, el estudio y meditación del *Ma'àrif* de Bahâ' al-Dîn Walad, a lo largo de más de treinta años, marcó profundamente la primera etapa formativa del joven Rûmî hasta la irrupción en su vida de Shams, el sol venido desde Tabriz para subvertir todo su mundo. Pero eso será tiempo después. Aún habrán de pasar unos cuantos años —media vida, de hecho— hasta que Rûmî esté preparado para vivir un episodio de tal naturaleza. La aventura no ha hecho más que comenzar.

El mundo femenino de Rûmî

Hasta aquí, nos hemos referido a los miembros masculinos del entorno familiar en el que Rûmî creció, todos ellos hombres de religión más o menos reconocidos. Es menester detenernos ahora en el ámbito femenino, que tanta trascendencia tuvo en su primera infancia y en la posterior maduración como persona adulta. Es indudable que el calor femenino —de su madre y de su abuela paterna, fundamentalmente— que lo arropó durante sus primeros años de vida determinó positivamente su posterior consideración de la mujer, en general, y de la madre, en particular, que para él es símbolo del amor universal.[14] En primer lugar, hay que valorar el papel que desempeñan las madres en una familia islámica tradicional como la de Rûmî. Durante los primeros siete u ocho años de vida, los niños crecen en las estancias de la casa donde hacen su vida las mujeres de la familia, recibiendo los cuidados de madres, tías y abuelas. Es en la intimidad de dicho ámbito femenino donde los niños se embeben de la piedad religiosa maternal. Las mujeres, especialmente las madres, son las primeras que educan a los niños. Como reza un viejo proverbio árabe, «la madre es la *medersa*»,[15] esto es, la primera escuela. ¿Fue Rûmî una excepción? Nada más dudoso. El Corán insta a los creyentes musulmanes a honrar a sus padres.[16] Sin embargo, es en las palabras del profeta Muhammad donde hallamos un recordatorio aún más explícito acerca de los deberes de los creyentes hacia los padres y, fundamentalmente, hacia las madres, quienes merecen un amor especial, dado que, según se dice en un hadiz, «el paraíso se halla bajo los pies de las madres».

---

14. Ashk P. Dahlén, «Female Sufi Saints and Disciples: Women in the life of Jalāl al-dīn Rūmī», *Orientalia Suecana* LVII (2008), pp. 46-62.
15. Del sustantivo árabe *madrasa*, nombre con el que se conocen las escuelas consagradas al estudio de las distintas disciplinas religiosas islámicas.
16. Cf. Corán 17, 23-24.

No se puede decir que en el tiempo de Rûmî el sufismo fuese un asunto exclusivamente masculino. También la mujer contribuyó a modelar esta dimensión mística del islam en la Anatolia selyúcida del siglo XIII. Aunque la mujer desempeñó un rol distinto al del hombre, en modo alguno fue menor o inferior al de este. En muchos casos, las mujeres, sobre todo las de la alta sociedad, se convertirían en protectoras de los maestros sufíes, contribuyendo de este modo al afianzamiento y expansión del sufismo en un territorio aún en vías de islamización. La literatura hagiográfica de los siglos XIII y XIV presenta unos patrones muy comunes a la hora de referirse al papel desempeñado por la mujer en el sufismo de la época. Lo primero que llama la atención es que las esposas de los maestros sufíes que hallamos en ese tipo de literatura proceden, casi sin excepción, de familias notables pertenecientes tanto al ámbito religioso como al político. En caso contrario, cuando pertenecen a los sectores más populares, raras veces aparecen mencionadas. Gracias a la dignidad de su abolengo, las esposas son quienes establecen y garantizan un vínculo genuino entre el pasado y el presente de un maestro sufí, lo cual contribuye a legitimar la figura del maestro en cuestión, así como a prestigiarla. Por su parte, las hijas de los maestros sufíes son las que continúan y perpetúan la legitimidad de estos. El ejemplo de Rûmî es paradigmático al respecto.

Sin embargo, el problema estriba en que, la mayoría de las veces, tales uniones matrimoniales no tienen más realidad que un sueño. En el caso específico de Rûmî y su familia, Aflâkî asevera que estaban estrechamente emparentados con el sultán Muhammad II (m. 1220) de Jorasmia, la región más baja de Asia Central, cuna de los pueblos avésticos. En concreto, menciona el matrimonio entre Yalâl al-Dîn Husayn al-Jatîbî, abuelo de Rûmî, y la hija del sultán Muhammad II, lo cual resulta ser cronológicamente imposible. Además, se nos antoja un tanto extraño dicho emparejamiento con la dinastía gobernante de Jorasmia, ya que esta fue enemiga acérrima de los selyúcidas de Rûm, protectores más tarde de los

Walad, a quienes acabarían jurando fidelidad. Tampoco responde a la realidad que la abuela paterna de Bahâ' al-Dîn Walad fuese la hija del célebre maestro y sabio sufí de Balj, el príncipe Ibrâhîm ibn Adham (m. *ca.* 782), quien, como Siddharta Gautama, el Buda —con quien muchas veces se le ha comparado hasta el punto de ser conocido como el «Buda de Balj»—, renunció a las comodidades de la vida palatina para seguir la senda sufí.

Como no podía ser de otra manera, Mû'mina Jâtûn, la madre de Rûmî, fue la mujer que más marcó sus primeros años de vida. Hija de Rukn al-Dîn, gobernador de la ciudad de Balj, ella fue para Rûmî un personaje fundamental. Cuando Bahâ' al-Dîn Walad tomó la decisión de dejar su hogar en el Jorasán, Mû'mina lo acompañó junto a un nutrido séquito de estudiantes y discípulos en su marcha hacia tierras occidentales más seguras. Mû'mina falleció en la ciudad hoy turca de Karaman, antes de que la familia se asentara definitivamente en Konya. El hecho de que su nombre aparezca escasamente en los textos hagiográficos dedicados a Rûmî tal vez se explique porque murió cuando este aún era muy joven. Mû'mina Jâtûn, conocida como *Mâdar-i Sultân*, «la Madre del Sultán» —en referencia a Rûmî—, es venerada en el sufismo *mawlawî* por su alta piedad. Igualmente, se le reconoce la educación que le propició a su hijo en sus primeros años de vida. Según parece, ella fue la verdadera responsable de su primera formación literaria, así como de su iniciación en las artes: pintura, poesía y música.

Rûmî vivió su infancia y adolescencia envuelto en una atmósfera familiar particularmente amable, un mundo nimbado de delicadeza y ternura. Ello a pesar de la expatriación que sufrieron los Walad y del mundo atroz y violento que les tocó en suerte vivir. La familia fue una suerte de paraíso protector para Rûmî. Dentro de dicho paraíso familiar había paz y concordia, vida, espíritu, fruición y, ante todo, amor. Fuera de él, dolor, muerte, guerra e injusticia. No cabe duda de que su madre tuvo mucho que ver en la felicidad del pequeño Rûmî, lo cual explica lo que representará para él, una vez adulto, la figura materna: «Dado que la ternura de una madre proviene de Dios, es un deber sagrado y una obra meritoria servirla en todo momento» (M VI, 3257). De hecho, en toda la literatura sufí la madre ocupa un lugar privilegiado. Buena parte del lenguaje simbólico del sufismo tiene que ver con la madre y lo maternal. No es ni puede ser casual que el término árabe *rahma*, traducido normalmente como «misericordia divina», forme parte de la misma familia gramatical que *rahim*, que es «matriz» o «seno maternal». Por supuesto, a Rûmî no se le pasó por alto dicha concurrencia léxica. La palabra *rahma* comparte raíz gramatical con *Rahmân* y *Rahîm*, dos nombres de Dios cuyos significados son «el Misericordioso» y «el Colmado de compasión», respectivamente. Más allá de otras consideraciones, el Corán está impregnado de principio a fin en la atmósfera de la misericordia y la compasión de Dios. En síntesis, todo en este mundo es y actúa como una madre misericordiosa y compasiva. De ahí que, para Rûmî, del mismo modo que la madre es una suerte de cobijo para el niño, Dios lo es para el ser humano:

> Dios dijo [a Moisés]: «Eres como un niño en presencia de su madre. Aunque ella lo castigue, él se aferra aún más a ella. Para el niño no existe en el mundo más que la madre.
> Se siente afligido por ella y, a la vez, colmado de felicidad por ella [...].
> El niño no busca ayuda más que en la madre. Ella es para él todo mal y todo bien».
>
> (M IV, 2923-2926)

En la poesía de Rûmî, los distintos profetas también son comparados con las madres, puesto que, al igual que estas, se hacen cargo del crecimiento —en este caso espiritual— de una humanidad que es como un niño que necesita toda suerte de cuidados: «La irritación de los profetas se parece al enfado de las madres, un enfado colmado de perdón hacia el niño» (DS 2237). Según

Rûmî, la mujer personifica la más bella manifestación de Dios, la mujer «es un rayo divino, más que esa amada terrena que ves: es creadora, se podría decir que no ha sido creada» (M I, 2437). De ahí que a Dios se lo reconozca mejor bajo su aspecto femenino. No por casualidad el término *dhât*, que designa en árabe la esencia divina, sea femenino. Divina sabiduría y belleza femenina están íntimamente desposadas. La mujer encarna el misterio insondable de la vida que el hombre anhela. Dicho de otro modo, la belleza femenina es un símbolo que conduce al empíreo divino.[17]

Además de su madre, dos mujeres más marcarían la vida de Rûmî: su primera esposa, la bella y elegante Yawhar Jâtûn (m. *ca.* 1242), y Kirrâ Jâtûn (m. *ca.* 1292), su segunda esposa, con quien contrajo matrimonio tras la muerte de Yawhar. Sin embargo, de ellas dos nos ocuparemos más adelante.

---

17. Cf. Halil Bárcena, *Sufismo, op. cit.*, p. 105.

IV
El gran viaje.
Del Jorasán persa a la Anatolia turca

Adiós al Jorasán

Los Walad se vieron obligados a abandonar su hogar en el Jorasán por motivos no del todo elucidados. Aflâkî sugiere que partieron rumbo al exilio debido a las fuertes desavenencias ideológicas que Bahâ' al-Dîn Walad tuvo con el famoso teólogo, médico e historiador Fajr al-Dîn Râzî. Este, cuyo talento solo era superado, se dice, por su orgullo y su arrogancia intelectual, era el protegido del soberano de Jorasmia. De ahí la situación delicada en la que se encontraba Bahâ' al-Dîn. Sin embargo, parece que las cosas sucedieron de otro modo, ya que lo cierto es que Râzî no estuvo jamás en Balj y, además, murió en 1209.

Ciertamente, las preocupaciones del soberano debieron ser otras muy distintas en aquel momento tan crucial y apremiante. Pero no es menos cierto que en la controversia que enfrentaba por entonces a místicos, por un lado, y filósofos y teólogos racionalistas, por otro, el soberano, que era abiertamente hostil al sufismo, tomó partido por los segundos, lo cual dejó a Bahâ' al-Dîn Walad en una posición muy delicada y peligrosa. El propio Rûmî se hace eco en su obra del racionalismo exacerbado de Fajr al-Dîn Râzî, lo cual prueba que tal tensión tuvo que haber existido, aunque, muy posiblemente, se dio de forma diferente a como nos ha llegado: «Si en esta senda la razón fuese la guía, Fajr al-Dîn Râzî sería el guardián de los secretos de la religión» (M V, 4144). Por consiguiente, lo más probable es que la migración de los Walad estuviese motivada por la amenaza incipiente de los ejércitos mongoles, cuya furia destructora acabaría por asolar Balj, en 1220, poco después de la partida de Bahâ' al-Dîn y los suyos. También es verdad que Bahâ' al-Dîn anhelaba desde hacía tiempo ejercer su profesión en una ciudad más cosmopolita y de mayor entidad que la provinciana Wajsh.

Los Walad abandonarían el Jorasán por etapas. Entre 1210 y 1212, cuando el pequeño Rûmî apenas contaba 7 u 8 años de edad, Bahâ' al-Dîn tomó la decisión de dejar Wajsh para siempre, un lugar en el que se sentía asfixiado, rumbo a la mítica Samarcanda, una de sus ciudades soñadas, a unos doscientos cincuenta kilómetros al noroeste de Wajsh.

La dulce Samarcanda, cuna mâturîdî

Samarcanda, una de las ciudades más antiguas, fue la primera escala en la que recalaron los Walad, antes de dirigirse hacia tierras más seguras de poniente. Encrucijada de importantes rutas comerciales caravaneras, Samarcanda, principal centro agrícola y artesanal, ha ocupado desde la antigüedad un lugar privilegiado en las relaciones económicas entre Asia Central y Persia, China, India, Rusia y la Siberia más occidental, dada la posición central que ocupa en la mítica Ruta de la seda. Al mismo tiempo, la vida cultural y científica de la ciudad, efervescente centro urbano, ha brillado con luz propia desde siglos atrás, gracias a los sabios de distintas disciplinas —astronomía, medicina, literatura, geografía, historia, filosofía...— que recalaron en ella, en distintos periodos de la historia. Seducidos por su belleza, poetas, viajeros e historiadores le han dedicado los más bellos calificativos: «Edén del Oriente antiguo», «Perla preciosa del Oriente islámico» o «Roma de Oriente». Para Rûmî, Samarcanda era «dulce como el azúcar». En algún momento, llega incluso a compararla en dulzura con

Damasco, lo cual resulta muy significativo, sabiendo el amor que
le profesaba a la vieja capital omeya:

Tu inteligencia está dividida en centenares de asuntos importantes,
en miles de deseos que persiguen fines tanto grandes como
pequeños.
Necesitas reunir todas esas partes dispersas por medio del amor,
para así llegar a ser dulce como las ciudades de Damasco y
Samarcanda.

(M IV, 3288-3289)

Saqueada por los mongoles en 1220, Samarcanda conoció su momento de mayor esplendor tiempo después de la muerte de Rûmî, a
finales del siglo XIV y principios del XV, bajo la autoridad implacable de Tamerlán (m. 1405), el último de los grandes conquistadores
nómadas de Asia Central, fundador de la dinastía turcomongola
de los timúridas. Desde el punto de vista de la teología islámica
(kalâm), Samarcanda gozó de una enorme importancia, ya que fue
la cuna del llamado «mâturîdîsmo», una de las principales escuelas
teológicas del islam sunní, fundada por Abû Mansûr al-Mâturîdî
(m. 944), hijo predilecto de la ciudad. Se trata de la escuela teológica adoptada mayoritariamente por los juristas *hanafíes*, como fue
el caso de Bahâ' al-Dîn Walad y, posteriormente, también de Rûmî.
Los teólogos de la escuela de Al-Mâturîdî, que andando el tiempo
habría de convertirse en la teología predominante del islam sunní,
junto con el *ash'arîsmo*, se caracterizaban por el uso de la razón a la
hora de probar sus afirmaciones teológicas, tratando de conciliar fe
y razón, lo cual les valió ser tildados de intelectualistas. Sea como
fuere, los *mâturîdîes* consideraban que la razón jamás puede matar
la fe, pero la fe no puede ser nunca repugnante a la razón.

Samarcanda, «la ciudad del azúcar» (M III, 3863), fue la ciudad
más grande, ecléctica y bulliciosa que conoció el pequeño Rûmî.
A pesar de su corta edad, le impactó de tal manera que aparece

de forma muy significativa en su obra. Samarcanda es uno de los
escenarios en los que transcurre la primera historia del *Maznawî*,
tras el proemio del *Ney-nâma*. Dicha historia inaugural tiene como
protagonista a un humilde orfebre de Samarcanda, de quien se ena-
mora hasta la enfermedad la joven esposa de un rey. Sin embargo,
lo excepcional de la historia es que Rûmî cita una localización
precisa de la ciudad, concretamente el nombre exacto de una calle,
caso único en todo el libro:

> El pulso de la joven latía con normalidad hasta que fue interrogada
> acerca de Samarcanda, la ciudad dulce como el azúcar.
> Entonces, su pulso se sobresaltó y su rostro palideció, primero, y se
> sonrojó después, ya que había sido separada de un orfebre
> de Samarcanda.
> Cuando el médico descubrió el secreto de la joven enferma, dio con
> el origen de la dolencia que sufría.
> El médico preguntó: «¿En qué barrio de la ciudad vive y en qué
> calle en concreto?» Ella contestó: «En las inmediaciones del
> puente, en la calle Gâtafar».

(M I, 167-170)

A pesar de su corta edad, todo cuanto vivió Rûmî en Samarcanda
con su familia quedaría grabado para siempre en su memoria. El bazar, verdadera alma de la ciudad, llamó especialmente la atención del
pequeño, gracias a la vitalidad del espacio y al trasiego bullicioso
de gentes de distinta clase y condición, procedentes de todos los
rincones de Asia Central. Por entonces, el bazar era mucho más que
un simple mercado. Convertido en una suerte de microcosmos, en
el bazar no solo se intercambiaban productos y mercancías, sino
también credos e ideas, lenguas e, incluso, modas. En la poesía
de Rûmî, el bazar posee una significación ambivalente, ya que
tanto es un espacio prodigioso de intercambio humano, como
el símbolo de las seducciones del mundo material que apartan al

hombre de la senda espiritual. Sin embargo, no todos los recuerdos de Samarcanda fueron tan amables para Rûmî. También retuvo en la memoria el cerco que la ciudad sufrió a manos del soberano de Jorasmia. De hecho, se trata del primer recuerdo concreto que posee de su vida. Pero, como es habitual en él cuando se refiere a algún acontecimiento histórico determinado, de inmediato lo espiritualiza reorientándolo hacia el amor y el poder divinos. Transmuta en imágenes místicas todas aquellas impresiones visuales grabadas en su memoria durante la infancia:

> Cuando estábamos en Samarcanda, el soberano de Jorasmia cercó la ciudad con sus tropas y había combates. En el barrio en el que vivíamos había una muchacha muy bella. Ninguna otra en la ciudad podía compararse con ella. A menudo, yo la oía decir: «¡Oh, Señor! ¿Acaso permitirás que caiga en manos de estos déspotas? Sé que jamás lo consentirás. Confío plenamente en Ti». Cuando la ciudad fue saqueada, aquellos opresores los tomaron a todos como prisioneros, llevándose con ellos a los sirvientes de la muchacha. Pero a ella no le ocurrió nada. A pesar de su llamativa belleza, nadie la miraba. Así pues, tienes que saber que quien se entrega confiadamente a Dios está protegido frente a toda desgracia; siempre permanecerá sano y salvo. Y es que ninguna súplica dirigida a Dios cae en saco roto.
>
> (FF XLV, 173)

Bahâ' al-Dîn Walad y los suyos abandonaron Samarcanda tras el cerco que sufrió la ciudad, conscientes de que ya no era un lugar apto para vivir. Había transcurrido poco más de un año, si bien desconocemos la fecha exacta. Rûmî debía tener por entonces 8 o 9 años. El siguiente destino de los Walad sería la ciudad hoy iraní de Nishapur, no lejos de la frontera nororiental con el actual Afganistán. Nishapur, una de las cuatro capitales políticas que tuvo el Jorasán, era conocida no solo como la «Puerta del Este», esto es, la entrada natural al Jorasán, sino también como la «Puerta del

Oeste» que permitía tomar la ruta caravanera del sur conducente directamente a Bagdad. Partiendo de Samarcanda, la caravana de los Walad tuvo que haberse encaminado a Termez, ciudad hoy en el sur de Uzbekistán y una de las viejas capitales de la antigua región de Bactria, a través de la llamada «Gran Ruta del Jorasán». Posteriormente, se habrían dirigido a Balj, desde donde emprendieron el camino hacia Nishapur, su siguiente escala. Ciudad floreciente durante el periodo árabe, hasta que fue destruida por los mongoles en el año 1221, de Termez era natural Burhân al-Dîn Muhaqqiq (m. 1241), discípulo aventajado de Bahâ' al-Dîn Walad y, andando el tiempo, tutor del joven Rûmî y su verdadero iniciador en la senda del sufismo. Muy posiblemente, Burhân al-Dîn sea la persona más decisiva para Rûmî —más incluso que su propio padre— antes de la irrupción de Shams en su vida. Pero no nos adelantemos a los acontecimientos. Aún habrían de transcurrir unos cuantos años antes de que Burhân al-Dîn Muhaqqiq, esto es, Burhân al-Dîn el «Perfeccionador», «Quien alcanza la verdad», tomara las riendas de la educación sufí de Rûmî.

Tras el perfume de 'Attâr en Nishapur

En el Oriente islámico tradicional abundan los lugares encantados, núcleos de gracia, espacios colmados de una poderosa *baraka*, esto es, una presencia espiritual o fecundación divina, en los que mora lo invisible; estos lugares son quicios hacia lo impalpable; son, en definitiva, lugares donde el misterio de la vida brota en luminosa plenitud, derramándose sobre las cosas y las gentes. Uno de dichos lugares es la ciudad de Nishapur, que fue en su día una de las cuatro capitales políticas que tuvo el Jorasán. Construida en el siglo III por la dinastía persa de los sasánidas, llegaría a ser una de las ciudades más prósperas del Oriente islámico hasta el saqueo devastador a la que la sometieron los mongoles en 1221. Buena parte de la prosperidad de Nishapur se debió a sus minas de turquesa, explotadas hasta hoy en día. El intenso color de la turquesa evoca la vastedad tanto del mar como de la bóveda celeste. No por casualidad la cúpula que corona el mausoleo donde reposa Rûmî en Konya es de color turquesa.

En el sufismo *mawlawî*, la turquesa se ha asociado a la apertura humana al cielo y por ende a Dios. Eso simboliza la imagen de un derviche *mawlawî* danzando durante el *samâ'* con sus brazos desplegados: la palma de la mano derecha mira hacia el cielo, abierta a cuanto llega, mientras la izquierda mira hacia la tierra, dispuesta siempre a dar. Las manos del derviche, exteriorización de sus profundas vivencias interiores, no pretenden ni atrapar ni retener nada, simplemente están en disposición de acoger y ofrendar. Eso explica que los derviches *mawlawîes* acostumbraran a llevar un anillo de turquesa en el dedo anular de la mano derecha, la mano que mira hacia el cielo, y otro de ágata marrón —piedra vinculada a lo terrestre— en la mano izquierda, la mano que mira hacia abajo, hacia el mundo de los hombres. Ambas piedras combinadas simbolizan al derviche, que es una suerte de canal de gracia que une cielo y tierra e ilumina con su presencia la oscuridad que rodea al ser humano. Históricamente, Nishapur ha sido un importante centro de la cultura, la ciencia y la espiritualidad sufí del Jorasán. Como ya hemos apuntado, en Nishapur vieron la luz tanto la *futuwwa* o caballería espiritual sufí como la singular espiritualidad *malâmatî*, basada en buena parte en la denuncia de la hipocresía y el fanatismo, muy presentes, lamentablemente, allí donde hay creencias religiosas.

Según Dawlat Shâh, Bahâ' al-Dîn Walad y los suyos fueron recibidos en Nishapur por una de las figuras más señeras del sufismo de todos los tiempos, Farîd al-Dîn 'Attâr (m. 1230), un hombre magnetizado de absoluto, aunque bien pudiera tratarse de un apunte más de la leyenda tejida alrededor de Rûmî, como veremos a continuación. Es muy poco lo que se sabe acerca de la vida de 'Attâr «el perfumista», que eso significa en árabe su *mansab* o nombre de profesión. El perfume era sumamente apreciado por el profeta Muhammad, gusto que heredó la civilización islámica. A Arabia se la conocería como la tierra de los perfumes y con el tiempo llegaría a ser toda una potencia perfumera. Algalia, sándalo, ámbar, almizcle...

El ingreso de Farîd al-Dîn 'Attâr en la senda sufí fue cuando menos curioso. Jorge Luis Borges, un enamorado del sabio sufí de Nishapur, recreó tal ingreso en sus *Nueve ensayos dantescos:*

> Una tarde entró un derviche en la droguería [de 'Attâr], miró los muchos pastilleros y frascos y se puso a llorar. 'Attâr, inquieto y asombrado, le pidió que se fuera. El derviche le contestó: «A mí nada me cuesta partir, nada llevo conmigo. A ti en cambio te costará decir adiós a los tesoros que estoy viendo». El corazón de 'Attâr se quedó frío como el alcanfor. El derviche se fue, pero a la mañana siguiente, 'Attâr abandonó su tienda y los quehaceres de este mundo.[1]

'Attâr fue el autor, entre otras obras, del célebre *maznawî Mantiq at-tayr (El lenguaje de los pájaros)*,[2] cuyo título es una referencia coránica a los poderes del profeta Sulaymân —el Salomón bíblico— de comunicarse con el mundo espiritual.[3] La palabra *maznawî* designa de forma habitual un género poético persa. Se trata de la forma estrófica más idónea para las narraciones poéticas largas. Sin embargo, la sola mención de la palabra *maznawî* nos remite directamente al *Maznawî* de Rûmî, dada la altura literaria y espiritual de la que es considerada una de las cimas de la literatura mística universal. 'Attâr preconizaba un tipo de sufismo ponderado, alejado de todo exceso; un sufismo sin aspavientos que ponía el acento en

1. Jorge Luis Borges, *Nueve ensayos dantescos*, Madrid, Alianza, 1999, p. 76.
2. Existe una edición en español, traducida por Clara Janés y Said Garby, en Madrid, Alianza, 2015.
3. Cf. Corán 27, 16.

lo ético mucho más que en la persecución de estados espirituales extraordinarios. Para 'Attâr, que había hecho suyas todas las finuras del *adab*, el sufismo tenía que ver, fundamentalmente, con la nobleza de espíritu *(ajlâq)*, consciente de que el corazón, esto es, la conciencia más íntima del ser humano, se transparenta en los gestos. Impregnado de los valores caballerescos de la *futuwwa*, todo ello implicaba para él la buena educación, el tacto y la sensibilidad para los valores éticos, más allá del río de las apariencias, de las reglas o las convenciones sociales.

Los ecos de 'Attâr, al igual que los del no menos influyente Hakîm Sanâ'î (m. 1131), el autor del poema didáctico *Hadîqat al-haqîqa (El jardín de la verdad)*, se dejan sentir con nitidez en toda la obra de Rûmî, quien reconoce abiertamente su deuda con ambos autores: «'Attâr fue el espíritu y Sanâ'î la vista de sus dos ojos. Nosotros vinimos tras el sendero de Sanâ'î y 'Attâr».[4] De 'Attâr, por quien sintió un afecto muy especial, llegó a decir: «Él recorrió las siete ciudades del amor, yo en cambio estoy dando vueltas al mismo callejón».[5]

Tanto Sanâ'î como 'Attâr fueron para Rûmî una vigorosa fuente de inspiración tanto literaria como espiritual. Rûmî concibió su *Maznawî* bajo la influencia incuestionable de ambas luminarias persas. Algunas de las imágenes poéticas más poderosas y emblemáticas de Rûmî habían sido recreadas ya previamente por dichos poetas. Piénsese, sin ir más lejos, en el caso del *ney*, la flauta sufí de caña, un instrumento tan estrechamente ligado a Rûmî que había

---

4. Según Badî' al-Zamân Forûzânfar, estos versos, atribuidos tradicionalmente a Rûmî, no figuran en ninguno de los diez manuscritos antiguos utilizados por el investigador iraní a la hora de confeccionar su edición del *Dîwân-i Shams-i Tabrîzî*. Damos nuestra propia traducción a partir del original persa que aparece en la introducción de Rûmî, *Maktûbât*, Teherán, Markaz Nashr Dâneshgâhî, 1992, p. 22, libro en el que se recoge la correspondencia mantenida por Rûmî.
5. Citado en Eva de Vitray-Meyerovitch, *Mystique et poésie en Islam. Djalâl-ud-Dîn Rûmî et l'Ordre des Derviches tourneurs*, París, Desclée De Brouwer, 1972, p. 15.

sido evocado ya por Sanâ'î, de quien Rûmî lo tomó prestado para conducirlo más tarde a su paroxismo simbólico.

En el supuesto encuentro en Nishapur de los Walad con 'Attâr, se dice que este le obsequió a Bahâ' al-Dîn un ejemplar del *Asrâr-nâma (El libro de los secretos)*,[6] la última de sus obras, una suerte de síntesis de toda su mayéutica. Sin embargo, existen dudas razonables acerca de la realidad de tal encuentro. Resulta significativo, por ejemplo, que Sultân Walad no mencione en ningún momento un episodio tan extraordinario en la vida de su padre. Será, por el contrario, la tradición hagiográfica *mawlawî* posterior la que dará por real dicho encuentro. Lo que sí es cierto es que Rûmî, tiempo después, cuando ya era el maestro que encendía y atizaba el fuego interior del amor, que enseñaba la alta enología del vino añejo que embriaga los corazones, incluiría en su *Maznawî*, a veces incluso *verbatim*, no pocos pasajes del *Asrâr-nâma*, lo cual viene a corroborar la deuda contraída por Rûmî con 'Attâr más allá de que se hubiera dado o no el encuentro entre ambos. Y es que Rûmî fue toda su vida un verdadero ¡loco de 'Attâr!

A propósito del *Asrâr-nâma* existe una anécdota deliciosa que da prueba del influjo que este libro ejerció sobre Rûmî. Sin embargo, el lector nos permitirá que no la desvelemos aún y la mantengamos en secreto hasta que llegue el momento indicado para hacerlo. Por ahora, conformémonos con saber que el manuscrito más antiguo del *Asrâr-nâma* está hoy en la ciudad turca de Konya, en la biblioteca del Museo Mawlânâ, que no es sino el viejo *mevlevihane*, esto es, el lugar de encuentro, aprendizaje y convivencia de la antigua comunidad de derviches *mawlawîes* de Konya y donde yacen los restos de Rûmî y buena parte de su familia y de sus discípulos más inmediatos. Fue convertido en museo el 2 de marzo de 1927, cuatro años después de la implantación de la moderna República

---

6. Existe una edición en español de Clara Janés y Said Garby, Madrid, Mandala, 1999.

de Turquía. Pero ʿAttâr, se dice, no solo le hizo entrega a Bahâʾ al-Dîn del *Asrâr-nâma*. También le brindó unas palabras, a todas luces premonitorias, a propósito del destino que le aguardaba al por aquel entonces pequeño Rûmî. Y es que algo debió de ver ʿAttâr en el semblante ya encendido de aquel niño fuera de lo normal: «Se espera que este hijo tuyo inflame pronto los corazones que arden con el amor divino».[7] ¡Y vaya si los inflamó!

Bahâʾ al-Dîn y los suyos dejaron Nishapur hacia la primavera, o tal vez el verano, de 1216. El pequeño Rûmî no debía pasar de los 9 o 10 años. Atrás quedaría el Jorasán para siempre. Ningún miembro de la familia regresó jamás a la tierra originaria de los Walad. Toda su vida, Rûmî fue y se supo un expatriado. Pero ¿acaso la búsqueda de Dios no es en sí misma un exilio? ¿El amor acaso no nos empuja fuera de nuestra propia tierra? La caravana de los Walad, con Bahâʾ al-Dîn al frente a lomos de un camello, puso rumbo hacia Bagdad, camino de La Meca.

En la Bagdad califal, la ciudad de Hallây

Algunos meses después de haber abandonado para siempre el Jorasán, los Walad llegaron a Bagdad, sede califal abasí, tras cruzar de lado a lado el actual Irán, país color de cielo. Bagdad, verdadera cuna de la civilización islámica, había sido fundada, en el año 762, por el califa Abû Yaʿafar ʿAbd Allâh al-Mansûr, a pocos kilómetros de Ctesifonte, antigua capital del Imperio sasánida persa, que quedó totalmente eclipsada por la nueva urbe. Sin embargo, cuando los Walad recalaron en ella, camino de La Meca, sus mejores días ya habían pasado. Como ya hemos dicho, Bagdad fue uno de los dos focos en los que vio la luz el sufismo. El otro fue el

---

7. Citado en Şefik Can, *Fundamentos del pensamiento de Rumi. Una perspectiva sufi mevlevi*, Somerset (NJ), La Fuente, 2009, p. 16.

Jorasán persa del que procedían los Walad. Con todo, la frontera entre ambos sufismos era mucho más porosa de lo que parece, de ahí que algunas actitudes muy dispares cohabitaran en una misma esfera sufí. Es el caso, por el ejemplo, del malogrado Mansûr Hallây (m. 922), por quien Rûmî sintió una especial predilección y cuya influencia es palpable en su obra. Persa de nacimiento, Hallây vivió buena parte de su vida en la ciudad de Bagdad, a cuya corriente sufí estaba adherido. Sin embargo, Hallây parece estar mucho más cerca de sus orígenes persas que de su vivencia bagdadí en lo que a sus predilecciones espirituales se refiere, dado su corazón apasionado y su verbo encendido.

Predicador popular, viajero y peregrino infatigable, misionero errante en tierras de Oriente, sabio inspirado y poeta de la unión mística y del amor divino, Hallây es célebre por su poesía extática y sapiencial. Hombre excesivo tanto en la vida como en la muerte, encarna como ningún otro sufí un original camino de sabiduría que trasciende los límites del sufismo clásico. Ejecutado por su enseñanza espiritual y sus ideas políticas socializantes, Hallây es considerado el mártir por excelencia del islam: un mártir del amor divino que solo se debe a la pasión por la verdad, el deseo esencial —la expresión es de Louis Massignon— que mueve a todo místico. Célebre por su locución teopática *Anâ l-Haqq*, «Yo soy la Verdad»,[8] a Hallây se le acusó de blasfemo por dicha expresión y de traidor a la ley sufí del arcano por haber divulgado los secretos de la senda mística. Sin embargo, es indudable que su misión consistió en divulgar las enseñanzas esotéricas del sufismo a fin de restaurar el equilibrio entre lo esotérico y lo exotérico, que por entonces se estaba empezando a decantar de forma apabullante a favor de lo exotérico, es decir, de la interpretación jurídica del islam como una

---

8. El término árabe *Haqq*, que traducimos, en primera instancia, como «Verdad», significa también «Real» e, incluso, «Dios». De hecho, se trata de uno de los así llamados 99 más bellos nombres de Dios. En el sufismo oriental turco-persa es la forma habitual de referirse a Dios.

forma de legitimación del poder político. Sea como fuere, Rûmî efectúa en el *Fîhî mâ fîhî*[9] una defensa de Hallây valiente hasta la conmoción. Rûmî, que hizo suyo el legado espiritual del mártir sufí de Bagdad, explica así el sentido real de la controvertida locución teopática de su admirado predecesor:

> La gente cree que las palabras *Anâ l-Haqq* son excesivamente presuntuosas. Pues bien, *Anâ l-Haqq* revela una gran modestia, pues los que dicen «Yo soy servidor de Dios» afirman dos existencias: una para sí y la otra para Dios. Pero quien dice *Anâ l-Haqq* se anonada. Dice: *Anâ l-Haqq*, es decir: «Yo no existo, todo es él; no hay existencia para nadie salvo para Dios. Yo soy la pura nada, nada soy».
>
> (FF XI, 44)

Evidentemente, la ciudad que visitaron Bahâ' al-Dîn Walad y los suyos ya no era la esplendorosa Bagdad de siglos anteriores, pero aun así conservaba bastante de su magnificencia, gracias al empeño del califa Abû l-'Abbâs Ahmad Al-Nâsir (m. 1225) por preservar el nombre de la ciudad a pesar de unas circunstancias geopolíticas regionales muy poco propicias. Según la tradición *mawlawî*, cuando la caravana de los Walad entró en la ciudad, muy probablemente en el mes de enero o febrero de 1217, todo el mundo corrió a su encuentro, preguntando acerca del origen e identidad de aquellos forasteros. «Venimos de Dios y nos dirigimos de nuevo hacia Él. No disponemos de más fuerza que la que Él nos proporciona», fue la respuesta de Bahâ' al-Dîn. Una vez estas palabras llegaron a oídos del maestro sufí Shihâb al-Dîn 'Umar Suhrawardî (m. 1234), este concluyó: «Nadie a excepción de Bahâ' al-Dîn Walad de Balj podría haber dicho algo semejante».[10] Shihâb al-Dîn, que además

---

9. En los capítulos XI, LII y LXIV del *Fîhi mâ fîhi*, Rûmî sale en defensa de la figura controvertida de Hallây, evidenciando lo mucho que significaba para él.
10. Citado en Şefik Can, *Fundamentos del pensamiento de Rumi, op. cit.*, p. 17.

era consejero espiritual del califa Al-Nâsir, fue raudo a saludarlo a lomos de su caballo. Tras besarle las rodillas en señal de respeto, le ofreció la hospedería para sufíes que regentaba, pero Bahâ' al-Dîn rehusó la invitación, pues prefería pernoctar en una medersa, un lugar más apropiado para hombres de su condición religiosa. Hay que subrayar al respecto que Bahâ' al-Dîn no mostró jamás en público su condición de iniciado en el sufismo. De cara al mundo, solamente fue un hombre de religión.

Algunas fuentes aseguran que Bahâ' al-Dîn Walad se hospedó en la Medersa Al-Mustansiriyya. Es fácil imaginar que durante su estancia en la ciudad visitara la prestigiosa Medersa Al-Nizâmiyya, especializada en la jurisprudencia *shafi'î*, en la que había enseñado desde sus inicios el teólogo y sabio sufí Abû Hâmid al-Gazzâlî, cuya influencia se deja notar tanto en Bahâ' al-Dîn Walad como en el propio Rûmî. La escuela jurídica *shafi'î* ha sido tradicionalmente muy receptiva al sufismo. Al-Gazzâlî fue un *shafi'î*, al igual que el mismo Shams al-Dîn Tabrîzî y Husâm al-Dîn Çelebî, dos nombres imprescindibles en la vida de Rûmî. Asimismo, se hace difícil pensar que no hubiese visitado la tumba del teólogo y jurista Abû Hanîfa, siendo el propio Bahâ' al-Dîn seguidor de la escuela jurídica *hanafî*. El califa Al-Nâsir, que sentía un indisimulado aprecio por el sufismo hasta el punto de querer organizar el tejido gremial y artesanal de Bagdad basándose en los principios de la *futuwwa* o caballería espiritual sufí, quiso hacer entrega de un donativo ciertamente espléndido a Bahâ' al-Dîn, pero este lo rechazó por no considerarlo ni lícito ni propio de un religioso como él. Igualmente, rechazó la invitación que el Califa le hizo para que visitara su palacio. Al parecer, la conducta moral del soberano dejaba mucho que desear. Algunos han querido ver en este episodio ejemplar un posible modelo de relación entre el sufismo y el poder político. Resultan significativas al respecto las primeras líneas del *Fîhi mâ fîhi* de Rûmî, en las que hallamos la huella de la actitud distante de Bahâ' al-Dîn frente al palacio:

El peor de los sabios religiosos, dijo el Profeta —¡la paz sea con Él!—, es el que visita a los príncipes, y el mejor de los príncipes es el que visita a los sabios religiosos. El mejor príncipe es el que permanece sentado a la puerta de un sufí que nada tiene [*faqîr*], y el peor sufí es el que está a la puerta de un príncipe.

(FF I, I)

Cuentan que la estancia de los Walad en Bagdad se prolongó durante al menos un mes. Sin embargo, hay quienes sostienen que estuvieron tan solo tres días, algo que nos parece muy poco probable. Sea como fuere, antes de partir rumbo a La Meca Bahâ' al-Dîn ofreció una prédica en la mezquita más importante de Bagdad, ante una audiencia numerosa en la que se hallaba el propio califa Al-Nâsir. Ello no fue óbice, sin embargo, para que Bahâ' al-Dîn, un hombre de gran elocuencia predicadora, a quien su nieto Sultân Walad comparó en una ocasión a un león rugiente, criticara abiertamente la forma de vida disipada del Califa. Su verbo, encendido de pasión y colmado de verdad, capaz de adentrarse en la entraña misma de los oyentes, cautivó al auditorio. Casualmente, entre los fieles allí presentes se hallaba un emisario del sultán selyúcida de Konya, quien fue informado acerca de la talla espiritual de Bahâ' al-Dîn. Tiempo después, aquella prédica bagdadí les abriría de par en par las puertas de Konya a los Walad, pero para ello aún habrían de pasar unos cuantos años.

En La Meca, corazón palpitante del islam

Tras dejar Bagdad, a finales de enero de 1217, la caravana de los Walad puso rumbo hacia la ciudad santa de La Meca, corazón palpitante del islam. El propósito no era otro que cumplir con el *hayy* o peregrinaje ritual, quinto y último pilar del islam. No resulta exagerado afirmar que el islam es la tradición por excelencia del viaje. Ser musulmán comporta aceptar la condición viajera del hombre concebido como una suerte de *homo viator*. Y es que viajar no es una actividad más de las muchas que lleva a cabo el hombre. Viajar constituye una acción inherente a nuestra condición de seres humanos. Sin embargo, la peregrinación a La Meca no es solo un viaje exterior, es decir, un mero desplazamiento geográfico, en el plano horizontal, valga la expresión. Tampoco se agota su significado en el hecho de la reunión masiva de gentes de distintas procedencias. El *hayy* implica, antes que nada, un movimiento que arranca y finaliza en el santuario sagrado de nuestro ser interior, esa suerte de *ka'ba*[11] del corazón humano de la que habla el propio Rûmî. Se trata, así pues, de un movimiento esencialmente circular, cuyo fin es su principio. Por consiguiente, el *hayy* es también una suerte de prefiguración de un viaje interior y en profundidad que es retorno al centro vaciado del ser capaz de acogerlo todo, al sí en el que confluyen todas las direcciones, al corazón místico de toda una comunidad humana entregada libre y confiadamente a Dios.

El *hayy* tiene lugar anualmente durante el mes de *dhû l-hiyya*, en árabe el «mes de la peregrinación». No deja de ser significativo que *dhû l-hiyya*, último mes del calendario lunar islámico, sea el mes de la peregrinación a las fuentes del islam. El final de un ciclo remite a los orígenes. Existe un vínculo ineludible entre presente y pasado, lo nuevo y lo viejo, como si los extremos se tocaran y el círculo espiroidal del tiempo se cerrara alrededor de la fuente

---

11. Literalmente, «objeto de forma cúbica». Habitáculo cuadrado que se halla en el centro de la gran mezquita de La Meca. Se trata del lugar más sagrado del islam, conocido como *Bayt Allâh* o «Casa de Dios». Es el punto hacia el que se orientan los musulmanes del mundo entero a la hora de realizar la oración ritual. En el ángulo suroriental del edificio, se halla empotrada la Piedra Negra, símbolo de la perdurabilidad, que los peregrinos besan cuando realizan las circunvalaciones rituales. Escribe Rûmî: «El peregrino besa la Piedra Negra de la *Ka'ba*, como si besara los labios rojos de su amada» (DS 617).

divina. Ese año el *hayy* comenzaba la primera semana de marzo del calendario gregoriano, con lo cual la caravana encabezada por Bahâ' al-Dîn se puso en marcha con el margen de tiempo suficiente para llegar puntuales a la gran cita anual de la comunidad islámica. En primer lugar, se dirigieron hacia la ciudad hoy iraquí de Kufa, a orillas del río Éufrates, a unos 170 kilómetros al sur de Bagdad, con el fin de tomar desde ahí la ruta caravanera conducente a La Meca, situada a poco más de 1 200 kilómetros de distancia, ciudad a la que llegaron a tiempo para participar en el *hayy*, siendo Rûmî aún un niño.

En Damasco, ciudad del amor. El encuentro con Ibn 'Arabî

Una vez cumplido el *hayy*, los Walad reaparecieron directamente en la vieja ciudad de Damasco, importante centro entonces de la jurisprudencia *hanafî*, lo cual debió de actuar de estímulo para Bahâ' al-Dîn, que buscaba un lugar en el que establecerse definitivamente para enseñar y predicar. No sabemos con certeza cómo llegaron hasta la vieja sede califal de los omeyas, una de las ciudades más antiguas del mundo. Según narran algunos autores, tras dejar La Meca la caravana de los Walad se habría dirigido a Medina, segunda ciudad santa del islam, para rendir homenaje al profeta Muhammad, cuya tumba, *Rawdat al-muttahara*, «*El jardín puro*», se alza en la ciudad que vio nacer a la incipiente comunidad islámica. De Medina se habrían encaminado a Jerusalén, habiendo visitado allí la mezquita de Al-Aqsà, primera *qibla* a la que miraron los primeros musulmanes al orar, antes de hacerlo definitivamente hacia La Meca. Después, se habrían dirigido a Damasco. Sin embargo, lo más probable es que desandaran lo andado regresando nuevamente desde La Meca a Bagdad para tomar desde allí la ruta directa conducente a Damasco, aunque cuesta creer que estando en La Meca, a menos de 500 kilómetros de Medina, no se hubiesen encaminado hacia la ciudad que acoge los restos del profeta Muhammad. En cualquier caso, dos meses más tarde, en el verano de 1217, Bahâ' al-Dîn Walad y los suyos ya estaban en Damasco, que no fue para Rûmî una ciudad como las demás. Por distintas razones que en breve veremos, Damasco acabará convirtiéndose en una ciudad trascendental en la vida de Rûmî.

No hay duda de que el simbolismo religioso predestina a ciertos lugares más que a otros, estableciendo una estrecha conexión entre el espacio y lo sagrado, de tal manera que la geografía acaba por espiritualizarse, convirtiéndose en soporte de la semiología de dicho simbolismo. Eso es, justamente, lo que ocurre con Damasco, una ciudad privilegiada por Dios, en palabras del propio profeta Muhammad: «Cuidad el Shâm [Damasco], pues es la tierra que Dios ha preferido y de allí escogió a los mejores de entre Sus servidores».[12] Para Rûmî estuvo siempre ligada a la experiencia del amor. En su poesía, utiliza un rico simbolismo para referirse a él. A veces, el amor es un jardín, otras, un reino. También es una bella ciudad a la que otorga nombre específico como es el caso de Damasco, designada en un par de ocasiones como *Dimashq-i 'ishq*, esto es, «Damasco, la de la pasión amorosa» (DS 2634 y 27942). Rûmî, que fue un mago de la palabra, se recrea a menudo en los efectos sonoros, onomatopéyicos muchas veces, basados en la repetición de unos mismos sonidos, como es el caso de la aliteración, recurso estilístico muy característico en él, que se produce al unir las palabras *Dimashq*, Damasco en árabe, e *'ishq*, pasión amorosa, efecto que se pierde al traducirlo.

A pesar de que no existe unanimidad al respecto, hay quien sostiene que ya en la antigua capital omeya los Walad tuvieron un encuentro con el eminente sabio sufí, originario de la Murcia andalusí, Muhyî l-Dîn Ibn 'Arabî (m. 1240), quien, al ver al pequeño

---

12. Citado en Claude Addas, *Ibn 'Arabí o la búsqueda del azufre rojo*, Murcia, Editora Regional de Murcia, 1996, p. 267.

Rûmî caminar tras su padre, exclamó: «¡Alabado sea Dios! Todo un vasto océano camina detrás de un pequeño riachuelo».[13] Viniendo dichas palabras de alguien como Ibn ʿArabî, conocido como *Shayj al-Akbar*, esto es, «el Más grande de los maestros», el *Doctor Maximus* del sufismo islámico, no pueden tomarse en vano. Pocas son las figuras en la historia de la espiritualidad islámica que han ejercido una influencia tan extensa, abrumadora y perdurable como la suya. Su nombre, Muhyî al-Dîn, «el que revivifica la religión», parecía presagiar su trascendencia futura. Sin embargo, se ha incurrido en el exceso de querer interpretarlo todo mediante sus categorías, algo que Rûmî ha sufrido como ningún otro autor. Efectivamente, no pocos son los que lo han leído desde el prisma metafísico de Ibn ʿArabî, haciéndole decir lo que jamás dijo. Es importante, en ese sentido, que Rûmî hable por sí mismo, puesto que interpretarlo según otros parámetros, los de Ibn ʿArabî, por ejemplo, no es del todo acorde con su perspectiva.[14] Muy posiblemente, todo ello se haya debido al hecho de que Rûmî, a diferencia del sabio murciano, no escribió directamente exposiciones metafísicas, sino que los principios de su filosofía espiritual aparecen diseminados a lo largo de su poesía.

Ambos han sido contemplados desde siempre como los máximos exponentes de dos sendas sufíes contrapuestas. A Ibn ʿArabî se le considera el ejemplo más sublime de la «senda sufí del conocimiento». Por su parte, se admite unánimemente que Rûmî personifica como nadie el camino simétricamente opuesto, la llamada «senda sufí del amor». Sin embargo, tal apreciación resulta muy insuficiente y parcial, porque en Rûmî también hallamos una fina especulación metafísica y no solo arrobamiento, mientras que en Ibn ʿArabî encontramos destellos místicos de un lirismo

13. Citado en Eva de Vitray-Meyerovitch, *Mystique et poésie...*, *op. cit.*, p. 16.
14. Cf. William C. Chittick, *La doctrina sufí de Rumi*, Palma de Mallorca, J. J. de Olañeta, 2005, p. XIII.

conmovedor, como cuando proclama: «Sigo solo la religión del amor, y hacia donde van sus jinetes me dirijo, pues es el amor mi sola fe y religión»,[15] palabras que no distan mucho de este verso emblemático de Rûmî: «La senda de la pasión amorosa es diferente a todas las religiones; para los amantes de Dios, Él es la senda y la fe» (M II, 1770).

Tanto uno como otro hablan de y desde la religión del amor que ambos identifican con su personal visión y experiencia del islam. Es cierto que Ibn 'Arabî y Rûmî personifican dos funciones espirituales y dos misiones en el mundo distintas, que corresponden, según Henry Corbin, «a dos tipos psicológicamente diferentes, pero que sería erróneo oponerlos en cuanto a su contenido o experiencia interior».[16] Y es que ambos se nutren del mismo sentimiento teofánico de la belleza sensible. Más allá de las formas distintas que toma la espiritualidad de Ibn 'Arabî y Rûmî, las concomitancias existentes entre ambas luminarias que han marcado el destino del sufismo hasta nuestros días son más que evidentes. Los dos experimentan una misma nostalgia por la belleza, ambos son testigos de una idéntica revelación del amor. Purificados de la opacidad del ego, sus corazones se convierten en el espejo en el que se reflejan los atributos del Amado divino.

En las tierras de Rûm, confín del islam

Tras dejar Damasco después de una breve estancia en la ciudad, la caravana de los Walad se encaminó hacia Alepo, en el norte de Siria, para adentrarse luego en las tierras de Rûm, la actual Anatolia turca. Muy probablemente, corría el verano de 1217 y Rûmî tenía 10

---

15. Ibn 'Arabî, *El intérprete de los Deseos (Taryumân Al-Ashwâq)*, trad. de Carlos Varona Narvión, Murcia, Editora Regional de Murcia, 2002, p. 125.
16. Henry Corbin, *La imaginación creadora en el sufismo de Ibn 'Arabî*, Barcelona, Destino, 1993, p. 340.

o tal vez 11 años de edad. Las tierras de Rûm eran entonces la línea fronteriza que marcaba los límites geográficos de la civilización islámica con el cristianismo de los «rûm», es decir, los romanos orientales de Asia Menor, un territorio aún muy parcialmente islamizado. Se estima que tan solo un 10% de la población anatolia era musulmana por aquel entonces. A partir de ese momento, Bahâ' al-Dîn Walad y su familia residirán en ciudades con un alto porcentaje de población cristiana cuya lengua era tanto el griego como el armenio. Para Rûmî la diversidad religiosa y cultural fue algo habitual desde su infancia.

La primera ciudad en la que recalaron fue Malatya, a orillas del río Éufrates, al sudeste de Anatolia. Algunos autores, los biógrafos de Ibn 'Arabî particularmente, sitúan en ella el encuentro entre Bahâ' al-Dîn y el sabio sufí de Murcia que nosotros hemos descrito en Damasco, siguiendo el criterio mayoritario de la tradición *mawlawî*. Dada la inestabilidad política y social de la antigua capital omeya, Ibn 'Arabî pasó largas temporadas en Malatya entre los años 1216 y 1220. Sea como fuere, lo cierto es que, al igual que en el caso de Damasco, la estancia de los Walad en Malatya, entonces bajo el poder de los turcos selyúcidas, fue breve. Entre noviembre de 1217 y marzo de 1218, la caravana partió rumbo hacia Erzincan, ciudad mayoritariamente armenia, localizada en la actual provincia turca de Erzurum. Cerca de Erzincan, en Manzikert —actual Malazkirt—, los ejércitos del Imperio romano de Oriente fueron derrotados por los turcos selyúcidas, en el año 1071, inaugurando de esta forma el poder turco en los antiguos territorios romanos de Asia Menor.

Sin embargo, los Walad acabarían por establecerse en Âqshahr, en las inmediaciones de Erzincan, dado que Bahâ' al-Dîn prefería vivir al margen de los armenios, algunas de cuyas costumbres —consumo de carne de cerdo e ingesta de alcohol— le repugnaban. Allí pasaron cuatro años, bajo el patronazgo de 'Ismati Jâtûn, esposa de Fajr al-Dîn Bahramshâh, príncipe de Erzincan. Fue esta la primera vez que Bahâ' al-Dîn Walad se acogió a la protección de un gobernante. El príncipe Fajr al-Dîn se había ganado la fama de protector de hombres de letras y de religión. Por ejemplo, había tenido bajo su patrocinio al gran poeta y escritor persa Nizâmî Ganyawî (m. 1209), autor, entre otras muchas obras, de la célebre *Laylî y Maynûn*, una historia de amores imposibles basada en la vida de un legendario poeta árabe, Maynûn, un verdadero loco de amor, que Nizâmî supo transformar en una gran obra de inmensa poesía y profundas resonancias místicas. El caso es que durante la feliz estancia de los Walad en Âqshahr Bahâ' al-Dîn pudo dedicarse a la enseñanza religiosa, su verdadera vocación, por primera vez tras dejar el Jorasán, gracias a la medersa que el soberano le puso a su disposición.

Como ya hemos dicho, la estancia de Bahâ' al-Dîn y los suyos en Âqshahr se prolongó durante cuatro años, aproximadamente, justo hasta la muerte de sus valedores Fajr al-Dîn Bahramshâh y su esposa 'Ismati Jâtûn. Corría el año 1221. Fue entonces cuando llegó a la ciudad la trágica notica de la caída de Balj en manos de las hordas mongolas, que la arrasaron por completo. La misma suerte correrían Samarcanda, Nishapur e, incluso más tarde, Bagdad. Quiere ello decir que la mayoría de las ciudades en las que transcurrió la vida de Rûmî, desde los diez años hasta su muerte, fueron reducidas a cenizas por los ejércitos mongoles. Una nueva ordenación política se fue gestando en Asia Central y el Próximo Oriente tras el paso arrasador de las huestes de Gengis Jân. Al quedarse sin protección en Âqshahr, Bahâ' al-Dîn se vio obligado a abandonar la ciudad y buscar otro lugar más halagüeño y seguro en el que poder ejercer su profesión y vivir con su familia. El refugio lo halló en la antigua ciudad de Lâranda, hoy Karaman, situada al norte de los Montes Tauros, a unos cien kilómetros al sur de Konya. Cuando los Walad llegaron a su nuevo destino, Rûmî era todo un adolescente que rondaba los 15 años. La familia y el resto de los acompañantes permanecieron allí durante unos siete años, hasta el 1228. Fue la escala más prolongada del largo periplo que los condujo desde el corazón de Asia Central hasta Konya, centro neurálgico del poder selyúcida en Asia Menor.

No sabemos a ciencia cierta el porqué de dicho destino, pero todo apunta a un hecho puntual: Salyukî Jâtûn, la hija del príncipe de Erzincan Fajr al-Dîn Bahramshâh, protector de Bahâ' al-Dîn, había contraído matrimonio en Konya con el soberano selyúcida 'Izz al-Dîn Kay Kâws I, responsable de la repoblación del territorio anatolio asentando en él tribus turcomanas. Así pues, no es descabellado pensar que la presencia en Konya de Salyukî Jâtûn hubiese contribuido a allanar el camino de los Walad hacia Lâranda primero y Konya un tiempo después. Fue en Lâranda donde tuvieron lugar dos hechos cruciales en la vida del ya joven Rûmî: la muerte de su madre Mû'mina Jâtûn, que tanto había significado para él, y su matrimonio, a la edad de 18 años, con Yawhar Jâtûn. Hija de Sharaf al-Dîn Lâlâ, príncipe de Samarcanda y discípulo de Bahâ' al-Dîn Walad, Yawhar y Rûmî se conocían desde niños. Todo apunta a que el matrimonio fue acordado por los padres de ambos, como era costumbre en la época. De la mano de su madre, la pequeña Yawhar había formado parte de la caravana de los Walad. Quiere ello decir que ambos jóvenes crecieron y se formaron juntos y en tránsito. Salieron de su hogar jorasaní como niños y llegaron a Lâranda, donde contrajeron matrimonio y formaron una familia, como adultos jóvenes.

Yawhar era una joven cultivada. Se dice que poseía un talento especial para las artes, en especial la danza. Fue ella quien por vez primera le habló a Rûmî acerca de los efectos espirituales que la música y la danza ejercen sobre el ser humano. Además de sus habilidades artísticas, Yawhar Jâtûn poseía una gran belleza y perfección. Fruto de dicho enlace matrimonial nacieron sus hijos Bahâ' al-Dîn Muhammad Walad, más conocido como Sultân Walad (*ca.* 1226-1312), y 'Alâ' al-Dîn Muhammad (*ca.* 1227-1262), quienes desempeñarán un papel decisivo en la vida adulta de Rûmî, aunque por razones bien distintas, como veremos muy pronto. Ambos hermanos, de quienes damos las fechas de nacimiento más aceptadas, aunque se desconoce el orden exacto de sus nacimientos, vivieron una enconada rivalidad desde la más tierna infancia, para desesperación de sus padres. ¿Acaso las constantes disputas de sus hijos fueron el detonante de este verso de Rûmî?:

Las guerras de la humanidad son como peleas infantiles; todas son
estúpidas, repugnantes y sin sentido.
Combaten enconadamente entre sí con espadas de madera, pero
todos sus desvelos son en vano.

(M I, 3435-3436)

Indudablemente, Sultân Walad era el hijo preferido de Rûmî, quien heredó el nombre Walad de su abuelo Bahâ' al-Dîn Walad, lo cual podría hacernos pensar que fue el mayor de los dos hermanos, pero no podemos afirmarlo con rotundidad. Para Rûmî, Sultân Walad no solo fue su hijo más fiel. Fue, además, su discípulo más próximo, su cómplice y su confidente en los momentos más agónicos de su vida, que sin duda los tuvo, como cuando se sintió desahuciado, sin apenas fuerzas para dar ni un solo paso adelante, tras la desaparición de Shams. Igualmente, Sultân Walad fue el heredero natural del legado espiritual de su padre y, como tal, el verdadero fundador y organizador de la fraternidad de los derviches giróvagos *mawlawîes*.

Amîr Mûsà, gobernador local de Lâranda y hombre de inquietudes espirituales, se convirtió en el protector y mecenas de Bahâ' al-Dîn Walad, a quien construyó una medersa para que pudiese ejercer su magisterio en unas condiciones óptimas. Fue allí cuando Bahâ' al-Dîn pudo desplegar a sus anchas sus conocimientos como teólogo, jurista y maestro sufí. Por su parte, Rûmî dio en Lâranda sus primeros pasos como predicador y enseñante religioso al lado de su padre. A veces, él era el encargado de ofrecer la *jutba* o prédica de los viernes en la mezquita. Asimismo, comenzó a impartir lecciones en la medersa de su padre. Quiere ello decir que Rûmî había madurado lo suficiente como para asumir dichas responsabilidades, aunque siempre bajo la tutela de Bahâ' al-Dîn Walad, que fue, además de un padre amoroso e indulgente, su primer maestro y mentor. Así pues, la formación de Rûmî no se produjo en ninguna institución concreta.

Fue en Lâranda cuando, a principios del año 1229, Bahâ' al-Dîn Walad recibió una invitación formal del sultán 'Alâ' al-Dîn Kay Qubâd I (m. 1237) para trasladarse a Konya, a fin de ejercer allí su maestría como teólogo, jurista y enseñante de las distintas ciencias religiosas islámicas. Por fin, en la etapa final de su vida, Bahâ' al-Dîn, que tenía entonces alrededor de 75 años de edad, veía cumplido su sueño de enseñar en una ciudad importante, y a fe que Konya, capital del Sultanato selyúcida de Rûm, lo era. Los Walad, una familia de expatriados persas, se pusieron en marcha una vez más. Viajar parecía ser su destino. Poco antes de la partida hacia Konya, falleció Mû'mina Jâtûn, conocida en el ámbito del sufismo *mawlawî* como *Mâdar-i Sultân*, «la Madre del Sultán», en referencia a Rûmî. A Mû'mina Jâtûn se le tuvo en vida un alto aprecio no solo por ser la madre de Rûmî, sino también por su noble piedad. Enterrada en la antigua Lâranda, su tumba es en la actualidad un lugar de peregrinación.

Konya, capital selyúcida de Rûm

Situada en el altiplano central de Anatolia, Konya era por entonces la flamante capital del Sultanato selyúcida de Rûm. Esa fue la última etapa del largo trayecto de los Walad. Culminaba así un largo periplo de trece años, aproximadamente, y más de 4000 kilómetros a través de Asia Central y el Próximo Oriente. Fue allí donde los Walad se instalaron definitivamente, tras aceptar la invitación que el soberano selyúcida 'Alâ' al-Dîn Kay Qubâd I le había hecho a Bahâ' al-Dîn Walad para que enseñara en la ciudad. Todo parece indicar que la caravana llegó a la capital selyúcida, en 1229, por primavera, la estación preferida de Rûmî. Teniendo en cuenta que los inviernos en Anatolia son muy severos, con temperaturas muy bajas y copiosas nevadas, la primavera era sentida por Rûmî como un verdadero renacimiento de la vida en todas sus formas y expresiones. En Konya, ciudad luminosa, fragante y sensual, la sensibilidad de Rûmî se abrió de par en par a la belleza de la realidad circundante. Igualmente, la primavera era en la Anatolia de entonces el momento más propicio para viajar a través de las distintas rutas caravaneras, dadas las condiciones climáticas más favorables.

Muy posiblemente, si Bahâ' al-Dîn aceptó la invitación de 'Alâ' al-Dîn Kay Qubâd I de establecerse en Konya con su familia y sus seguidores tuvo que deberse, en buena parte, al hecho de encontrar en la ciudad un ambiente de cierta familiaridad y afinidad cultural. Aunque descendiente de ancestros nómadas de origen túrquico, el sultán 'Alâ' al-Dîn era un ferviente admirador del ancestral legado cultural persa. Su libro de cabecera era el *Shâh-nâma* o *Libro de los Reyes*, un largo poema épico escrito por el célebre poeta Firdawsî (m. *ca.* 1025), en el que se rememora la historia y la antigua mitología de los pueblos iranios desde el inicio de los tiempos hasta el advenimiento del islam en el siglo VII. 'Alâ' al-Dîn, un soberano elegante y carismático, además de un hábil administrador, adoptó muchos elementos de la refinada cultura urbana persa, a fin de hacer de Konya una capital a la altura de las prestigiosas ciudades persas de Asia Central. Lo cierto es que la Konya selyúcida de 'Alâ' al-Dîn, que presentaba una síntesis muy original de elementos túrquicos e iranios, acabó convirtiéndose en refugio seguro para no pocos oriundos de las asediadas ciudades orientales de Persia. La atmósfera intelectual y religiosa de Konya se vio enriquecida por la presencia de numerosos hombres de letras, artistas y místicos llegados de dichas ciudades, lo cual cautivó el ánimo de un hombre como Bahâ' al-Dîn Walad. Konya experimentó su etapa de mayor esplendor en vida de Rûmî, quien vivió en ella la mayor parte de su adultez. El destino de Rûmî está indisociablemente ligado a Konya.

El célebre viajero tangerino Ibn Battûta (m. *ca.* 1369), coetáneo de Marco Polo, que emprendió un dilatadísimo viaje a través de todo el orbe islámico, desde Marruecos hasta China, describió así la Konya, que visitó en 1332, unos cuarenta años después de la muerte de Rûmî:

> Llegamos a la ciudad de Konya, grande y de bellos edificios, con mucha agua y abundantes huertos, frutas y ríos. También se da aquí el albaricoque llamado *qamar al-dîn* [luna de la religión], y asimismo, se exporta a Siria y Egipto. Las calles de Konya son muy anchas y sus zocos admirablemente dispuestos, pues los artesanos de cada oficio están separados unos de otros.[17]

Según Aflâkî, la caravana encabezada por Bahâ' al-Dîn Walad fue recibida en las puertas de Konya por el mismísimo 'Alâ' al-Dîn Kay Qubâd I, que besó las rodillas de Bahâ' al-Dîn en señal de respeto. Los habitantes de la ciudad se echaron a las calles para dar la bienvenida a aquel sabio religioso venido del Jorasán. Ni que decir tiene que todo lo que llegaba de dicha región admirada gozaba de un prestigio incuestionable. El sultán le ofreció a Bahâ' al-Dîn residir en su propio palacio, pero este rehusó el ofrecimiento, como era costumbre en él. Las palabras que Bahâ' al-Dîn le dirigió al sultán dejan entrever su concepción del orden social que debe reinar en toda comunidad humana regida por principios tradicionales:

17. Ibn Battûta, *A través del islam*, Madrid, Alianza, 2002, p. 385.

La medersa es apropiada para el *imâm* [u hombre de religión], la *jânaqâ*[18] lo es para el maestro sufí, el palacio para el sultán, el caravasar[19] para el mercader, y las posadas para los extranjeros.[20]

En un primer momento, Bahâ' al-Dîn Walad y su familia se hospedaron en la Medersa Altun Abâ, la única existente entonces en la ciudad. Mientras, empezó a enseñar en la mezquita de 'Alâ' al-Dîn. Muy pronto, se fue ganando la confianza de un nutrido grupo de alumnos, tanto hombres como mujeres, entre los que se contaba Amîr Badr al-Dîn Yawhartash, comandante de la fortaleza del palacio del sultán y consejero personal de este. Fue él quien asumió la responsabilidad de construirle una medersa expresamente para Bahâ' al-Dîn. Se la conocerá con el nombre de Medersa Jodâvandgâr, esto es, la Medersa del «Señor» o del «Maestro». El caso es que, pocos meses después de su llegada a Konya, Bahâ' al-Dîn disponía de todo un complejo educativo y residencial, compuesto por aulas de clase, establos, una zona de viviendas, un *hammâm* o baño turco, un horno de pan y una amplia extensión de jardines. La enseñanza impartida por Bahâ' al-Dîn era una síntesis muy particular de ética islámica *(ajlâq)*, jurisprudencia *(fiqh)* —fundamentalmente *hanafî*—, teología *mâturîdî* y algunos principios sufíes. Respecto de esto último, hay que subrayar que los selyúcidas eran abiertamente partidarios del sufismo, razón por la cual favorecieron la implantación en el territorio de numerosos poetas y sufíes de distintas tendencias, como el propio Bahâ' al-Dîn Walad.

---

18. En persa, lugar de encuentro de derviches.
19. Especie de posada que albergaba y ofrecía reposo y alimento a los viajeros y a sus animales, así como vigilancia a sus mercancías. El caravasar fue una pieza clave en el desarrollo del comercio a través de Asia Central.
20. Aflâkî, *The Feats of the Knowers of God (Manâqib al-'ârifîn)*, Leiden, Brill, 2002, p. 23.

Muerte de Bahâ' al-Dîn Walad

Casi al final de sus días, Bahâ' al-Dîn Walad halló en Konya la calma necesaria y las condiciones materiales óptimas para ejercer su magisterio sin sobresaltos. Se dice que llegó a contar con un amplio número de alumnos y seguidores, y con el reconocimiento de todos los estamentos sociales de la ciudad. Para todos ellos, Bahâ' al-Dîn Walad fue *Sultân al-'Ulamâ'*, el «Sultán de los sabios religiosos». La ciudad de Konya lo acogió y en ella dejó plantada una semilla perdurable de sabiduría, belleza y amor que crecería más tarde gracias a su hijo Rûmî y a su nieto Sultân Walad. Cuentan que, en cierta ocasión, Bahâ' al-Dîn, señalando a un punto preciso de la ciudad, pronunció estas palabras: «Mi tumba y la tumba de mis nietos estará allí. De ahora en adelante, ese lugar será el jardín del corazón y el espíritu, un lugar permanente para los Amigos de Dios».[21] Dos años después de su llegada a Konya, el 23 de febrero de 1231 —correspondiente al 18 del mes de rabî' al-zânî del año 628 del calendario islámico—, Bahâ' al-Dîn Walad falleció. Rondaba los 80 años. Había vivido intensamente hasta el final de sus días. A pesar del semblante circunspecto que dicen que ofrecía en público, era en verdad un hombre interiormente abrasado por el fuego del amor. ¿Acaso no había proclamado él mismo que el amor es la más excelsa creación de Dios? ¿No había reconocido que sin amor la vida carece de todo sentido?

Bahâ' al-Dîn fue enterrado en el lugar que él mismo había indicado antes de morir. Se cumplió, así pues, su última voluntad. El sultán 'Alâ' al-Dîn donó los terrenos correspondientes, situados en el jardín de rosas del palacio del sultán, el mismo lugar en el que tiempo después serían enterrados su hijo Rûmî y su nieto Sultân Walad. Algunos de sus alumnos más cercanos se dirigieron a Rûmî proponiéndole levantar una cúpula sobre la tumba de su padre,

21. Citado en Şefik Can, *Fundamentos del pensamiento de Rumi, op. cit.*, p. 27.

pero declinó la propuesta aduciendo que no hay mejor cúpula que la bóveda del cielo. Rûmî agradeció siempre la longevidad que Dios le había regalado a Bahâ' al-Dîn, una experiencia que este no pudo vivir, ya que quedó huérfano de padre a los dos años. Rûmî tuvo la fortuna de gozar de la presencia guiadora de su padre durante todo el primer tercio de su vida. Es muy posible que para entonces, Rûmî, heredero espiritual de Bahâ' al-Dîn Walad, hubiese tomado ya plena consciencia de la nueva situación generada por la muerte de su padre y del destino que en un futuro no demasiado lejano le aguardaba. Y es que aún no le había llegado su hora. Solo tenía 24 años.

V
Iniciación en el sufismo.
Viaje al interior del islam

Burhân al-Dîn Muhaqqiq y la iniciación en el sufismo

Tras la muerte de Bahâ' al-Dîn Walad, Rûmî partió con destino a
Lâranda. Por supuesto, no fue un viaje cualquiera. En Lâranda ya-
cía enterrada su madre Mû'mina Jâtûn, así como un buen número
de discípulos de su padre. En cierta forma, visitar Lâranda era recuperar parte de sus orígenes y de su memoria. En Lâranda había
experimentado algunos de los hechos cardinales en la vida de una
persona. Allí perdió a su madre y a su hermano mayor 'Alâ' al-Dîn
Muhammad. Allí contrajo matrimonio con Yawhar Jâtûn. Y allí
fue padre por primera vez. Por consiguiente, regresar a Lâranda
en aquel momento tan trascendental de su vida, tras la muerte
de su padre, tuvo mucho de recapitulación y de ejercicio personal de
autocomprensión. Estando allí recibió una noticia inesperada que
le dejó estupefacto. Corría el año 1232. Su antiguo tutor en el Jorasán,
cuando aún era un chiquillo, Burhân al-Dîn Muhaqqiq, alumno
aventajado de Bahâ' al-Dîn Walad, alguien a quien no veía desde
hacía más de quince años, estaba en Konya. Ello significaba, en primer lugar, que había conseguido sobrevivir a la furia destructora de
los mongoles. La presencia inesperada de Burhân al-Dîn en Konya,
justo tras la muerte de Bahâ' al-Dîn, fue un hecho providencial.
Según Aflâkî, Burhân al-Dîn lo atribuyó a un sueño en el que Bahâ'
al-Dîn le instó a partir hacia Konya a fin de conducir certeramente
los pasos del Rûmî huérfano de guía. Sin embargo, otras fuentes

ofrecen una versión muy distinta de los hechos. Estando en La Meca peregrinando, Burhân al-Dîn habría tenido conocimiento, gracias a algunos peregrinos de Konya, de que Bahâ' al-Dîn, de quien no sabía nada desde hacía años, vivía en la ciudad. Pero cuando quiso llegar a Konya, Bahâ' al-Dîn ya había muerto.

Burhân al-Dîn se sintió entonces responsable del destino de Rûmî. Ya en Balj, Bahâ' al-Dîn le había confiado la educación del pequeño. Así pues, ya existía entre ambos un vínculo lejano en el tiempo que se estrecharía aún más con la presencia de Burhân al-Dîn en Konya. Cuando se reencontraron su conexión fue absoluta. Ambos eran conscientes de la juventud e inexperiencia de Rûmî, por mucho que este hubiese asistido a su padre en las funciones religiosas y educativas que desempeñaba en Konya. De hecho, fue el propio Rûmî quien, consciente de su inmadurez, le ofreció a Burhân al-Dîn ocupar el lugar vacante dejado por su padre. Por su parte, Burhân al-Dîn se comprometió a tomar las riendas de la formación religiosa y espiritual del joven Rûmî, a fin de perfeccionar sus conocimientos sobre las distintas ciencias islámicas y, especialmente, de iniciarlo en el conocimiento interior que el propio Burhân al-Dîn había recibido de Bahâ' al-Dîn Walad y que este mantuvo siempre en un discreto segundo plano. En cierta ocasión, tras haber comprobado el alto nivel de conocimiento que Rûmî había logrado atesorar a pesar de su juventud, Burhân al-Dîn se sinceró con él dirigiéndole estas palabras:

> En las ciencias de la religión has logrado superar a tu propio padre con creces. Pero, él alcanzó la perfección en dos ciencias, la de la palabra *(qâl)* y la del estado espiritual *(hâl)*. A partir de hoy, deseo que comiences a caminar a través de la ciencia de los estados espirituales, que es la ciencia de los profetas y de los Amigos de Dios, una ciencia inspirada por Dios.[1]

---

1. Aflâkî, *The Feats of the Knowers of God (Manâqib al-'ârifîn)*, Leiden, Brill, 2002, p. 43.

A la vista de la misión que realizó se entiende que Burhân al-Dîn sea conocido en la tradición *mawlawî* como *Muhaqqiq* o «Perfeccionador», ya que fue el catalizador que le permitió a Rûmî perfeccionar su conocimiento del islam y adentrarse en las dimensiones místicas de este a través del sufismo. Podríamos decir que Rûmî poseía entonces cierto saber, pero carecía de todo sabor. Por supuesto, su padre Bahâ' al-Dîn Walad fue el primer maestro en las ciencias del islam que tuvo Rûmî, aunque no quien lo introdujo en el sufismo, por extraño que pudiese parecer. A pesar de todo su talento y disposición natural, Rûmî era demasiado joven aún para ciertas cosas que exigen tiempo y maduración. De hecho, fue Burhân al-Dîn su verdadero iniciador en los secretos de la senda sufí y quien le imprimió tanto altura como profundidad al saber religioso formal que había recibido hasta entonces y que completaría en las ciudades de Alepo y de Damasco inmediatamente después de su reencuentro en Konya. Por ello, nos atrevemos a afirmar que, muy posiblemente, Burhân al-Dîn Muhaqqiq, alguien no siempre valorado como se merece, fue la persona más decisiva para Rûmî, espiritualmente hablando, antes de la irrupción en su vida de Shams, más incluso que su propio padre. Sin su intervención providencial, ¡sabe Dios cuándo habría descubierto Rûmî al *otro* Bahâ' al-Dîn, el que atesoraba ese otro tipo de conocimiento que se comparte únicamente con quien se ha hecho capaz y merecedor de él. ¿Habría sido capaz Rûmî de encajar el torbellino de Shams sin antes haberse sometido a la disciplina espiritual de Burhân al-Dîn? Muy posiblemente, no. Lo más probable es que lo hubiese rechazado sin más, incapaz de percibir en él atisbo alguno de espiritualidad. En el peor de los casos, habría enloquecido.

De Burhân al-Dîn se dice que era un hombre accesible —más que Bahâ' al-Dîn Walad, seguramente—, de carácter afable y naturaleza ascética, argumentador fino y excelente orador, capaz de embelesar al auditorio con su verbo poético, preñado de poderosas imágenes extraídas del rico simbolismo sufí. También destacaba por su penetrante capacidad exegética del Corán. Amante de la poesía persa, fue él quien introdujo a Rûmî en la obra de Sanâ'î y 'Attâr, poetas a los que citaba con frecuencia en sus charlas espirituales. En Burhân al-Dîn hallamos una muy particular amalgama entre poesía y teología que encontraremos más tarde en Rûmî. Sin embargo, no todos los antiguos alumnos de Bahâ' al-Dîn supieron encajar ese estilo pedagógico tan particular de Burhân al-Dîn trufado de citas poéticas. Al menos así se desprende de la siguiente anécdota recogida en el *Fîhi mâ fîhi* de Rûmî:

«Burhân al-Dîn —dijeron— pronuncia bellas charlas, pero están repletas de versos de Sanâ'î». Pero esto, dijo el maestro, es como afirmar: «El sol es hermoso, pero da demasiada luz». ¿Acaso es eso una falta? Citar a Sanâ'î arroja luz a la charla. El sol nos muestra las cosas y es su luz la que nos permite verlas.

(FF LVI, 207)

Rûmî pasó en Konya todo un año de intenso trabajo espiritual bajo la guía de Burhân al-Dîn. Junto a aquel discípulo aventajado de su padre, Rûmî descubrió el significado real del sufismo. Él fue quien en verdad le confirió el manto de lana *(jirqa)*, símbolo de los iniciados en los secretos de la senda sufí. A través de Burhân al-Dîn, Rûmî heredó el doble legado de su padre, como alfaquí y como *shayj* sufí. Durante nueve años, se ejercitó en el sufismo bajo la tutela de Burhân al-Dîn, hasta la muerte de este, acaecida en 1241. En todos esos años, siguió una firme disciplina basada, en primer lugar, en el estudio de los escritos de su padre, interpretados por el propio Burhân al-Dîn y, en segundo lugar, en dos prácticas fundamentales: el ayuno y el retiro espiritual. Burhân al-Dîn había hecho del ayuno su método cardinal a lo largo de su vida. El ayuno constituye una de las disciplinas espirituales más poderosas y transformadoras de cuantas se mencionan en el Corán. Para Burhân al-Dîn, el ayuno templa el carácter del ayunante, fortaleciendo su espíritu, al tiempo que lo prepara para la experiencia sufí de acercamiento a Dios. Al fin y al cabo, el ayuno comporta el deseo y la necesidad únicas de Dios. En otras palabras, Dios es lo único que el ser humano necesita realmente para vivir. Ese es el significado profundo del ayuno que Rûmî descubrió gracias a su maestro. Siguiendo el ejemplo de Burhân al-Dîn, Rûmî se entregó a la práctica del ayuno con un entusiasmo solo propio en él. De ahí su amor por el mes de Ramadán. Si su estación preferida era la primavera, el mes predilecto de Rûmî era el mes de Ramadán, el mes del ayuno.

A instancias de Burhân al-Dîn, Rûmî se introdujo también en la práctica sufí del retiro espiritual *(jalwa)*, que realizará en la ciudad de Kayseri, tras haber cursado cinco años de estudios islámicos en Alepo y Damasco, como veremos en el siguiente apartado. La forma más común de retiro espiritual, que es la que al parecer realizó Rûmî, consiste en un internamiento de cuarenta días en una habitación especialmente preparada para dicho menester. De ahí que en persa se le denomine *chilla* (de *chehel*, cuarenta) al retiro. Los centros de reunión de las fraternidades sufíes que incluyen el retiro espiritual dentro de su pedagogía espiritual poseen una estancia, la *chilla-jâna*, habilitada para ello. Al mismo tiempo, el internamiento va acompañado del ayuno y de diversas formas intensificadas de invocaciones y jaculatorias prescritas previamente por el maestro. Durante el retiro también se le pide al practicante que preste una especial atención a sus sueños, que serán interpretados por el maestro una vez concluido el retiro.

Transcurrido ese primer año de intenso trabajo sufí, Burhân al-Dîn le sugirió a Rûmî la posibilidad de trasladarse a las vecinas tierras sirias para estudiar en Alepo y Damasco. La intención de Burhân al-Dîn no solo era que Rûmî ampliase sus ya de por sí vastos conocimientos islámicos, sino que pudiera obtener una *iyâza*, esto es, un certificado tradicional que acredita la capacidad de enseñar, en unas ciudades de tanto prestigio como Alepo y

Damasco, lo cual le ayudaría a legitimar aún más su futura posición en Konya.

Un estudiante en Alepo y Damasco

Rûmî llegó a Alepo, en el norte de la actual Siria, en el verano de 1232, como muy pronto; lo más tarde pudo haber sido hacia 1233. Tendría entonces unos 25 años. Tras de sí había dejado dos hijos de corta edad y una joven esposa. Durante los cinco años que Rûmî permaneció en Siria estudiando, fue Burhân al-Dîn Muhaqqiq, su maestro durante todo ese tiempo de estudio, quien asumió la responsabilidad de todo, ocupándose tanto de la medersa de Bahâ' al-Dîn como del cuidado de la familia de Rûmî. Históricamente, Alepo ha sido una ciudad vinculada a la biografía de Rûmî y al posterior sufismo *mawlawî*. Sin duda la proximidad respecto a la ciudad de Konya hizo de ella un lugar privilegiado, a medio camino entre la propia Konya y Damasco. Alepo «era un floreciente centro intelectual en aquellos días, con su bazar cubierto de madera, la mezquita del viernes con su bella alberca, la amplia plaza y muchos edificios magníficos, entre ellos algunos centros de estudio».[2] La medersa como institución educativa consagrada al estudio de las distintas ciencias del islam llegó a Siria desde el Jorasán, donde vio la luz por primera vez y donde hubo toda una corriente de patrocinio de dichos centros de estudio. De ahí el prestigio de los maestros jorasaníes. El afán constructor de medersas se sistematizó con los turcos selyúcidas, a pesar del clima de guerra y del desorden reinante.

En un primer momento, Rûmî recaló en la Medersa Halâwiyya de Alepo, la más prestigiosa de la ciudad, construida en 1145. Su maestro allí fue Kamâl al-Dîn ibn al-'Adim (m. 1262), renombrado

2. Franklin D. Lewis, *Rumi. Past and Present, East and West. The Life, Teachings and Poetry of Jalâl al-Din Rumi*, Oxford, Oneworld, 2000, p. 109.

historiador, teólogo y jurista *hanafî*, además de poeta y calígrafo. Con él descubrió Rûmî la magia de la poesía árabe y, más concretamente, la de Al-Mutanabbî (m. 965). Considerado el mayor poeta árabe de todos los tiempos, Al-Mutanabbî, que pasó una temporada en Alepo, lo sedujo por completo. Rûmî cayó rendido ante una poesía de perfección inigualable que le acompañaría hasta el final de sus días. Tras permanecer poco más de un año en Alepo, Rûmî se mudó a Damasco, donde residió durante cuatro años.

Según Aflâkî, Rûmî se enroló en la Medersa Muqaddamiyya. Sin embargo, otros autores, como Sipahsâlâr, por ejemplo, aseguran que cursó estudios en la Medersa Barrâniya. Ya fuese en una u otra institución, lo que no admite duda es el tipo de formación que recibió. En su estancia en tierras sirias, Rûmî estudió todas las ramas del saber religioso de la época necesarias para poder ejercer con solvencia el cargo de jurisconsulto; a saber, lengua árabe, el Corán y la tradición profética, teología *(kalâm)* y jurisprudencia islámica *(fiqh)*, ética *(ajlâq)* y civilidad *(adab)*, lógica *(mantiq)* y filosofía *(falsafa)*. Rûmî se formó en instituciones *hanafíes*, con lo cual el texto que ocupó sus desvelos como estudiante fue *Al-Hidâya (La Guía)* de Burhân al-Dîn al-Farganî al-Marginânî (m. *ca.* 1197), el compendio de jurisprudencia *hanafî* más estudiado en la época.

Dado que la escuela jurídica *hanafî* se mostraba abiertamente partidaria del uso del razonamiento lógico y el juicio analógico y comparativo a la hora de emitir decisiones legales, esto condujo a Rûmî a una lectura muy matizada del texto coránico y, sobre todo, de aquellos pasajes que exigen una gran finura interpretativa. Rûmî destacó en Siria como un estudiante excelente, capaz de sorprender a sus maestros por el tipo de conclusiones a las que llegaba. Lo cierto es que la alta formación que alcanzó en Siria le permitió convertirse en un honorable sabio religioso, listo para regresar a su hogar en Konya y ejercer las funciones que su padre había desempeñado antes de morir. De esta segunda estancia de Rûmî en Damasco, un Rûmî maduro, muy distinto a aquel niño en tránsito que acompañaba de la mano a su padre Bahâ' al-Dîn, merece la pena subrayar algunos acontecimientos muy reveladores. Por ejemplo, según Sipahsâlâr, Rûmî habría frecuentado a Ibn 'Arabî, quien residió en la antigua capital omeya desde el año 1229 hasta su muerte en 1241. Parece evidente que Rûmî sabía de la presencia en Damasco de Ibn 'Arabî. Nadie que residiese allí entonces podía ignorar la presencia imponente del sabio murciano.

Ahora bien, de haberse producido un encuentro entre ambos, resulta difícil explicar por qué Rûmî no lo menciona en ningún momento, a lo largo de su vasta obra. Se ha insinuado al respecto que Rûmî mantenía cierta distancia con Ibn 'Arabî a causa de la visión que este tenía del profeta Muhammad, figura por la que Rûmî sentía un amor superlativo. Por lo visto, ni Rûmî ni tampoco Shams veían con buenos ojos el papel, para ellos insuficiente, que Ibn 'Arabî le asignaba al profeta Muhammad en su profetología. Es evidente que Ibn 'Arabî y Rûmî eran dos figuras psicológicamente muy diferentes y que, a pesar de las muchas concomitancias de sus respectivas sendas espirituales, a Rûmî le preocupaba el sufismo experiencial mucho más que el sufismo teorético. Aflâkî recoge la siguiente anécdota, no carente de cierto humor, en la que Rûmî marca sus distancias respecto a Ibn 'Arabî:

> Un puñado de estudiosos religiosos que eran discípulos de Rûmî expresaron algo sobre el libro de Ibn 'Arabî *Al-futûhât al-makkiyya* [*Las Revelaciones de La Meca*], principalmente: «Es un libro extraño dado que su propósito no es claro del todo y el secreto de la sabiduría del autor es incomprensible». De repente, entró por la puerta Zakî [cantante del círculo de discípulos de Rûmî] y se puso a cantar sin más. Rûmî dijo entonces: «¡Bien, ahora les toca el turno a las *futûhât* [revelaciones] de Zakî, que son mejores que las *futûhât* de Ibn 'Arabî!»; y tras ello se puso a danzar.[3]

---

3. Aflâkî, *The Feats of the Knowers of God...*, *op. cit.*, p. 325.

Entre Ibn 'Arabî y Rûmî hubo un vínculo de carne y hueso en la persona de Sadr al-Dîn Qûnawî (m. 1274), contemporáneo de Rûmî. Natural de Konya, donde yace enterrado, aunque de origen persa, Sadr al-Dîn fue hijastro de Ibn 'Arabî y su discípulo más destacado. En 1210, Ibn 'Arabî visitó Konya. A la muerte de su amigo May al-Dîn, el sabio murciano contrajo matrimonio con su viuda, madre de Sadr al-Dîn. Este llegó a ser amigo de Rûmî y durante mucho tiempo frecuentó su círculo de discípulos. Tal fue su relación que el propio Rûmî le encargó que dirigiese las oraciones de su funeral, aunque no llegó a hacerlo por circunstancias que veremos más adelante.

Volviendo a su etapa en Damasco, Sipahsâlâr refiere un hecho extraordinario que Rûmî vivió de forma continuada durante su estancia en la ciudad: la presencia habitual de Jidr, el «Hombre verde» (o «verdeante»), en su habitación. El enigmático Jidr, uno de los inmortales de la hagiología islámica, identificado con el profeta Elías e incluso con san Jorge, aparece en el texto coránico, aunque sin recibir nombre alguno, como guía de Moisés, un guía hermético e impredecible. De acuerdo con la etimología de su nombre, Jidr evoca la vida y la luz, el renacimiento y la eterna juventud. Según la tradición, Jidr no tiene morada fija en la superficie de la Tierra, vive en un lugar imaginal, la «confluencia de los dos mares», lo cual le permite estar siempre vagando por el mundo. Igualmente, en el sufismo Jidr es el guía espiritual de quienes carecen de un maestro de carne y hueso. Más adelante, tras la llegada de Shams a Konya, veremos el verdadero significado que Jidr poseerá para Rûmî, puesto que existe un evidente paralelismo entre el comportamiento, un tanto expeditivo y aparentemente incongruente, de Jidr con Moisés y el de Shams con Rûmî.

Pero aún hay un hecho más, y no menor, en referencia a la estancia de Rûmî en Damasco. El propio Shams indica en sus *Maqâlât*, suerte de diario personal, que ya en ese tiempo habría entrado en contacto con Rûmî, esto es, unos quince años antes más o menos de su decisiva irrupción en Konya, aunque no ofrece más detalles al respecto de dicho supuesto primer encuentro, no confirmado por el resto de fuentes a nuestra disposición. Sea como fuere, dicha posibilidad no le resta trascendencia a la singular relación establecida entre ambos, a partir de la llegada de Shams a Konya, más allá de que se hubiesen visto o no en Damasco con anterioridad.

Un sabio sufí de Konya llamado Rûmî

Corría el año 1237. Tras haber pasado todo un lustro fuera de su hogar en Konya, Rûmî, que ya tenía 30 años, regresaba por fin a casa. Ahora sí, se hallaba en mejor disposición para ocupar con solvencia el puesto dejado por su padre. Su intachable currículum disipaba cualquier atisbo de duda. Los cinco años en Siria dedicados al estudio intensivo de las distintas ciencias islámicas, más el tiempo de ardua práctica sufí junto a su maestro Burhân al-Dîn Muhaqqiq, le habían hecho madurar como persona. Una nueva etapa de reconocimiento y celebridad se abría ante él. Sin embargo, lo más trascendental, lo que definiría esencialmente su recorrido vital, el encuentro decisivo con Shams-i Tabrîzî, aún estaba por llegar.

De regreso a Konya, Rûmî hizo un alto en Kayseri, antiguamente designada como Cesarea de Capadocia, la segunda ciudad más importante de Rûm después de Konya. Se detuvo en ella por una razón de peso: su maestro Burhân al-Dîn Muhaqqiq, a quien le había comprometido su corazón, se había trasladado a vivir allí. El gobernador de la ciudad le había construido su propia medersa y en ella se dedicaba a la enseñanza. Cabe pensar que hubo un motivo más en su partida de Konya. Muy posiblemente, pensó que con él en la ciudad Rûmî jamás habría aceptado ser el *shayj* de los antiguos alumnos y discípulos de su padre. En Kayseri, Burhân al-Dîn le

instó a estudiar en profundidad el *Ma'ârif (Vislumbres gnósticos)*
de su padre, que es algo más que un libro. Fue entonces también
cuando Rûmî, el corazón en carne viva, llevó a cabo la práctica del
jalwa o retiro espiritual de cuarenta días, bajo la atenta mirada de su
maestro. En total, Rûmî realizó tres retiros. Se trata de un periodo
de severa disciplina espiritual. Estas prácticas le permitieron experimentar unos estados de consciencia inalcanzables para la mayoría
de la gente. Si algo vivió entonces Rûmî fue una gran dilatación
interior, una apertura de ese corazón en otro tiempo encastillado en
sí mismo. Fue tal el ímpetu con el que se entregó a tales prácticas
espirituales que se olvidó de sí mismo por completo, hasta el punto
de descuidar su aspecto físico e, incluso, su higiene personal. Según
Aflâkî, Rûmî ofrecía una imagen tan deplorable que hasta el mismo
Burhân al-Dîn tuvo que urgirle a frenar sus excesos.

Una vez cumplida su misión, Burhân al-Dîn, retirado en Kayseri, dejó paso a Rûmî, cuya estrella comenzó a brillar con luz
propia. Ahora sí, por fin, había llegado su hora. Los habitantes
de la ciudad, y también las autoridades, comenzaron a percibir
en él algo especial. Mientras tanto, otra estrella dejaba de brillar paulatinamente, hasta que un día se apagó del todo. Burhân
al-Dîn Muhaqqiq falleció el año 1240 o 1241 en Kayseri, donde
yace enterrado. Tenía alrededor de 74 años. Con su muerte, Rûmî
perdía al que había sido su segundo maestro. El primero, su padre Bahâ' al-Dîn, había dejado este mundo diez años antes. En
esos momentos, Rûmî, a sus 37 años, convertido ya en todo un
respetado alfaquí y en un verdadero conductor de almas, dejó de
tener referente exterior alguno. El conocimiento adquirido en años
de estudio y rigurosa práctica fue a partir de entonces su única y
verdadera guía. Pero no todo acabaría ahí para él. El destino aún le
tenía reservada alguna que otra sorpresa a ese sabio sufí de Konya
que ya no paseaba por la ciudad medio en harapos y con apariencia
descuidada, sino bellamente adornado con las ropas propias de los
hombres de religión.

Rûmî, esposo y padre de familia

No podemos olvidar que además de alfaquí y *shayj* sufí, Rûmî fue también un padre de familia. Es cierto que ofrece muy poca información en su obra literaria acerca de su vida personal y familiar, muy posiblemente porque no la juzgó relevante. Ya hemos apuntado que el místico no acostumbra a escribir acerca de sí mismo, sobre lo que *le pasa*, sino sobre aquello que *le traspasa* y *le sobrepasa*. Solo cuando escribe alguna carta a alguno de sus hijos, por ejemplo, Rûmî nos permite acceder a la intimidad familiar. Poco después de la muerte de Burhân al-Dîn Muhaqqiq, falleció su esposa Yawhar Jâtûn, hacia el año 1242, si bien desconocemos en qué circunstancias ocurrió. Poco a poco, se iban cortando los pocos lazos que aún le unían al Jorasán de sus orígenes. Rûmî había conocido a Yawhar siendo los dos unos niños. Durante todo el tiempo que duró el matrimonio, Kirrâ Jâtûn, la madre de Yawhar, una antigua discípula de Bahâ' al-Dîn Walad, había vivido en la casa familiar. Ella fue la responsable de la educación de sus nietos 'Alâ' al-Dîn y Sultân Walad, a quienes se sentía muy unida. Ambos tenían más o menos 18 y 17 años respectivamente, cuando murió su madre. Rûmî y Kirrâ mantuvieron siempre una buena relación, que se vio empañada únicamente cuando Rûmî decidió enviar a sus dos hijos a estudiar ciencias religiosas a Damasco, algo que Kirrâ jamás vio con buenos ojos. Finalmente, los chicos fueron a la antigua capital omeya, acompañados por un tutor que respondía al nombre de Sharaf al-Dîn.

Tras enviudar, Rûmî no tardó mucho tiempo en contraer matrimonio de nuevo. Su nueva esposa se llamaba Kirrâ Jâtûn. La coincidencia en el nombre con la madre de Yawhar Jâtûn ha hecho pensar si tal vez *Kirrâ* era un título más que un nombre propio, pero no lo sabemos con exactitud. Viuda como Rûmî, Kirrâ Jâtûn, a quien se le ha atribuido un origen turco, cosa improbable, había estado casada previamente con un aristócrata persa llamado Muhammad Shâh con quien tuvo dos hijos, Shams al-Dîn Yahyà y Kîmîyâ'. Aflâkî subraya el enorme valor demostrado por Kirrâ, a quien llama «la segunda Virgen María», al ser capaz de renunciar a la vida de opulencia que había gozado junto a su fallecido esposo, para vivir de forma muchísimo más austera al lado de un sobrio religioso como Rûmî. Al parecer, Kirrâ tenía un carácter tremendamente supersticioso, algo que Rûmî miraba con ojos de marido enamorado. Del nuevo matrimonio nacerían un niño, Muzaffar al-Dîn (m. 1277), y una niña, Mâlika Jâtûn (m. 1306). Muzaffar al-Dîn hizo carrera dentro de la administración pública como funcionario del tesoro. Sin embargo, su ineptitud para el trabajo fue tal que siempre pasó enormes penurias, lo cual empujó a Rûmî a solicitar ayuda a las personas influyentes que conocía dentro del palacio, como en el siguiente caso, en que se dirige a Mu'în al-Dîn Parvâna (m. 1277), el influyente visir y protector de los derviches:

[...] Os envío continuamente mis mejores saludos y mis oraciones, que no se cansan ni cesan [...]. Dado que Dios —que su Majestad sea exaltada— os ha hecho célebre por vuestra atención para con las necesidades de los derviches y los pobres, ya lo sean por elección o por necesidad [...], os informo acerca de la esperanza que tiene puesta en usted Muzaffar al-Dîn —que Dios le ayude—, él que vive eternamente a la sombra de vuestro favor, de vuestra compasión y de vuestra protección, príncipe de los príncipes y de los grandes [...].[4]

En las *Cartas (Maktûbât)* que se han conservado de Rûmî hallamos al hombre de carne y hueso. Se trata de cartas dirigidas a sus

4. Yalâl al-Dîn Rûmî, *Lettres*, trad. de Eva de Vitray-Meyerovitch, París, Jacqueline Renard, 1990, p. 68.

familiares más allegados, a sus discípulos y amigos, algunos de ellos políticos relevantes. Se revela en ellas el rostro más próximo y humano de Rûmî. Vemos, por ejemplo, al padre de familia preocupado por la suerte de los suyos, afligido, por ejemplo, por las penurias económicas de algunos de sus hijos. Como esposo, merece la pena subrayar su participación afectiva en el parto y, por ende, en todo el proceso de transformación de su primera esposa Yawhar Jâtûn de mujer en madre. Los siguientes versos del *Maznawî* dan cuenta de dicha empatía sentida por Rûmî:

> Si los dolores del parto son tortuosos para la mujer que da a luz, para el embrión son la liberación de su prisión.
> La mujer embarazada llora a la hora del parto, exclamando: «¿Dónde está mi refugio?». Mientras tanto, el embrión ríe, diciendo: «La hora de la liberación ha llegado» [...].
> Lo que el sufí sabe acerca de tu condición no lo sabes tú de ti mismo.
>
> (M III, 3560-3561 y 3565)

Ya hicimos referencia a la activa vida sexual de Bahâ' al-Dîn Walad. Por lo que respecta a Rûmî, Aflâkî reseña una anécdota acerca de su virilidad, haciéndolo con la naturalidad con la que es abordada la sexualidad en el sufismo. Al parecer, Kirrâ Jâtûn estaba muy descontenta con Rûmî, puesto que la tenía desatendida como esposa, entregado como estaba al ayuno, la práctica del *samâ'* o la lectura de textos espirituales hasta altas horas de la madrugada. Kirrâ, desconsolada, se preguntaba si acaso su marido había perdido el apetito sexual con tanta práctica ascética o si ella ya no era de su agrado. Rûmî la notaba rara en el trato, pero ignoraba el motivo. Sin embargo, cuando comprendió lo que en verdad le sucedía con tan solo mirarla, porque, según se decía, tenía la capacidad de leer el pensamiento de las personas, esa misma noche le hizo el amor como si se tratase de «un rugiente león salvaje», en palabras de Aflâkî, que jamás escatima en detalles. Kirrâ Jâtûn intentó huir de aquel león encelado a través del techo de la estancia, mientras Rûmî clamaba no haber concluido aún. Hubiese o no concluido, lo que es evidente es que ni Bahâ' al-Dîn Walad ni su hijo Rûmî fueron unos santos de escayola a quienes atormentara la carne.

VI

Shams al-Dîn Tabrîzî o la irrupción del sol

El encuentro con Shams

A los 37 años de edad, aproximadamente, Rûmî pasó a hacerse cargo de todas las responsabilidades académicas y religiosas que había ocupado su padre. Se convirtió de esta manera en un docto religioso y enseñante, respetado y admirado por todos. Por entonces, ya era también un distinguido maestro sufí que contaba con numerosos discípulos. Pocos poseían una formación religiosa y espiritual tan sólida como la suya. Rûmî se hallaba en la plenitud de la vida y había alcanzado una envidiable posición familiar y social. Sin duda, fue aquel un momento dulce de su vida. Sin embargo, todo ese mundo arcádico construido durante años, a base de no pocos sacrificios, se vendría abajo la mañana del día 26 del mes de *yumâdà al-âjira* del año 642 de la hégira, correspondiente al 29 de noviembre de 1244 del calendario gregoriano.

A partir de ese día, un martes para ser más exactos, un nuevo Rûmî —ese segundo Rûmî al que ya nos referimos al inicio— vería la luz, tras el encuentro con un singular derviche errante llamado Shams al-Dîn Muhammad Tabrîzî (*ca.* 1185-*ca.* 1247). Curiosamente, ignoramos las fechas exactas tanto de su nacimiento como de su muerte, pero sí sabemos con precisión cuándo irrumpió en Konya. El hecho mismo de que se haya preservado en la memoria del sufismo *mawlawî* la fecha exacta de dicho episodio nos indica la trascendencia espiritual que se le concedió desde un primer momento. El tiempo de Shams comienza con su llegada a la ciudad. De su vida previa sabemos poco y su muerte está envuelta en misterio, como veremos. Por consiguiente, el Shams más transparente es el Shams de Konya. Como denota su gentilicio, Shams era originario de Tabriz, en el noroeste del actual Irán, una ciudad de honda raigambre sufí antes de ser arrasada por los mongoles, en 1220.

Según algunas fuentes, el encuentro entre Shams y Rûmî sucedió a las afueras del caravasar de los vendedores de azúcar, que es donde se hospedaba Shams, un lugar que pasado el tiempo se conocería como *mary al-bahrayn*, «la confluencia de los dos mares», una expresión coránica que en este caso hace referencia a esos dos mares espirituales que fueron Shams y Rûmî. Dicho encuentro, del que existen diversas versiones, fue providencial para ambos, no solo para Rûmî. Según Aflâkî,[1] Shams llegó a Konya de noche y fue a hospedarse en el mencionado caravasar de los azucareros. A la mañana siguiente, fue a sentarse en el banco que había en la entrada del caravasar y se mantuvo a la espera. Esa misma noche, Rûmî tuvo un sueño revelador. En él se le anunció la llegada de Shams a la ciudad y el lugar exacto en el que estaría alojado. Cuando despertó, Rûmî se dirigió al caravasar sin pensárselo dos veces. Al llegar, la mirada de Rûmî se topó con la de Shams, y al punto comprendió que la persona que se le había predicho en su sueño era él. Sin embargo, no dijo nada y fue a sentarse en silencio junto a aquel forastero. Así estuvieron unos minutos, hasta que, por fin, Shams le espetó sin más: «¿Quién es superior, el profeta Muhammad o Al-Bistâmî?».[2] Estupefacto, Rûmî contestó: «¿Qué clase de pregunta es esa? Por supuesto, el profeta Muhammad es superior».

1. Aflâkî da cuenta del encuentro entre Shams y Rûmî en el capítulo tercero de su *Manâqib al-'ârifîn (Las proezas de los conocedores de Dios)*, el más extenso de todos con diferencia, lo que subraya la enorme trascendencia de dicho acontecimiento.
2. Acerca de al-Bistâmî, véase *supra*, p. 86.

Shams volvió a la carga: «Si es superior el profeta Muhammad, ¿por qué dijo entonces: "¡Eres sublime, Señor! No te hemos conocido como Tú mereces ser conocido", mientras que Al-Bistâmî afirmó: "¡Soy sublime! ¡Gloria a mí! ¡Cuán elevada es mi dignidad! Soy el Sultán de los Sultanes?"». Rûmî no se arredró ante aquella difícil pregunta y contestó: «El profeta Muhammad se elevaba setenta niveles cada día. Y cada vez que ascendía a un nivel superior, se avergonzaba de su anterior nivel y pedía perdón por ello. Por su parte, la sed de Al-Bistâmî quedó saciada con un solo sorbo de agua y ahí se paró. Su recipiente pronto se vio repleto. De ahí sus palabras. Sin embargo, la búsqueda del profeta Muhammad no se detuvo jamás, puesto que su sed fue infinita, siempre anhelando más y más. De ahí sus palabras».[3] Tras oír aquella respuesta tan sagaz, Shams, embargado por la emoción, se levantó y lo abrazó efusivamente. Ambos sintieron el efluvio de una fuerza inhabitual.

Según otra versión, Rûmî se hallaba un día con un grupo de discípulos en el patio de una de las medersas en las que acostumbraba a enseñar, cuando irrumpió Shams en la escena inquiriéndole algo a propósito de lo que Rûmî estaba explicando. Este, al ver el aspecto un tanto desastrado de aquel derviche, lo tomó por un simple vagabundo y con cierto aire de superioridad le espetó: «¡Qué sabrás tú de esto!». En ese momento, Shams tomó todos los libros que Rûmî tenía consigo y los arrojó a la alberca de la medersa. Rûmî gritó horrorizado. Viendo su reacción, Shams repescó un libro de la alberca, uno solo. Era el *Asrâr-nâma* que Farîd al-Dîn 'Attâr le había regalado a su padre años atrás cuando lo visitaron en la ciudad de Nishapur. Sin embargo, al percatarse de que el libro estaba totalmente seco, como si el agua ni lo hubiera rozado, quiso saber cómo había conseguido aquel hombre realizar lo que sin duda parecía un milagro. Shams le pagó entonces con su misma

---

3. Aflâkî, *The Feats of the Knowers of God (Manâqib al-'ârifîn)*, Leiden, Brill, 2002, p. 64.

moneda: «¡Qué sabrás tú de esto!». En otras versiones, Shams no arroja los libros de Rûmî al agua sino al fuego y el libro rescatado es el *Ma'ârif* de su padre Bahâ' al-Dîn Walad. En cualquier caso, ya se trate de una u otra versión, lo que perseguía Shams con aquel gesto era hacerle comprender a Rûmî que el despertar espiritual no se obtiene jamás mediante la erudición, algo que marcaría su vida para siempre. Años más tarde, Rûmî diría que «el libro del sufí no está compuesto ni de tinta ni de letras; no es otra cosa que un corazón blanco como la nieve» (M II, 159).

Tras este encuentro se podía intuir fácilmente que Rûmî se hallaba en la víspera de algo crucial. La chispa que prendió el fuego definitivo se remonta a dicho episodio. El cruce con Shams, uno de los acontecimientos más vibrantes de la historia de la espiritualidad islámica, se convirtió en un vértice decisivo de su biografía. Marca el acto de nacimiento de Rûmî tal como ha pasado a la posteridad. Ese día comienza verdaderamente su historia. El encuentro con aquel derviche errante de verbo fogoso y maneras asilvestradas, acento áspero y rudo, lleno de malhumor elocuente, e indiferente a su reputación, tuvo efectos devastadores sobre la plácida vida de ese hombre religioso con inclinaciones espirituales. Él mismo explica las consecuencias que tuvo el encuentro con Shams:

> Mi mano ha sostenido siempre un Corán,
> pero ahora alza la copa del amor.
> Mi boca repleta estaba de alabanzas,
> pero ahora solo recita poesía y canta una sola canción.[4]

Parece imposible atravesar el espesor de las incógnitas que rodean a la figura controvertida de ese poderoso transgresor que

---

4. Citado en William C. Chittick, «Rumi and the Mawlawwiyah», en Seyyed Hossein Nasr (ed.), *Islamic Spirituality: Manifestations*, Nueva York, Crossroad, 1991, p. 107.

fue Shams, de quien se ha ignorado casi todo hasta hace poco, lo cual ha conducido a equívocos y excesos interpretativos durante mucho tiempo. Porque el descubrimiento de su verdadera personalidad, a partir de sus propios escritos, ha sido muy reciente. Shams es una de las figuras más enigmáticas de la historia del sufismo. Gracias a él, Rûmî descubrió una manera totalmente distinta de comprender la religión y, en consecuencia, de vivirla. Rûmî denominó *mazhab-i ʿishq*, la «senda de la pasión amorosa», a ese nuevo camino que tomó de la mano de Shams; un camino al límite, transitado con valentía, consciente de que la vida siempre comporta riesgo y, por ende, escalofrío: «¡Oh, buscador de seguridad! Eres débil» (M II, 1375). Sin embargo, esto no significa que Rûmî echara por la borda su pasado o que rompiera con él o, mucho menos aún, que lo maldijera. En definitiva, el tiempo previo a la llegada de Shams fueron años preparatorios para recibir como tierra seca la lluvia divina, para acoger en su ser un tanto sombrío la irrupción de ese sol oriundo de Tabriz llamado Shams.

Todo ello explica la posición de troncalidad que Shams ocupa en la vida de Rûmî. Él fue el verdadero catalizador de la transmutación radical que convirtió al cabal alfaquí y recatado maestro sufí por aquel entonces en un poeta embriagado, un derviche giróvago y un fiel de amor. Para Rûmî, la irrupción en su vida de aquel derviche impredecible, con su filosofía espiritual del amor incondicional, significó un nuevo alumbramiento, o como dicen algunos, un verdadero renacimiento. El propio Rûmî lo expresa así:

Estaba muerto y me hice vivo; era llanto y me hice sonrisa.
El reino del amor llegó y mi reino se hizo infinito.

(DS 1393)

Quemándose bajo el sol de Shams

Tras aquel primer encuentro en el caravasar de los azucareros, Rûmî se llevó a Shams a casa de Salâh al-Dîn Zarkûbî (m. 1258), un humilde orfebre, antiguo alumno de Burhân al-Dîn Muhaqqiq, antes incluso de haber conocido a Rûmî. Salâh al-Dîn les abrió las puertas de su hogar de par en par, acogiéndolos durante, aproximadamente, tres meses. Aquel viejo orfebre, hombre fiel y servicial como pocos, cobraría un protagonismo muy especial en la vida de Rûmî más adelante, tras la desaparición definitiva de Shams. Pero ya llegaremos a ese punto. El tiempo que permanecieron juntos, encerrados en una estancia de aquella casa, Shams y Rûmî vivieron en un régimen de cuasi reclusión. Únicamente recibían la visita puntual de la esposa de Rûmî y de su hijo Sultân Walad. A todo el mundo le sorprendió aquella rápida avenencia, la comunión tan especial que se estableció entre ambos. Durante esos meses, Rûmî suspendió sus quehaceres habituales, en especial las actividades con sus discípulos, lo cual causó una enorme inquietud. Muy pronto, comenzaron las habladurías y los recelos no solo de las autoridades religiosas de la ciudad, sino también de buena parte de los propios alumnos y discípulos de Rûmî. Todo el mundo estaba profundamente desconcertado en Konya.

Durante aquellos tres meses de retiro, Shams compartió con Rûmî todo su universo interior, sin escatimar nada. Igualmente, lo inició en prácticas que este conocía solo de oídas, como la danza derviche del giro, que cristalizaría más tarde en el ritual del *samâ'*, verdadera seña de identidad del sufismo *mawlawî*. Sin embargo, no todo fueron ejercicios o palabras, también hubo un tiempo para el ayuno, el silencio y la mirada. Y es que quien no es capaz de comprender un silencio o una mirada, tampoco entiende una larga explicación. El amor superlativo que experimentaron Shams y Rûmî es vecino del silencio, más que del discurso. Shams le enseñó a mirar y a escuchar más allá de la apariencia formal de las cosas, lo cual supuso dejar de vivir en la corteza de la realidad. Porque hasta entonces sus oídos oían sin escuchar y sus ojos apenas veían nada. Le enseñó a activar y utilizar eso que los sabios sufíes llaman sentidos interiores. Así, Rûmî comenzó poco a poco a ver con el ojo del corazón *('ayn al-qalb)*, que es la vista de los sufíes. La relación entre ambos que se estableció desde el inicio fue única. *Ham-damî*, «compartir el mismo aliento» en persa, es la expresión que mejor la define. Así es como el propio Rûmî se refería a ella. Una relación *ham-damî* comporta una verdadera comunión de almas más allá de las palabras entre quienes hablan un mismo idioma, la lengua de los estados interiores *(zabân-i hâl)*, que es muda elocuencia.

Transcurridos esos primeros tres meses de retiro, Shams y Rûmî se mudaron a la Medersa Jodâvandgâr en la que Rûmî impartía enseñanza y, al mismo tiempo, residía. En ella emprendieron un nuevo retiro, esta vez de seis meses, para enojo de todos, pero principalmente de sus alumnos y discípulos, que sintieron como si aquel forastero les hubiera robado a su maestro. Las envidias enrarecieron el ambiente, mientras la animadversión contra Shams, a quien se le culpaba de todo, iba en aumento. La actitud beligerante de buena parte de sus discípulos, que no aceptaron que alguien de la categoría de Rûmî se entregara en cuerpo y alma a aquel desconocido, puso de manifiesto los aspectos más perniciosos de la relación entre el maestro y el discípulo cuando esta se degrada. Toda la inquina de la gente, cada vez más indisimulada, fue a parar contra Shams, a quien consideraban inferior en todo a Rûmî. Nadie podía explicarse qué había visto este en aquel viejo derviche de Tabriz. Tras haber sido abducido literalmente por la personalidad arrolladora de Shams, Rûmî cerró una etapa de su vida para abrir otra muy diferente. A nadie se le escapaba que aquel Rûmî que se pasaba las horas junto a Shams en la azotea de la medersa no era el mismo de antes. Ni siquiera el propio Rûmî podía negar aquella evidencia. Algo sustancial había cambiado en él, y no parecía que

estuviese dispuesto a dar marcha atrás, como le exigían algunos.
No quería y tampoco podía hacerlo. Así explica el propio Rûmî
el paso de Shams por su vida:

> Yo pertenecía al país de los sobrios ascetas.
> Acostumbraba a enseñar desde el almimbar,
> pero el destino quiso hacer de mí un fiel de amor
> que bate palmas por Él.

(DS 22874)

> Siempre tenía yo un Corán en las manos,
> pero ahora no sostengo más que el tarro de las esencias del amor
>   divino.
> Antes, no ocupaba mi boca otra cosa que el recuerdo de Dios,
> pero ahora solo proclamo poemas y canciones.

(DS 24875-24876)

> La pasión por el Amado divino
> me condujo lejos de la erudición y de la recitación coránica,
> hasta convertirme en el loco que ahora soy.
> Seguí el sendero de la oración y la mezquita
> con toda sinceridad y coraje.
> Me vestí con las ropas del ascetismo
> para incrementar mis buenas acciones.
> Pero el amor divino se me presentó entonces en la mezquita y me dijo:
> «¡Oh, gran maestro! Rompe los grilletes de la existencia.
> ¿Por qué permaneces atado a la esterilla de oración?
> Deja que tu corazón tiemble ante mi espada.
> ¿Quieres viajar de la erudición a la visión?
> Entonces, rinde tu cabeza».

(DS 26404-26407)

Sultân Walad, que vivió como pocos la profunda metamorfosis de su padre, sin despegarse ni un solo momento de él, plasmó todo ello en los siguientes versos:

El maestro [Rûmî], que era un docto muftí, por amor llegó a ser poeta.
Se convirtió en un embriagado, él que había sido un devoto, pero no por el vino de la uva. Su alma luminosa no había bebido más vino que el de la luz [...].
Pasaba noche y día danzando. Giraba sobre la tierra como lo hace la rueda del cielo.
Sus gritos y gemidos ascendían a lo más alto del firmamento. Las personas mayores y los pequeños oían sus quejidos.
Repartía plata y oro entre los trovadores [...]. Ni un solo instante permanecía sin música, sin danza.
Así estaba, noche y día, sin reposo, hasta que los cantores se quedaban sin voz.[5]

Mientras llevaban a cabo su segundo y más largo retiro espiritual, Shams y Rûmî se vieron arropados y protegidos por un círculo íntimo de personas que confiaron en ellos desde el primer momento y en lo que estaba gestándose a su alrededor, aun sin saber a ciencia cierta qué se traían entre manos aquellos dos hombres y a dónde conducía todo ello. Todos tuvieron que lidiar con la oposición cada vez más hostil de quienes no veían con buenos ojos la presencia perturbadora de Shams en Konya y, menos aún, al lado de Rûmî. Para colmo, se rumoreaba que aquel derviche errante era bebedor de vino. Los íntimos de Rûmî, sus incondicionales, eran el orfebre Salâh al-Dîn Zarkûbî, Sultân Walad, cuya lealtad filial se mantuvo imperturbable hasta el final, Husâm

5. Sultân Walad, *La parole secrète. L'enseignement du maître soufi Rûmî*, Chatillon sous Bagneux, Le Rocher, 1988, pp. 89, 95 y 96.

al-Dîn Çelebî, que a pesar de su juventud —tenía tan solo 19 años— se había ganado la confianza de todos, incluido el propio Rûmî, y, por último, su esposa Kirrâ Jâtûn, una mujer que supo estar al lado de su esposo en todo momento y circunstancia, lo cual no fue nada fácil para ella, porque no era sencillo estar al lado de un hombre como Rûmî.

Mientras tanto, la vida política en Konya transcurría con una relativa calma, a pesar de las noticias inquietantes que llegaban del este, acerca del expansionismo devastador de los mongoles, quienes iban dejando a su paso un reguero de muerte y destrucción sin parangón. El sultán 'Alâ' al-Dîn Kay Qubâd I, que había sido el protector de Bahâ' al-Dîn Walad, un ejemplo notable de gobernante cultivado, promotor de las artes y la religión, murió en 1237, algunos dicen que envenenado por su sucesor Giyâz al-Dîn Kay Jusrow II. Este, amante de la buena vida y de los excesos y menos dado a las cosas del espíritu que su predecesor, contrajo matrimonio, en segundas nupcias, con la joven princesa georgiana Gurjî Jâtûn, quien acabaría siendo una de las discípulas más fervientes de Rûmî.

En Siria, la primera ocultación del sol de Shams

Un hecho trascendental en la vibrante relación iniciada entre Shams y Rûmî tuvo lugar pocos días antes del *nowrûz*, el año nuevo persa coincidente con el solsticio de primavera. Corría el año 1246, cuando Shams desapareció de Konya súbitamente. Habían transcurrido apenas dieciocho meses desde su llegada a la ciudad. Esos dieciocho primeros meses junto a Shams marcarían el punto de inflexión en la vida de Rûmî. Nada volvería a ser igual para él tras ese tiempo de comunión con Shams. De ahí el enorme valor simbólico que el número 18 posee en Rûmî y, por ende, en el posterior sufismo *mawlawî*, algunas de cuyas prácticas espirituales estarán determinadas por dicha cifra. Para Rûmî, el número 18

remite, en primer lugar, al número de versos del *Nay-nâma*, el
«Canto del *ney*», proemio del *Maznawî* en el que se condensa
toda su filosofía espiritual. Igualmente, el número 18 posee una
clara dimensión cosmológica. La suma de los distintos cielos o
esferas celestes, los cuatro elementos fundamentales (agua, aire,
fuego, tierra) y los distintos reinos de la naturaleza, más *al-haqiqat
al-muhammadiyya*, esto es, la «realidad preeterna del profeta Muhammad», concebida como primera individuación o emanación
divina, equivale a dieciocho. En resumen, para Rûmî el número
18 simboliza la plenitud del cosmos.[6] También la iniciación en la
fraternidad *mawlawî* estaba toda ella marcada por el número 18,
un número sagrado:

> Todo aquel que anhela convertirse en un derviche *mawlawî* tiene
> que servir durante dieciocho días en el *tekke* [lugar de encuentro
> sufí] como un sirviente y aprender las dieciocho diferentes for-
> mas de servicio en la cocina. Una vez se han completado los mil y
> un días de preparación, el aspirante es conducido con un candelabro
> de dieciocho brazos dentro de su nueva celda, donde se entregará a
> la meditación durante dieciocho días.[7]

En resumen, los dieciocho versos introductorios del *Maznawî* son
el correlato simbólico de los primeros dieciocho meses pasados
por Rûmî junto a Shams en Konya, tanto si dicha cifra fue una
elección premeditada por parte del propio Rûmî, a fin de evocar el
recuerdo indeleble de su mentor espiritual, como si fue obra de sus
hagiógrafos para hacer coincidir ambas circunstancias, el pórtico
del *Maznawî* y la primera etapa de la estancia de Shams en Konya
junto a Rûmî.

6. Cf. Abdûlbâki Gölpı, *Mevlevî Âdâb ve Erkânı*, Estambul, Inkılâp, 2006,
p. 46.
7. Annemarie Schimmel, *The Triumphal Sun. A Study of the Works of Jalāloddin
Rumi*, Albany (NY), SUNY, 1993, p. 223.

El caso es que Shams abandonó Konya rumbo a Siria, huyendo, en parte, del clima de antipatía generalizada que se había fraguado en torno a él, aunque el motivo principal de su marcha fue otro, como veremos seguidamente. La partida repentina de Shams, el ocultamiento de aquel sol venido de Tabriz, dejó completamente a oscuras a Rûmî, en una situación de tal desconcierto que sucumbió a la desesperación. Consumido por la nostalgia, cayó presa del abatimiento. No hallaba consuelo en nada ni en nadie. Rûmî, espíritu devastado, pájaro solitario entre ruinas, llegó al punto exacto en el que la razón de ser pierde pie y ya no tiene contacto con la vida. Cuentan que no dormía, que no probaba bocado:

¿Acaso duerme alguna vez el enamorado? No, jamás.
El sueño se acerca a él, lo mira y con las mismas se va.

(DS 1444)

Ausente Shams, Rûmî se sintió desamparado y perdido. Una tremenda sensación de fracaso se apoderó de él. Pero quienes pensaban que sin Shams volvería a ser el de siempre se equivocaron por completo. Su único deseo era que el sol de Shams volviese a brillar sobre Konya y a iluminar su vida como antes, porque sin su presencia luminosa todo carecía de sentido para él:

Sin tu presencia el *samâ'* ha sido declarado prohibido.
Montones de piedras caen sobre el alegre músico como si fuese Satán.[8]
Ningún *gazal* ha sido compuesto durante tu ausencia,
hasta que llegó a mí tu noble misiva.
El gozo de escuchar la música de las palabras en ella escritas
cristalizó en cinco o seis poemas.

---

8. Recrea uno de los actos simbólicos que tiene lugar durante la peregrinación ritual *(hayy)* a La Meca, consistente en lanzar siete guijarros contra tres pilares de piedra que representan a Satán.

Acaba ya de una vez con nuestra oscuridad iluminándonos con tu luz,
¡oh, tú, orgullo de Siria, de Armenia y de todo el territorio de Rûm.

(DS 1760)

Fue entonces cuando afloró el poeta que Rûmî llevaba tiempo
incubando en su interior. Solo hizo falta el detonante preciso para
que acabara de salir a la luz. Aunque buen lector y amante de la
poesía tanto árabe como persa, hasta ese momento Rûmî no sintió
el impulso de escribir, algo, por otro lado, que llama poderosamente la atención. Sorprende, en efecto, una vocación tan tardía en
quien sería a la postre uno de los mayores poetas en lengua persa,
cumbre de la poesía sufí y voz indispensable de la literatura mística
universal. También en ese tiempo fue cuando Rûmî comenzó a
entregarse a la práctica constante del *samâ'* o danza derviche del
giro. Poesía y danza están estrechamente vinculadas en Rûmî al
dolor de la separación y la nostalgia.

En sus primeras composiciones poéticas, Rûmî seguirá la estela
dejada por su admirado Al-Mutanabbî, quien en su poesía pane-
gírica ensalza al sultán, comparándolo con el astro rey. Pues bien,
Rûmî no hará otra cosa que trasladar a Shams dichas imágenes
encomiásticas. En otras palabras, adaptará a la figura de Shams
todos los tropos poéticos que ha ido asimilando de sus poetas
preferidos. Por otro lado, adoptará como lenguas de expresión
poética, en primer lugar, el persa, evidentemente, en tanto lengua
materna, y el árabe, en menor medida, aunque de forma muy
significativa. Rûmî utilizará la lengua árabe —que, a diferencia de
su padre, dominaba a la perfección— a la hora de referir fechas
concretas y de describir acontecimientos relevantes para él, como
cuando menciona la fecha exacta de esta primera marcha de Shams
a Siria. Es como si tratara de subrayar la importancia de los hechos
mediante el uso del árabe.

Según Aflâkî, Shams tuvo noticia en Siria del estado lastimoso
en el que se hallaba Rûmî y, conmovido, le envió una misiva en

la que trataba de calmarlo, diciéndole que no se sintiera solo y que lo tenía presente en sus oraciones. En los anteriores versos que hemos dado, Rûmî hace mención a dicha misiva. Una vez leído ese mensaje lenitivo y cargado de esperanza, Rûmî envió de inmediato a su hijo Sultân Walad, que tenía a la sazón 20 años, a buscarlo por todo Damasco y convencerlo de que regresara de nuevo a Konya. Algunas fuentes indican que era en Alepo, en verdad, donde Shams se encontraba. Otras apuntan que, en realidad, fueron dos los viajes que realizó Sultân Walad en busca de Shams, uno a Alepo y otro a Damasco. Por aquel entonces, Rûmî tuvo un sueño revelador. En él se le mostró con todo lujo de detalles en qué parte de la ciudad de Damasco se encontraba Shams. Y así se lo hizo saber a Sultân Walad, encargado de ir a su encuentro y traerlo de vuelta a Konya. Se trataba de un conocido caravasar situado en el barrio de Sâlihiyya, al pie del monte sagrado de Qâsiyûn, donde Shams acostumbraba a jugar al *backgammon*. No fue casual que Shams se hallara en dicho barrio de Damasco. Era —y aún lo es hoy en día— un lugar con superabundancia de simbolismo espiritual, en el que residieron y enseñaron desde antaño importantes sabios y maestros sufíes, algunos de ellos enterrados allí mismo, como Ibn ʿArabî de Murcia.

El joven Sultân Walad partió hacia Siria acompañado de veinte compañeros más con una clara misión expresada en verso por el propio Rûmî tal como sigue:

> ¡Oh compañeros, id y traedme a mi amado! Traedme a mi amado fugitivo.
> Seducidlo con dulces melodías y regalos de oro. Traed a casa a ese cuyo rostro es una luna llena.
> Pero si os promete que vendrá pronto, posiblemente os esté mintiendo, ya que todas sus promesas no son más que tretas.

(DS 163)

Sultân Walad llevaba consigo una larga carta en verso de su padre dirigida a Shams en la que se disculpaba por el trato vejatorio que le habían dispensado sus discípulos y alumnos, al tiempo que le imploraba que regresara de inmediato, porque, según él, todo había cambiado para bien. De hecho, los veinte acompañantes de Sultân Walad, entre ellos algunos de sus antiguos detractores, le pidieron perdón públicamente y se arrepintieron de sus malas acciones. La carta contenía algunos de los poemas que Rûmî había escrito durante ese tiempo de ausencia y separación, como el siguiente:

¡Oh tú, luz de mi corazón, vuelve! ¡Oh tú, mi única meta y deseo, vuelve!
Sabes bien que mi vida está en tus manos. ¡No maltrates más a este tu fiel amante y vuelve!

(DS 1364)

Rûmî quería que Sultân Walad le hiciese ver a Shams que el arrepentimiento de aquellos que antes le habían denostado era real. Más tarde, sin embargo, se demostraría todo lo contrario. Su acto de contrición fue meramente verbal. ¿Pecó Rûmî, tal vez, de ingenuo? ¿Acaso le pudo su deseo de reunirse de nuevo con Shams? Lo cierto es que los hechos probaron lo difícil que es cambiarse a sí mismo de verdad. Finalmente, Sultân Walad dio con el paradero de Shams. Al verse, ambos se fundieron en un largo abrazo. Aflâkî refiere que Shams, visiblemente emocionado, besó varias veces seguidas al joven Sultân Walad, que acabó postrado a los pies del maestro. Las primeras palabras que pronunció Shams fueron para interesarse por Rûmî. Tras todo un largo año de ausencia, necesitaba saber cómo se encontraba su compañero espiritual. Sultân Walad le informó acerca de la situación en Konya, mucho más calmada ya, así como del estado de profundo abatimiento en el que se hallaba sumido su padre. Tras convencerlo para que regresara a Konya con él, no tardaron mucho en ponerse en marcha. Todo había resultado bastante fácil, entre otras cosas porque Shams era consciente de que tenía que volver junto a Rûmî, ya que su tarea aún no estaba completada del todo. Desde Damasco, tenían por delante casi mil kilómetros a caballo, que recorrieron en poco más de un mes. Aflâkî nos dice que faltaba una montura en la expedición, con lo que Shams le ofreció a Sultân Walad hacer el viaje juntos a lomos del mismo caballo. Sin embargo, este rehusó el ofrecimiento y realizó todo el trayecto a pie. En modo alguno podía aceptar el joven Sultân Walad, educado escrupulosamente en el *adab* sufí, viajar al mismo nivel que el maestro.

La ocultación voluntaria de Shams en Siria, su primera ausencia de Konya, estaba tocando a su fin. El motivo aparente de su marcha fue la animadversión de buena parte de los discípulos de Rûmî, celosos ante el poderoso ascendiente que aquel derviche errante ejercía sobre su guía espiritual. Tenían la sensación de que Shams les había robado al Rûmî de siempre. De hecho, el propio Shams, que exigía una absoluta exclusividad a quien se acercara a él buscando su conocimiento, consideraba que «lo que prueba que una persona ha establecido una relación real de profundo compañerismo espiritual conmigo es que la relación con otras personas se vuelve para él fría y amarga».[9] Sin embargo, existe una razón mucho más profunda de su repentina partida de Konya que el propio Shams desvela en su *Maqâlât*, suerte de escritos autobiográficos.[10] Shams alude a motivos estrictamente pedagógicos. Parecería como si hubiese sido preciso que Rûmî viviera la experiencia dolorosa de la separación, a fin de alcanzar la madurez del amor. Según Shams, el dolor de la separación constituía toda una propedéutica para el verdadero amor, algo que andando el tiempo se convertiría en el corazón de la filosofía espiritual de Rûmî. Para este, todo da comienzo a partir

9. Aflâkî, *The Feats of the Knowers of God...*, *op. cit.*, p. 455.
10. Shams-i Tabrîzî, *Me and Rumi. The Autobiography of Shams-i Tabrizi*, Louisville, Fons Vitae, 2004, pp. 179 ss.

de la consciencia de la pérdida y el dolor de la separación. La ecuación dolor/gozo, que también se podría formular como ausencia/presencia, está en la raíz misma del sentir profundo de Rûmî. Se ama desde el dolor y la distancia que impone toda separación. La existencia es una suerte de exilio. De ahí que el *pathos* de Rûmî, su pasión y su padecimiento, sea la nostalgia, entendida aquí en el sentido puramente etimológico de la palabra griega, es decir, como «algia» —o dolor— del retorno. Según Sultân Walad, «la ciencia de los corazones está oculta en la nostalgia».[11]

Shams vuelve a lucir en Konya

Shams pisó nuevamente las calles de Konya alrededor del mes de abril de 1247. Había transcurrido poco más de un año desde su partida. La luz refulgente de aquel viejo derviche volvía a brillar en Konya y a iluminar el corazón de Rûmî. Shams fue recibido con música y toda clase de honores, a las afueras de Konya, por un Rûmî embargado por la emoción, a quien acompañaban dignatarios y personajes notables de la ciudad. También había un nutrido grupo de discípulos, entre ellos algunos de los que meses antes le habían vuelto la espalda. Muy significativa fue la ausencia de 'Alâ' al-Dîn, el hijo menor de Rûmî, que jamás había congeniado con Shams. Es más, su relación, ya de por sí maltrecha, se fue deteriorando aún más tras el regreso de aquel. Lo primero que hizo Shams, antes incluso de desmontar y fundirse en un abrazo infinito con Rûmî, fue elogiar al joven Sultân Walad delante de su padre y de todos los presentes por la misión que había realizado y la manera impecable de llevarla a cabo. Evidentemente, Sultân Walad fue a Siria por amor a su padre, que vivía entonces en un profundo desconsuelo, pero también porque había entrevisto la

11. Sultân Walad, *La parole secrète...*, *op. cit.*, p. 119.

grandeza de Shams y su verdad. Ni que decir tiene que Sultân Walad era la niña de los ojos de Rûmî, algo que ya desde hacía un tiempo incomodaba a 'Alâ' al-Dîn.

Tras los elogios a Sultân Walad, Shams y Rûmî se abrazaron como solo ellos eran capaces de hacer. Los dos mares del espíritu volvían a confluir para retomar la marcha allí donde la habían suspendido un año antes. Aún les quedaba un buen trecho por recorrer juntos. Rûmî quiso honrar la presencia de Shams nuevamente en la ciudad organizando una larga sesión de *samâ*'. La intensidad emocional del encuentro, que se prolongó durante horas, fue muy alta. Tras aquel recibimiento, Shams comenzó a ofrecer algunas charlas espirituales en la Medersa Jodâvandgâr. Al mismo tiempo, Rûmî y él reanudaron su particular forma de compañerismo espiritual, sus retiros y sus ayunos, sus veladas interminables, y lo hicieron, si cabe, con mucho más entusiasmo que al principio. Aparentemente, las cosas parecían haber vuelto a la normalidad, pero no fue así. Shams se percató al punto del fingimiento de quienes un año antes lo habían vituperado. Muy pronto, comenzaron otra vez las suspicacias y las envidias, y los rumores en contra de Shams se propagaron nuevamente. Además, esta vez todo fue mucho más violento que antes.

En los albores del invierno de 1247, tuvo lugar un hecho inesperado que vino a complicar aún más las cosas. Shams, que rondaba por entonces los 62 años, le pidió a Rûmî la mano de Kimiâ, una joven sirvienta, bella y recatada, según la describe Sipahsâlâr, que había crecido desde niña con Rûmî y los suyos. De hecho, era una más de la familia. Para Rûmî, que recibió la petición de Shams con gran júbilo, Kimiâ era como una hija adoptiva. A muchos les sorprendió aquella decisión de Shams. Resultaba cuando menos paradójico que un hombre como él, apodado en su Tabriz natal «Paranda», es decir, «Pájaro volador», en alusión a su alto sentido de la libertad, quisiera ligarse en matrimonio. Tal vez era la edad y cierta necesidad de echar raíces en algún sitio. Pero ¿era compatible el fuerte temperamento de Shams y su afán de libertad con las exigencias de la vida conyugal? El caso es que Rûmî estaba exultante, ya que aquel enlace serviría para estrechar aún más los lazos con Shams, que pasaría a ser uno más de la familia. Sin embargo, más allá del júbilo inicial, Rûmî se daría cuenta enseguida de que aquella decisión de Shams, que desencadenaría toda una tormenta en la familia, era en verdad una prueba más, tal vez la más exigente, de cuantas Shams le había planteado desde su primer encuentro.

Presumiblemente, el enlace matrimonial tuvo lugar entre los meses de noviembre y diciembre de 1247. Shams y su flamante esposa Kimiâ pasaron a ocupar una de las pequeñas estancias de la parte residencial adyacente a la Medersa Jodâvandgâr ocupada por la familia de Rûmî. Para Shams, hombre muy celoso de su intimidad, aquello supuso perder cierta privacidad. Para colmo, se vio obligado a compartir el mismo espacio que 'Alâ' al-Dîn, lo cual generó no pocos problemas. 'Alâ' al-Dîn, que tenía por aquel entonces unos 23 años, jamás pudo asimilar la enorme influencia que Shams había ejercido sobre su padre durante todo aquel tiempo. El joven culpaba a Shams de que su padre hubiese abandonado a sus alumnos y descuidado sus obligaciones familiares. De ahí que aceptara de mal grado las, según él, intromisiones de Shams en su vida. Este había llegado hasta el punto de censurarle su afición al ajedrez, su pasatiempo favorito, porque creía que le alejaba de sus estudios y de su vocación religiosa. En ausencia de Rûmî, 'Alâ' al-Dîn, de quien Sipahsâlâr dice que era un verdadero tesoro dada su belleza, su amabilidad, su conocimiento y su intelecto, se había hecho cargo de una parte sustancial de la enseñanza ofrecida en la medersa, lo cual le había permitido rodearse de un nutrido grupo de seguidores. Siguiendo la estela de su abuelo paterno Bahâ' al-Dîn Walad, 'Alâ' al-Dîn trataba de alejarse cuanto podía del poderoso influjo ejercido por Shams, quien, gracias a su fuerte personalidad y a su enorme capacidad de seducción, había conseguido imponer sus criterios en la medersa, para escándalo de unos, envidia de otros e incomprensión de todos; y todo ello, por supuesto, con la aquiescencia de Rûmî.

La antipatía que 'Alâ' al-Dîn sentía por Shams se vio agravada a causa de la joven Kimiâ, ahora esposa del viejo derviche. Hay quien dice que el joven estaba enamorado de ella y anhelaba desposarla, razón por la cual su aversión hacia Shams creció por momentos. Aquel intruso no solo le había robado a su padre, con quien acabó enemistado, sino también a su amor. Lo cierto es que la presencia de Shams en aquel espacio familiar provocó que 'Alâ' al-Dîn se sintiera desplazado en su propio hogar. El joven no se calló e hizo público su malestar, lo cual acrecentó el rechazo, ahora generalizado, a Shams, ya que casi todo el mundo en Konya se puso del lado de 'Alâ' al-Dîn. Para complicar aún más las cosas, la joven Kimiâ murió por entonces en extrañas circunstancias. Un día, salió a pasear con el resto de mujeres y chicas de la casa —Aflâkî subraya que sin el permiso de Shams— y cuando regresó comenzó a sentirse mal, hasta acabar muriendo al cabo de unas horas. Quienes odiaban a Shams comenzaron a lanzar al viento toda clase de infundios. No faltaron incluso quienes lo acusaron de ser el responsable de la muerte de su esposa. Le culpaban de haberle realizado un maleficio mortal a Kimiâ porque esta había traicionado su confianza. Lo cierto es que aquel hecho trágico lo empeoró todo aún más. Hasta donde sabemos, Rûmî nada dijo en público a propósito de la muerte repentina de la joven, pero la situación debió de ser dramática.

Sin Kimiâ a su lado y con 'Alâ' al-Dîn consumido por la ira y los celos, Shams abandonó aquel espacio en el que jamás se había sentido cómodo. Así fue como regresó a su anterior estancia, junto al pórtico de la Medersa Jodâvandgâr, un lugar conocido como la «Morada del amigo de Jidr», en alusión al guía de Moisés mencionado en el Corán,[12] al que nos referiremos más adelante por su

12. Cf. Corán 18, 60-82.

paralelismo con Shams. Aflâkî señala que fue el propio Rûmî quien escribió dicho nombre en la puerta de la estancia de Shams con tinta roja, su color predilecto, el color de Shams: «El color rojo es el mejor de los colores. Proviene del Sol [Shams] y a partir de él nos llega» (M II, 1099). La nueva estancia era un lugar demasiado expuesto y arriesgado. De hecho, sufrió algunos intentos de asalto y desalojo, tras los cuales bien pudo haber estado ʿAlâʾ al-Dîn, quien supo convencer a las autoridades religiosas que conocía para que acosaran a Shams con el fin de que abandonara Konya.

Sin embargo, a pesar del clima hostil que se vivía en la ciudad, Shams y Rûmî no abandonaron ni un solo instante la tarea espiritual que se habían propuesto, que tenía que ver con la experiencia del amor a Dios, un amor superlativo, especie de «sobreamor» que consume al ser humano no sin causarle dolor. Dicha concepción del amor hunde sus raíces en la vieja tradición del llamado sufismo amoroso persa, encarnado entre otros por el hermano pequeño del gran teólogo y místico sufí Abû Hâmid al-Gazzâlî, Ahmad al-Gazzâlî (m. 1125), para quien «el amor es un devorador de personas que engulle al ser humano sin dejar nada».[13] Así pues, el amor que Shams le hizo probar a Rûmî fue un amor que dolía. Y es que jamás se está tan indefenso ante el dolor como cuando se ama. Shams veía en el profeta Muhammad, modelo de perfección humana, la personificación de esa clase de amor que duele, de ahí que dijera: «A la persona que siga los pasos de Muhammad su corazón se le hará añicos»,[14] lo cual evoca el célebre hadiz *qudsî*, tan caro a Rûmî, en el que Dios afirma por boca del Profeta: «Yo estoy con aquellos cuyos corazones se han roto por mi causa». El propio Shams es muy franco a la hora de expresar cómo ama:

---

13. Ahmad al-Gazzâlî, *Sawâneh. Las inspiraciones de los enamorados*, Madrid, Nur, 2005, p. 64.
14. Cf. Aflâkî, *The Feats of the Knowers of God...*, *op. cit.*, p. 460.

Cuando yo amo a alguien, lo poseo con dureza hasta anularlo. Si lo acepta sin rechistar, entonces me entrego a él, convirtiéndome en una pequeña bola entre sus manos. La afabilidad la debes emplear con un niño de 5 años, a fin de que te crea y te ame. Pero, entre adultos, lo que realmente cuenta es la dureza.[15]

El amor no se regala jamás, aunque todo en él sea pura gratuidad. El amor tiene un precio altísimo, la total entrega de uno mismo hasta las últimas consecuencias. La tarea fundamental de Shams, su misión en la vida, consistió en despertar en Rûmî un único deseo: el deseo de amar, aun sabiendo que el amor entraña siempre dolor. Sin embargo, es un dolor el del amor que no causa dolor. Por su parte, Rûmî aceptó como suyo el destino ineludible de todo enamorado: padecer el amor y, en cambio, desearlo ardientemente.

El sol de Shams se ocultó para siempre

Lejos de mejorar, la situación alrededor de Shams fue degradándose, hasta el punto de que su vida comenzó a correr peligro, algo que él, más que el propio Rûmî, sabía. De hecho, Shams fue consciente en todo momento de que el precio de su vuelta a Konya podía ser la muerte, ya que nada había cambiado allí tras su marcha, y aun así asumió su destino sin titubeos regresando junto a Rûmî. Shams sabía que no podía eludir la misión que según él Dios le había encomendado: conducir a Rûmî a través de la senda del amor divino, más allá del formalismo religioso y del espiritualismo piadoso del sufismo. Shams había manifestado en todo momento, siempre con su característico lenguaje críptico, que eran dos las cosas que poseía en este mundo: su cabeza y su

15. Shams-i Tabrîzî, *Me and Rumi...*, *op. cit.*, p. 281.

secreto. Su cabeza era la iniciación en la senda del amor, que estaba destinada a Rûmî, mientras que el destinatario de su secreto, esto es, de la transmisión de su enseñanza espiritual, era Sultân Walad, heredero natural del legado espiritual de Rûmî. Sea como fuere, todo parecía indicar que el final estaba cerca.

Lo cierto es que un pequeño grupo de conjurados, la mayoría de ellos discípulos de Rûmî, a cuyo frente muy probablemente se hallaba su hijo 'Alâ' al-Dîn, emprendió acciones intimidatorias contra Shams a fin de obligarlo a abandonar la ciudad. Las calumnias propaladas por aquella partida de difamadores calaron entre las gentes. Afirmaban, por ejemplo, que si Shams ejercía una influencia tan perniciosa sobre Rûmî era gracias a que había conseguido embrujarlo, porque decían que era una suerte de taumaturgo que sometía a las gentes utilizando sus supuestos poderes mágicos. Igualmente, se le recriminaba que era un hombre ávido de dinero, y es cierto que hacía pagar sumas considerables a las personas pudientes que acudían a él en busca de consejo. Pero no lo es menos también que repartía todas sus ganancias entre las numerosas personas necesitadas que había en la ciudad.

La vida de Shams está íntimamente asociada al enigma de su desaparición. De hecho, su periplo vital no se entiende sin su oscuro final, que bien pudo haber sido violento, aunque no se pueda afirmar con rotundidad. El final de Shams constituye la culminación de su destino como hombre y como maestro espiritual. Sin embargo, no existe unanimidad a propósito de las circunstancias concretas de su desaparición de Konya. De hecho, existen diversas versiones sobre lo acaecido. Por ejemplo, Sipahsâlâr refiere que, un día por la mañana, al llegar a la medersa, Rûmî se dirigió a la estancia que ocupaba Shams para saludarlo, como de costumbre, pero no había nadie. Al principio, hubo cierta confusión, dado que no se sabía si Shams había salido de la estancia sin más, si se había marchado de la ciudad como en la anterior ocasión o si había ocurrido algo peor. Rûmî le pidió a

Sultân Walad —¡siempre Sultân Walad!— que lo buscara donde fuera, pero tras un par de días de búsqueda infructuosa Rûmî cayó en el profundo abismo de la desesperación. Sipahsâlâr nos dice que Shams desapareció, y que lo hizo para siempre, pero en modo alguno habla de asesinato.

Por su parte, Aflâkî recoge un par de versiones distintas de los hechos. Ofrece, incluso, dos fechas diferentes: el 14 de marzo de 1246 y el 8 de mayo de 1247. Según la primera versión, atribuida a Sultân Walad, una noche, Shams y Rûmî se hallaban en casa de este último cuando de repente alguien llamó a la puerta. Hay quien insinúa que bien podría haber sido el propio 'Alâ' al-Dîn. En ese momento, Shams, intuyendo lo que sucedería, se dirigió a Rûmî con voz solemne: «Me están convocando a la muerte». Tras una pausa angustiosa, Rûmî balbuceó una aleya coránica: «¡En verdad, Suyos son por entero la creación y el mandato. Bendito sea Dios, el Sustentador de todos los mundos!» (Corán 7, 54). Shams salió de la casa, donde siete personas lo aguardaban agazapadas. Una vez hubo cruzado el umbral de la puerta, se abalanzaron sobre él y lo apuñalaron. Aflâkî refiere que, antes de desplomarse mal herido, Shams profirió un grito aterrador que hizo que sus agresores perdieran el sentido y cayeran desvanecidos. Cuando volvieron en sí, no vieron más que un reguero de sangre en el suelo. Sin embargo, Shams no estaba allí tendido. Había desaparecido para siempre. En la segunda versión, Shams sí pereció tras ser vilmente apuñalado, siendo arrojado su cadáver a un pozo. Aflâkî asevera que Sultân Walad tuvo un sueño en el que se le apareció el mismo Shams para indicarle dónde habían arrojado su cadáver exactamente. Gracias a dicho sueño revelador pudo recuperarse el cadáver de Shams y darle sepultura. Hoy, el sarcófago que contiene sus restos descansa en el interior de una mezquita, no lejos del mausoleo de Rûmî, si bien existen otras supuestas tumbas de Shams en la ciudad pakistaní de Multan, en su Tabriz natal, en Irán, y en Jûî, la más antigua de todas, también en Irán.

Muchas son las dudas que plantea el final de Shams. En primer lugar, cabe preguntarse si marchó de Konya por propia voluntad una vez cumplida su misión o bien lo asesinaron a sangre fría, porque lo cierto es que el propio Shams había afirmado que un día marcharía para siempre de la ciudad sin que nadie pudiera encontrarlo jamás. Así pues, ¿fue Shams raptado o le dieron muerte? ¿Le ayudaron acaso a refugiarse en algún lugar seguro fuera de Konya o bien se ocultó en Damasco, ciudad que conocía como la palma de su mano? Son cuestiones de difícil elucidación. Ni siquiera alguien tan próximo a él como Sultân Walad, ni tampoco Sipahsâlar, discípulo de Rûmî durante unos cuarenta años, mencionan el asesinato de Shams. Por lo tanto, lo más prudente es dar por buenas las versiones coincidentes. Respecto a la versión que afirma que Shams fue asesinado por un grupo de discípulos airados de Rûmî conducidos por su hijo 'Alâ' al-Dîn, la verdad es que carece de fundamento y resulta muy difícil de sostener. Dicha versión, que no pasó del rumor, comenzó a divulgarse a partir de Aflâkî, es decir, unos ochenta años después de la muerte de Rûmî, y cobró éxito más tarde gracias a que figuras relevantes del sufismo la dieron por buena. Pero que alguien tan cercano a Rûmî como su hijo Sultân Walad ni lo mencione siquiera resulta sintomático. Además, este dejó escrita una confesión que le había compartido Shams poco antes, según la cual planeaba abandonar Konya para siempre dada la hostilidad reinante. También es cierto que Sultân Walad pudo haber ocultado el supuesto crimen para no revelar un escándalo familiar que podía haber dañado la imagen de todos.

Sin embargo, la prueba más concluyente que contradice el rumor sobre el asesinato de Shams son los dos viajes que, a lo largo de los dos años siguientes a la desaparición de Shams, emprendió el propio Rûmî a Damasco para dar con su paradero. Resulta cuando menos extraño que, si Shams realmente hubiese perecido asesinado aquella fatídica noche, Rûmî realizara dichos viajes, que sin duda efectuó con la esperanza de hallarlo con vida, lo cual no contradice un hecho cierto: que el clima de animadversión creado contra Shams era insoportable y que se mascaba la tragedia, que, a la postre, no se consumó, dado que Shams abandonó la ciudad. Hay un dato más que merece ser destacado: el papel desempeñado por 'Alâ' al-Dîn. Ya hemos apuntado que su desencuentro con Shams fue total desde el inicio y que se fue agravando con el tiempo. Rûmî lamentó siempre la actitud de su hijo hacia Shams y que no fuese capaz comprender el alcance de su singular relación con aquel derviche extraordinario. En más de una ocasión, Rûmî trató de que su hijo entrara en razón, pero todo fue en vano. La siguiente carta es un magnífico testimonio de la angustia con la que Rûmî vivió tal situación y, en especial, de la actitud de su hijo:

(Para 'Alâ' al-Dîn) Mi querido hijo, niña de mis ojos, gloria de mi descendencia, que Dios ilumine todas tus cosas. Que Dios ayude a tu ser. Acepta de tu piadoso padre sus saludos y oraciones. Pero tienes que saber que estoy enojado por lo siguiente: duermes fuera de tu casa y no consuelas a tu pobre familia, mientras que ella es el asiento de Dios. ¡Por Dios! Para contentar el corazón de tu padre es preciso que te ocupes de tu casa, que la dulcifiques con la dulzura de tu propia naturaleza, a fin de que su gratitud llegue hasta mí [...]. El deseo efímero e infiel no merece que hieras a nadie, ni al corazón de tus amigos. Quiera Dios que el velo del orgullo se descorra lo más rápido posible de los ojos de este hijo mío [...]. La dirección hacia la cual estás conduciendo tu montura no es el agua real, sino un mero espejismo, con lo que la matarás de sed [...]. En resumen, esperamos coraje y nobleza de este hijo nuestro para que no hiera a quienes cuidan de él [...]. Si tú hablas y te comportas como lo haces, es porque tu espíritu está influido por esas gentes. Pero, si tú quieres, puedes apartarte de su pérfida influencia. Tú puedes hacerlo [...].[16]

16. Yalâl al-Dîn Rûmî, *Lettres*, *op. cit.*, p. 60-62.

Pues bien, muerto 'Alâ'a al-Dîn en 1262, esto es, unos quince años después de los acontecimientos que estamos narrando, Rûmî se abstuvo de acudir a su entierro, lo cual prueba la mala relación existente entre padre e hijo, no mitigada por el paso del tiempo. Rûmî necesitó su tiempo para cicatrizar aquella herida abierta durante años y ser capaz de perdonar a 'Alâ' al-Dîn, lo cual sucedió un día, inesperadamente, mientras visitaba la tumba de su padre Bahâ' al-Dîn Walad. Aflâkî nos dice que, tras realizar las oraciones pertinentes y permanecer un buen rato recogido en silencio, Rûmî tuvo una visión que le ayudó a restañar su herida interior y a perdonar a su hijo:

> He visto que en el mundo de lo invisible mi señor Shams al-Dîn ha hecho las paces con 'Alâ' al-Dîn. Él le ha perdonado y, gracias a su intercesión, 'Alâ' al-Dîn forma parte de los que son objeto de la misericordia de Dios.[17]

Tras la desaparición de Shams, verdadero mensajero del amor para Rûmî, la desesperación se apoderó por completo de él. Su dolor era insoportable y solo en el *samâ'* halló en parte remedio. En ese momento, la música y la danza devinieron para él una necesidad biológica. Fue entonces también cuando el Rûmî poeta eclosionó de verdad con toda su fuerza creativa, después de sus primeros tanteos durante la primera ausencia de Shams. En ese momento de extremo dolor, Rûmî halló la voz poética que le acompañaría hasta el final de sus días.

Con todo, Rûmî en modo alguno dio por muerto a Shams. Hasta Konya llegaron algunas noticias confusas según las cuales alguien lo habría visto deambulando por las calles de Damasco. Y hasta Damasco se fue esta vez él mismo en busca de *su* sol, su fuente de luz y de calor. Esto sucedió entre el invierno de 1248 y

---

17. Aflâkî, *The Feats of the Knowers of God…*, *op. cit.*, p. 361.

la primavera de 1249. Fue el primero de los dos viajes que Rûmî efectuó a la capital siria con el objeto de dar con Shams. El segundo viaje lo realizó un año después y permaneció en Damasco varios meses. Poco es lo que sabemos con certeza acerca de esos viajes. Según Sultân Walad, a Rûmî lo acompañó un buen grupo de discípulos. Antes de partir hacia Damasco, dejó al cuidado de todo lo relativo a la Medersa Jodâvandgâr al joven Husâm al-Dîn Çelebî, que contaba por aquel entonces 23 años y que estaba llamado a ocupar un lugar de privilegio en la vida de Rûmî, pero eso sería más tarde. La Damasco que se encontró Rûmî distaba mucho de ser aquella urbe de belleza superlativa, la llamada «ciudad del jazmín», el «paraíso de Oriente», que había conocido, una década antes, en su época estudiante. Damasco, como de hecho todo el territorio sirio, se hallaba entonces sumida en el caos más absoluto, a causa de la guerra desatada contra los cruzados venidos de tierras europeas, que había provocado una terrible hambruna. En aquel paisaje de carencia y destrucción, en el que la figura de Shams no apareció por ningún lado, el abatimiento de Rûmî aumentó día a día.

Shams, la presencia de una ausencia

Cuentan que, en esos dos años de búsqueda tan desesperada como infructuosa, Rûmî no pudo pronunciar el nombre de Shams ni una sola vez. Era como si su simple vocalización agrandara aún más la herida de su corazón. Sin embargo, a través de la poesía Rûmî logrará sobreponerse a tanto infortunio. En ese momento crucial de su vida, la poesía fue para él revelación y medicina, o lo que es lo mismo, apertura y cura. En el instante que Rûmî pudo comenzar a nombrar a Shams en sus poemas, todo cobró una nueva dimensión para él. Podríamos decir que acabó por superar la prueba de la desaparición de Shams interiorizando su presencia. Muy posiblemente, Rûmî no supo jamás a ciencia cierta qué fue lo que en verdad sucedió con Shams. Eso sí, tres años después de su súbita desaparición, Rûmî pudo haber recibido la confirmación de su muerte. Así pues, al dolor de la ausencia le siguió poco después el gozo de la presencia, pero esta vez interior. Rûmî curó su mal al ver reflejado en sí mismo la figura luminosa de Shams, brasa incandescente que no se apagaría jamás.

Para Rûmî, todo ello supuso una profunda reconciliación interior. Ese fue el fruto de su total identificación con su mentor espiritual. Ambos personifican la perfecta fusión de almas de dos seres humanos que compartieron un mismo destino. El vínculo inaudito que se estableció entre ambos constituye uno de los ejemplos más emblemáticos de relación *hamdamî*, por usar la terminología del propio Rûmî, de toda la historia del sufismo. Ambos llevaron al paroxismo tal modo de relación interpersonal basado en la total *sympathia* entre dos seres. Dicho vocablo persa compuesto, *hamdam*, que quiere decir «amigo íntimo», pero cuyo significado literal es «mismo aliento» e, incluso, «mismo instante», se utiliza en el sufismo, sobre todo en el de raigambre persa y turco-otomana, para designar la particular ilación que une a maestro y discípulo, caracterizada por una total comunión espiritual.

Rûmî no halló el sol de Shams en Damasco. Sin embargo, lo reencontró en forma de luna refulgente en lo más hondo de su propio ser, allí donde ambas realidades personales se habían fundido para siempre, hasta el punto de que la voz de Rûmî llegará a ser la del propio Shams. Aquí valdría el verso de Paul Celan que dice: «Cuando soy más yo es cuando soy tú». Cedamos la palabra una vez más a Sultân Walad:

Rûmî no vio a Shams en el país de Shâm [Siria]. Pero lo vio en sí mismo, reluciente como la luna. Dijo: «Aunque estemos lejos de él corporalmente, sin cuerpo ni alma, ambos somos una sola luz. Si lo deseas, puedes verlo; si lo deseas, puedes verme. Yo soy él, él es yo, ¡oh, buscador! De hecho, ambos estábamos juntos ya, sin cuerpo y sin alma, antes incluso de que esta esfera celeste se hubiese puesto a girar. No había entonces ni esfera, ni luna, ni sol. Él era para mí como el alma».[18]

Tal vez lo que nos esté sugiriendo Sultân Walad aquí sea que, por fin, Rûmî comprendió en toda su profundidad quién y qué fue realmente Shams y cuál su función espiritual una vez que hubo desaparecido para siempre. Esa ausencia, vivida de forma traumática en un primer momento, no significó ningún final; antes bien, fue para Rûmî el alumbramiento de una nueva forma de comprender el verdadero alcance de un maestro espiritual. En ese sentido, cabe ver en la desaparición de Shams, por muy trágica que pudiese haber sido en un principio, una enseñanza póstuma para Rûmî, que llegó a decir que «Shams al-Dîn Tabrîzî fue un mero pretexto».[19] Efectivamente, el Shams de carne y hueso no fue sino el vehículo de una fuerza inhabitual, el receptáculo de una *baraka* que transitaba a través de él, pero que no le pertenecía; fuerza y *baraka* cuyo destinatario privilegiado fue Rûmî. Shams fue algo así como la chispa que encendió en Rûmî el fuego del amor divino. A pesar de su originalidad, en cuanto a la intensidad y a las consecuencias que desencadenó en él y en su entorno, la experiencia de Rûmî no resulta extraña del todo, ya que se inscribe en una larga tradición islámica especialmente predispuesta para la representación divina bajo una figura humana. Sin embargo, lo que sí llama la atención es la pasión desbordada con la que se manifestó en el caso concreto de Rûmî, para quien el amor a un ser humano fue algo así como una suerte de escalera conducente al amor de Dios. Siendo rigurosos, habríamos de decir que Rûmî no se enamoró de Shams sino a través de Shams. En conclusión, el verdadero amado de Rûmî no fue Shams sino Dios.

---

18. Sultân Walad, *La parole secrète...*, *op. cit.*, p. 100.
19. Aflâkî, *The Feats of the Knowers of God...*, *op. cit.*, p. 486.

Una pedagogía «solar» de lo divino

Shams-i Paranda, el «pájaro volador» venido de Tabriz, voló hasta Konya para subvertir el mundo espiritualmente acomodadizo y previsible de Rûmî, un hombre aún inmaduro, espiritualmente hablando, según sus propias palabras, a pesar de su conocimiento y de la posición alcanzada. Más allá de otras consideraciones, si Shams y Rûmî simpatizaron desde un primer momento fue, en buena parte, gracias al gusto de ambos por el sufismo experiencial más que por el sufismo teórico, algo que, en el caso de Rûmî, había heredado tanto de su padre Bahâ' al-Dîn Walad como de su maestro sufí Burhân al-Dîn Muhaqqiq. Por su parte, Shams deseaba que Rûmî se sumergiera en el sufismo hasta sus últimas consecuencias, no que tan solo leyera acerca de él. Y así, gracias a su crucial intervención, se fraguó la gran metamorfosis espiritual de Rûmî, que incorporó al saber que ya poseía el sabor de todo cuanto experimentó al lado de aquel singular derviche errante. Era como si Rûmî hubiese tenido a su disposición mil botellas de vino, pero no hubiese bebido jamás ni una sola gota, con lo cual desconocía absolutamente el estado de embriaguez divina. Shams lo enseñó a beber y gracias a esa borrachera de amor divino vivida junto a él Rûmî experimentó, por fin, el misterio de Dios.

Sin embargo, que Shams pusiese el acento en el aspecto gustativo del sufismo no significa que careciese de formación religiosa alguna, como a veces se ha insinuado erróneamente, y menos aún que fuese un iletrado. Todo lo contrario, Shams había estudiado en profundidad la jurisprudencia islámica *(fiqh)*, al punto de ser un experto en la escuela *shafi'î*. Muy posiblemente, en sus primeras conversaciones íntimas abordaron cuestiones de esta índole también, puesto que sabemos que ambos tenían un profundo interés en ellas. En ese sentido, cabe subrayar una vez más la amplitud de miras de Rûmî, puesto que para él la diferencia de escuela jurídica no fue jamás un impedimento para relacionarse con nadie. Más aún, siempre se mostró contrario al cambio de escuela. Así, cuando el joven Husâm al-Dîn Çelebî quiso abandonar la escuela *shafi'î* a la que pertenecía para convertirse en un *hanafî* como Rûmî, este se lo impidió enérgicamente.

Gracias al testimonio de Sultân Walad, principalmente, hoy sabemos que Shams fue un hombre de vastos conocimientos y de una elocuencia fuera de lo común. Cuando se le preguntaba si era un *faqîr*,[20] esto es, un hombre de la senda sufí, o bien un *faqîh*,[21] un experto en la ley religiosa, Shams siempre respondía lo mismo: que era un *faqîr* y un *faqîh*. De hecho, también Bahâ' al-Dîn Walad y el propio Rûmî fueron faquires sin dejar de ser alfaquíes, porque para ellos estas no eran realidades excluyentes. Aparte de jurisprudencia islámica, Shams había estudiado también teología, filosofía, astronomía, matemáticas e, incluso, poseía conocimientos de alquimia y de medicina. Sabemos, por ejemplo, el uso que hacía de las plantas medicinales. Cuando llegó a Konya, Shams tenía unos 60 años, y había pasado la mayor parte de su vida vagabundeando de ciudad en ciudad, escuchando a cuantos maestros pudo. Sin embargo, no tuvo una relación amable con los maestros con los que trató, dado su carácter un tanto áspero e inquisitivo, y su actitud a veces desafiante. Por ejemplo, uno de los sabios a los que conoció y frecuentó en Damasco fue al célebre Ibn 'Arabî de Murcia, con quien mantuvo siempre cierta distancia. Sea como fuere, Shams jamás se acabó de hallar cómodo ni entre juristas ni tampoco a los pies de los maestros sufíes.

Siempre se consideró a sí mismo un *uwaysî*, los derviches que recorren la senda sufí sin haber recibido una iniciación formal de ningún maestro vivo. Al igual que Uways al-Qarânî, de quien to-

---

20. *Faqîr*, que ha dado «faquir» en español, significa «pobre» en árabe. Para los sufíes, el *faqîr* es quien se sabe nada ante Dios. Es sinónimo de los términos «derviche» y «sufí».
21. Literalmente, en árabe, «experto en jurisprudencia islámica». *Faqîh* ha dado «alfaquí» en español.

man su nombre, Shams afirmaba haber visto en sueños al profeta
Muhammad, algo común en el sufismo, quien le habría investido
con el manto de lana *(jirqa)* de los iniciados en el sufismo. Ya hemos apuntado con anterioridad que Jidr, el misterioso «Hombre
verde» (o «verdeante») aludido en el Corán, experimentado simul-
táneamente como una persona y como un arquetipo, es el guía
espiritual de quienes carecen de un maestro de carne y hueso. Pues
bien, Shams —lo confiesa él mismo— perteneció a esa estirpe tan
singular de sufíes caracterizada por su certidumbre inquebrantable,
la total sinceridad hacia sí mismos y la indiferencia a las críticas
de los demás.

Dada su condición de derviche errante, Shams tuvo que sobrevivir como buenamente pudo. Él mismo cuenta que se dedicaba
a enseñar a leer el Corán a los más pequeños y, más aún, que
había creado un método de enseñanza que garantizaba su aprendizaje en tres meses. Pero, al parecer, ejerció otros oficios. Durante
su estancia en Erzincan, trabajó como peón de obra, aunque no
aguantó mucho tiempo, ya que sus frugales hábitos alimentarios
y sus continuos ayunos no le permitían ejercer un trabajo que exigía un vigor físico del que carecía por completo. La personalidad
de Shams y su pedagogía espiritual de lo divino, una pedagogía
que hemos dado en llamar «solar», están estrechamente ligadas
a su propio nombre, Shams al-Dîn, el «Sol de la Religión», del
cual Rûmî hizo un muy particular uso poético cuando comenzó
a componer versos. De hecho, Rûmî es el único sufí que utiliza
de forma constante el tema del sol en su poesía: «Dado que soy
el siervo del sol, no hablo más que de él. Yo no le rindo pleitesía
a la luna, tampoco hablo de sueños» (DS 1621). La palabra *shams*,
«sol» en árabe, le permitirá a Rûmî jugar en todo momento con
dicha ambigüedad semántica. El sol es, a veces, el propio Shams,
pero otras es el sol del mundo espiritual, en tanto símbolo de la
fuente y principio de todo cuanto existe. Igualmente, vemos en
Rûmî un estrecho vínculo entre el corazón y el sol, que simboliza

universalmente al espíritu, mientras que la luz solar se refiere al conocimiento directo de las verdades espirituales. Sirva lo dicho para subrayar que la irrupción de Shams en la vida de Rûmî tuvo los mismos efectos que un sol abrasador que derritiese sus prejuicios religiosos y de todo tipo. Shams lo enfrentó consigo mismo, con su propio desierto interior y con la rutina urticante del jurista que era, a base de llevarlo al límite de lo concebible. En resumen, Shams le desencuadernó el alma a Rûmî sin miramientos. Al fin y al cabo, su gran objetivo como guía espiritual no era otro que machacar cualquier atisbo de autocomplacencia, consciente de que esta encubre no pocas limitaciones, y de que el sufí es, en palabras de Sultân Walad, quien «destruye todos los límites».[22]

Para Shams, se trataba de quebrar toda forma de limitación, ya fuese esta inducida por la religión, por las normas sociales o incluso por los propios apriorismos espirituales. De ahí el carácter provocativo y transgresor de su pedagogía «solar». En Shams, lo raro, incluso lo chocante y grotesco, también lo absurdo y hasta lo prohibido, sirve de velo que protege lo sagrado, al tiempo que crea y posibilita lo sublime. Pues puede suceder que, con vistas a un propósito espiritual determinado, un maestro ordene circunstancialmente actos que, sin damnificar a nadie, sean contrarios a la ley religiosa. Por ejemplo, Shams envió a Rûmî en más de una ocasión a las tabernas del barrio armenio de Konya en las que se servía alcohol, algo humillante e innoble para un musulmán y más aún para alguien de su prestigio. Pero si Rûmî consintió todo ello fue porque vislumbró desde un principio que el rigor de Shams no estaba exento de amor. Ambos, amor y rigor, eran las dos caras de una misma moneda.

---

22. Sultân Walad, *La parole secrète...*, *op. cit.*, p. 94.

Shams y Rûmî, una «relación horizontal»

La singladura espiritual del segundo Rûmî, el que vio la luz tras la aparición de Shams en Konya, desborda con creces los formatos tradicionales del sufismo. Como bien apunta el profesor Seyyed Hossein Nasr:

> Shams al-Dîn no fue un mero maestro sufí para Rûmî. Este ya había practicado el sufismo durante muchos años antes de su encuentro con Shams. Parece, más bien, que Shams fue una influencia espiritual divinamente enviada que en cierto sentido permitió «exteriorizar» los estados interiores contemplativos de Rûmî en forma de poesía.[23]

Shams, y así lo reconoce él mismo, fue para Rûmî mucho más que un maestro sufí al uso: «Cuando me acerqué a Rûmî, la primera condición que le puse fue que yo no había venido para ser un *shayj*».[24] Rûmî no era un simple adepto sufí cuando se encontró con Shams, sino que se trataba ya de todo un *shayj* sufí reconocido y respetado. Por lo tanto, hay que valorar la enorme influencia ejercida por Shams en él y su papel como catalizador de su transformación espiritual, pero sin exagerar su intervención. Es probable que la entrada en escena de Shams tuviese como finalidad conducir a Rûmî hacia la realización de ciertos estados de perfeccionamiento del ser aún inaccesibles para él por aquel entonces. Entre Shams y Rûmî se estableció una relación extraordinaria que muy poco tuvo que ver con el vínculo convencional entre maestro y discípulo que los manuales clásicos del sufismo estipulan como indispensable, a fin de transitar con garantías a través de la senda sufí.

23. Seyyed Hossein Nasr, *Islamic Art & Spirituality*, Ipswich, Golgonooza, 1987, p. 118.
24. Shams-i Tabrîzî, *Me and Rumi...*, *op. cit.*, p. 212.

Shams y Rûmî mantuvieron una suerte de «relación horizontal» repleta de amor y complicidad, una relación alejada de la asepsia académica y de la verticalidad propia de toda pedagogía sufí, caracterizada por una estricta jerarquización de las funciones. «La amistad espiritual entre estas dos figuras imponentes —sostiene el profesor Nasr— es rara en la historia del sufismo, y se ha convertido en proverbial en Oriente».[25] En sus *Maqâlât* o escritos autobiográficos el propio Shams reconoce haber anhelado durante un largo tiempo el encuentro no con cualquier tipo de discípulo a quien poder instruir según lo consabido, sino con alguien distinto a los demás, alguien de su misma estirpe, alguien, en definitiva, como Rûmî: «Anduve tiempo buscando a alguien de mi abolengo, para hacer de él mi *qibla*[26] y volver mi rostro hacia él».[27] En otras palabras, Shams aspiraba a un tipo de relación humana y espiritual diferente con alguien distinto al resto, con un verdadero *walî* o «amigo de Dios», como finalmente sucedió con Rûmî, que fue el compañero espiritual deseado:

> Yo acostumbraba a implorar a Dios: «Permíteme encontrar a un *walî* de los Tuyos y convertirme en su compañero». En un sueño se me dijo: «Haré de ti el compañero de un *walî*». Entonces, me dije a mí mismo: «¿Dónde se hallará dicho *walî*?». La noche siguiente se me dijo de nuevo: «El *walî* reside en Anatolia».[28]

Con todo, hay algo que llama poderosamente la atención. A pesar del papel central representado por Shams en la transformación espiritual de Rûmî y de ser la figura más influyente en su vida, choca la escasez de referencias concretas a él que hay en la obra de Rûmî. Este ofrece escasísimos detalles acerca del que fue su

---

25. Seyyed Hossein Nasr, *Islamic Art & Spirituality, op. cit.*, p. 119.
26. Cf. *supra*, p. 101.
27. Shams-i Tabrîzî, *Me and Rumi..., op. cit.*, p. 219.
28. *Ibid.*, p. 179.

mentor. De hecho, Shams, «el arquitecto del mundo espiritual de
Rûmî», en expresión del profesor Erkan Türkmen,[29] solo aparece
muy sutilmente destilado en su poesía simbólica. Pero si Shams
fue la persona más trascendental en la vida de Rûmî, este no fue
menos determinante aún para Shams. He ahí otro de los rasgos
distintivos del extraordinario nexo existente entre ambas luminarias del sufismo. La influencia entre Shams y Rûmî fue recíproca.
¿Acaso no fue este un maestro también, en cierto modo, para
Shams? ¿Cómo entender si no estas palabras pronunciadas por el
propio derviche de Tabriz?:

> Yo era como el agua estancada y pestilente que borbotea en sí misma.
> Entonces, Rûmî irrumpió con fuerza en mi vida y el agua estancada
> que yo era comenzó a fluir. Ahora discurre espléndidamente, fresca
> y feliz, de aquí para allá.[30]

Sin duda, si hoy nos ocupamos de Rûmî es debido a la singular
relación que lo unió a Shams. En realidad, eso fue lo que le permitió a Rûmî tener una voz propia y diferenciada en el universo
sufí. De no haberse producido tal acontecimiento extraordinario,
hoy en día Rûmî no pasaría de ser un nombre más, al que quién
sabe si el anonimato se lo habría engullido como a tantos otros.
Lo mismo podemos afirmar de Shams, ya que de no haber sido
porque halló a Rûmî habría permanecido un verdadero desconocido. Si Shams fue el responsable de la profunda metamorfosis
experimentada por Rûmî, este también influyó poderosamente
en la vida de aquel. Ambos, Shams y Rûmî, vieron transformadas
sus vidas de cuajo durante el tiempo que compartieron juntos,
que no fue mucho. Al contrario, parece imposible que, en apenas

29. Erkan Türkmen, *The Essence of Rumi's Masnevi including his life and Works*,
Ankara, Ministry of Culture of the Republic of Turkey, 2004, p. 7.
30. Shams-i Tabrîzî, *Me and Rumi...*, *op. cit.*, p. 187.

tres años de relación, incluido un paréntesis de casi un año de ausencia de Shams tras su marcha a Damasco, se obraran tantos cambios en la vida de ambos. Sin duda, el suyo fue un encuentro único y providencial.

Shams, el Jidr de Rûmî

La singular relación entre Shams y Rûmî cobra una nueva significación si la observamos a la luz de una de las figuras más insondables de la espiritualidad islámica, Jidr el «Hombre verde»,[31] al que ya nos hemos referido en varias ocasiones. También Jidr, a quien Rûmî llama «doctor espiritual» (M I, 36 ss.), mantuvo una particular relación, como poco, con el profeta Moisés, recogida en el texto coránico. Según la opinión más generalizada, aunque no la única, Moisés, apegado a la apariencia y al aspecto exterior de las cosas, personifica el exoterismo religioso y sus límites, mientras que Jidr simboliza la dimensión interior, el esoterismo que integra y trasciende la forma. Considerado como el guía espiritual invisible, el maestro de todos los sin-maestro, Jidr inspira a aquellos que son llamados a una afiliación personal, inmediata y directa con el mundo divino, sin ningún tipo de subordinación a maestro físico alguno, ni a ninguna colectividad.[32] Rûmî le concedió una gran importancia a Jidr. Aflâkî nos recuerda que «Jidr conversaba continuamente con Rûmî», lo cual nos lleva a pensar que también él era un discípulo destacado del inescrutable «Hombre verde». Por otro lado, algunos de los argumentos predilectos de Rûmî, como la búsqueda incesante del conocimiento interior, la receptividad hacia el sufrimiento y el dolor, y el amor superlativo, focalizado

31. Cf. *supra*, pp. 149, 176 s., 189.
32. Cf. Henry Corbin, *La imaginación creadora en el sufismo de Ibn 'Arabî*, Barcelona, Destino, 1993, pp. 69-85.

en su caso en Shams, los hallamos en los pasajes coránicos[33] protagonizados por Jidr y Moisés. Advierte Rûmî a todo buscador espiritual sincero:

> Cuando el maestro espiritual te haya aceptado, ten cuidado y abandónate a él, como hizo Moisés con Jidr.
> Soporta con paciencia cuanto haga un Jidr libre de hipocresía, no sea que te diga: «Ha llegado el momento de separarnos».
> Aunque destruya un barco, calla; incluso si mata a un joven,[34] no te tires de los pelos.
> Dios ha dicho que la mano del maestro es como Su propia mano, puesto que está escrito[35] que la mano de Dios está sobre sus manos.
>
> (M I, 2968-2971)

Fue el propio Rûmî quien comparó su singular relación con Shams a la de Jidr y Moisés. Rûmî consideraba que Shams y Jidr compartían una misma estirpe espiritual. Fue consciente en todo momento de que Shams no era un guía cualquiera, que no se trataba de un maestro sufí como los demás. Supo casi desde el inicio que Shams sería su Jidr. Aflâkî recoge unas palabras de Sultân Walad muy elocuentes al respecto:

> Igualmente, Sultân Walad relató lo siguiente: «Así como Moisés, que a pesar de poseer todo el poder y la excelsitud de la misión profética, buscó a Jidr, del mismo modo Rûmî, poseedor de no pocas virtudes, méritos, loables cualidades morales, habilidades, estados espirituales,

---

33. Cf. Corán 18, 60-82.
34. Estos son dos de los actos incomprensibles para Moisés que realiza Jidr, según el relato coránico (Corán 18, 71 y 74).
35. Alusión al pacto de fidelidad que algunos de sus compañeros le prestaron al profeta Muhammad, según recoge el Corán (48, 10), que sirvió de modelo a los rituales iniciáticos desarrollados más tarde en el sufismo.

milagros, luces y secretos que hacían de él un hombre único e incomparable en su tiempo y época, anduvo detrás de Shams».[36]

También para Shams el encuentro entre Jidr y Moisés recogido en el Corán constituía un relato insoslayable para el buscador sincero: «Bendito sea quien encuentre un sirviente como Jidr y quien conserve la historia de él y de Moisés en su corazón, y haga de ella su guía».[37]

En resumen, en el relato coránico sobre el profeta Moisés y su enigmático acompañante Jidr, el «Hombre verde», hallamos la clave interpretativa que nos permite comprender en toda su hondura significativa y riqueza de matices la singular relación mantenida por Shams y Rûmî. Interpretadas de acuerdo con ese relato, tanto la compleja personalidad de Shams como su función espiritual cobran una nueva dimensión. También la biografía de Rûmî, su singladura vital y su radical transformación espiritual, adquiere un nuevo significado cuando se mira bajo el prisma de Jidr y Moisés. Así, del mismo modo que Moisés, aun gozando de la condición de profeta, necesitó la asistencia de alguien como Jidr, un «amigo de Dios», para ampliar su visión de las realidades espirituales, también Rûmî, todo un maestro sufí ya entonces, precisó la intervención de Shams a fin de adentrarse en lo que el propio Rûmî denominaría más tarde la «senda de la pasión amorosa». Cuando Shams apareció en su vida, Rûmî estaba listo para recibirlo. Todo cuanto necesitó fue una chispa que encendiese la llama de su corazón, y Shams fue quien desempeñó dicha función. Shams no fue más que una imagen en el espejo en el que el propio Rûmî se contempló. Tras el encuentro germinal con Shams, Rûmî ya no volvió a ser el mismo. A partir de entonces, comenzó

36. Aflâkî, *The Feats of the Knowers of God...*, *op. cit.*, p. 476.
37. Citado en Hugh Talat Halman, *Where the Two Seas Meet. The Qur'anic Story of al-Khidr and Moses in Sufi Commentaries as a Model of Spiritual Guidance*, Louisville, Fons Vitae, 2013, p. 229.

a mirar el mundo mediante eso que el poeta iraní Sohrab Sepehrí (m. 1980), otro enamorado de Rûmî, denominó «el ojo dilatado del despertar matutino».[38]

La personalidad solar de Shams

La compleja personalidad de Shams, rara mezcla de delicadeza y vehemencia, no siempre ha sido bien comprendida, sobre todo porque se han acentuado hasta la exageración ciertos rasgos personales que han acabado por distorsionar su imagen. Es cierto que su comportamiento intempestivo y transgresor tuvo que haber resultado en algunos momentos un tanto provocativo, por decir lo menos, sobre todo para una persona de la posición de Rûmî. Reynold A. Nicholson llegó a compararlo con Sócrates, basándose en tres elementos comunes a ambos personajes: su pasión desmedida, su pobreza y su —supuesta— muerte violenta. Respecto a la fuerte y severa personalidad de Shams, tal vez se hayan exagerado un poco las cosas, de tal modo que otros rasgos no menos relevantes de su compleja personalidad han quedado eclipsados casi por completo. Se ha enfatizado demasiado el lado más dramático y montaraz de la leyenda de Shams, ofreciendo la imagen de un amante salvaje de Dios totalmente despreocupado de las cosas del mundo, cuando lo cierto es que de Shams, personaje enigmático como nadie, es muy poco lo que sabemos a ciencia cierta. Lo único claro es que, fuese quien y lo que fuese, su llegada a Konya marcó un giro decisivo en la existencia de Rûmî.

Es un hecho reconocido por el propio Shams que su temperamento era irreductible y expeditivo: «Cuando algo se ha de decir, yo lo digo a pesar de todos los pesares y de que todo el mundo

---

38. Sohrab Sepehrí, *Todo nada, todo mirada*, trad. de Clara Janés y Sahand, Madrid, Ediciones del Oriente y del Mediterráneo, 1992, p. 16.

me diga que no lo haga».[39] Sin embargo, que Shams fuese un hombre temperamental no significa que no midiese bien sus actos. Quien transita a través de la senda sufí puede no saber adónde va, dado que se trata de un peregrinaje a lo desconocido, pero sí sabe lo que hace. El propio Shams afirma de sí mismo: «"Primero, mide el vestido, luego corta la tela". En verdad, yo soy muy cauto a la hora de obrar».[40]

39. Shams-i Tabrîzî, *Me and Rumi...*, *op. cit.*, p. 192.
40. *Ibid.*, p. 200.

VII
Rûmî después de Shams.
Los últimos años

Un halcón llamado Rûmî

Rûmî regresó a Konya, tras su estancia en Damasco, con 43 años de edad. Corría el año 1250. El sol radiante de Shams se había eclipsado para siempre en el mundo exterior, pero se convirtió en una refulgente luna llena que no dejó de brillar jamás en el interior de Rûmî hasta sus últimos días. Según Sultân Walad, su padre partió hacia Damasco como una endeble perdiz, pero regresó convertido en un poderoso halcón. No halló a Shams, pero se halló a sí mismo. Lejos de debilitarlo, la dura y amarga experiencia de la ausencia de Shams lo fortaleció, convirtiéndolo en el poeta del amor, sabio sufí y conductor de almas que hoy admira medio mundo. El último tercio de su vida Rûmî lo pasó en Konya, de donde ya no se movería jamás. Si hasta entonces su vida había sido un continuo viaje a través de la geografía exterior, tras reconocer a Shams en sí mismo y radicarse en Konya para siempre, inició un nuevo viaje, aunque de muy distinto significado y dirección:

> Has corrido mucho de un lado a otro,
> has viajado por todo el mundo. Viaja ahora a través del espíritu,
> junto a quienes se han convertido en puro espíritu.
>
> (DS 24187-24188)

La nueva singladura de Rûmî no será ya en el espacio geográfico exterior y, por lo tanto, en el plano horizontal, sino en su propio interior y en dirección vertical, en el sentido de ascenso hacia planos más elevados y sutiles del ser. Al tratar sobre la trayectoria de su padre, Sultân Walad dirá tiempo después que «el viaje y el itinerario del hombre han de ser interiores».[1]

La Konya que Rûmî se encontró a su regreso de Damasco tal vez no fuera la ciudad pujante y lustrosa que conoció de joven, pero al menos mantenía un clima de calma y seguridad que otras ciudades desconocían. Al poco de regresar Rûmî concluyeron las obras de la Medersa Karatay, verdadero símbolo de la etapa final del Sultanato selyúcida de Rûm. El poder político selyúcida, en manos de sultanes que eran casi niños, había sufrido una indudable degradación desde los tiempos de 'Alâ' al-Dîn Kay Qubâd I, el sultán protector de Bahâ' al-Dîn Walad, pero aun así resistía con cierta solidez los embates propios de unos tiempos terriblemente convulsos. Rûmî mantuvo siempre unas relaciones muy cordiales con el palacio, especialmente con Guryi Jâtûn, madre de los sultanes, que fue una de sus discípulas más fervientes y la verdadera aglutinadora de todo un distinguido círculo de mujeres de alta alcurnia que acabarían convirtiéndose en fieles discípulas suyas. De hecho, Rûmî tuvo un nutrido grupo femenino de alumnas y seguidoras. Aflâkî refiere que los viernes, tras la última oración de la noche, Rûmî solía reunirse con un selecto grupo de mujeres con las que departía acerca de distintos temas espirituales.

En Konya, Rûmî halló en el seno familiar el calor afectivo que precisaba. En todo momento contó con el apoyo de su mujer Kirrâ Jâtûn, una persona muy dada a los aspectos más mágicos de la religiosidad popular. Como siempre, Sultân Walad fue su principal sostén y quien continuó auxiliándolo en todos los asuntos concernientes

---

1. Sultân Walad, *La parole secrète. L'enseignement du maître soufi Rûmî*, Chatillon sous Bagneux, Le Rocher, 1988, p. 157.

a la Medersa Jodâvandgâr. Otro caso bien distinto fue el de 'Alâ' al-Dîn, que abandonó Konya por un tiempo tras la desaparición de Shams, atormentado por la frialdad con la que su padre lo trataba a causa de su comportamiento hostil. En cuanto a sus otros dos hijos, Muzaffar al-Dîn y su hermana Mâlika, aún eran pequeños, si bien pronto tuvieron que comenzar a pensar en su futuro. Ser un Walad y, en definitiva, ellos lo eran, implicaba, entre otras cosas, que la dedicación a la religión era siempre una primera posibilidad.

Rûmî honró la memoria de Shams dejando su estancia tal como estaba cuando este desapareció. Todos los días pasaba ante ella evocando el recuerdo de quien había sido su Jidr, ahora presencia viva en su corazón. En cierta ocasión, alguien quiso clavar una alcayata en una de las paredes de la estancia, pero Rûmî se lo prohibió tajantemente alegando que era como si se la clavaran en su propio corazón. Por entonces, modificó su forma de vestir por respeto a Shams. Abandonó todo rasgo exterior que denotara el más mínimo signo de prestigio. Así, cambió el esplendente turbante blanco que le distinguía como dignatario religioso por otro más discreto de tonos grisáceos; y lo mismo hizo con su manto, el típico de mangas anchas que llevaban los alfaquíes de la época. En otras palabras, Rûmî adoptó la forma de vestir de los derviches errantes hasta el final de sus días. En cuanto al color de sus prendas, optó por el azul oscuro y el violeta, que eran los que se utilizaban en la cultura persa como símbolos de luto.

Danzando al ritmo de Salâh al-Dîn Zarkûbî

Los siguientes diez años de la vida de Rûmî estuvieron marcados por la compañía de aquel humilde orfebre, Salâh al-Dîn Farîdûn Zarkûbî (m. 1258), «fuente de la alegría y océano colmado de felicidad» (FF XXII, 96), en palabras del propio Rûmî, en cuya casa este y Shams habían permanecido retirados durante tres meses, tras su primer encuentro en el caravasar de los azucareros de Konya, episodio que ya describimos en su momento. Amigo íntimo y confidente espiritual, Rûmî encontró en él consuelo y sosiego interior tras los años de electrizante relación con Shams. Salâh al-Dîn había nacido en una pequeña aldea a las afueras de Konya llamada Kâmele, a orillas del lago Beyşehir. Su padre era pescador. Muy pronto, sin embargo, abandonó la casa familiar, encaminando sus pasos hacia la capital selyúcida, donde aprendió el oficio de orfebre y abrió su propio negocio. Antes incluso de haber conocido a Rûmî, Salâh al-Dîn, hombre sencillo y de noble corazón, había sido discípulo de Burhân al-Dîn Muhaqqiq. De él aprendió todo cuanto sabía acerca de la vía sufí. Siguiendo su ejemplo, se entregó sin miramientos al ayuno, que se convirtió para él en la principal práctica espiritual. De Salâh al-Dîn, un hombre de luz, se dice que estaba especialmente dotado para la experiencia mística visionaria.

Salâh al-Dîn conoció a Rûmî de forma aparentemente casual, pues bien sabemos que nada hay que sea casual en el mundo del espíritu. En cierta ocasión, acudió a rezar a la mezquita en la que Rûmî dirigía la oración. Como era viernes, además del rezo había una disertación espiritual *(jutba)*. Rûmî decidió hablar ese día acerca de los estados espirituales y puso como ejemplo de cuanto decía a su maestro Burhân al-Dîn Muhaqqiq. Ese día habló como solo él era capaz de hacerlo. Y es que Rûmî, en quien todo era veraz, pertenecía a esa clase de seres transparentes que viven lo que dicen y escriben, y dicen y escriben lo que viven. El caso es que, mientras escuchaba embelesado aquellas palabras colmadas de belleza y de verdad, Salâh al-Dîn, eternamente visionario, entrevió a su maestro Burhân al-Dîn en la persona de Rûmî. Para él aquello fue una verdadera revelación. Desde entonces, aquel humilde orfebre se entregó en cuerpo y alma al servicio de Rûmî, a quien acompañó fielmente en todo momento.

Todo ello tuvo lugar tras la muerte de Burhân al-Dîn Muhaqqiq, en 1241, tres años antes de que Shams llegara a Konya e irrumpiese en la vida de Rûmî. Salâh al-Dîn fue de las pocas personas del entorno cercano de Rûmî que jamás puso reparos a la figura de Shams. Aquel humilde orfebre carecía de estudios. Era un hombre iletrado que no había seguido ningún tipo de formación, tampoco religiosa. Sin embargo, poseía un espíritu transparente y sincero, radiante de fe. Según se dice, su bondad y su lealtad eran inigualables. Era un discípulo fiel y servicial como pocos. Aflâkî pone en boca de Burhân al-Dîn las siguientes palabras acerca de sus dos discípulos, Rûmî y Salâh al-Dîn:

> Dos grandes gratificaciones obtuve de mi maestro Bahâ' al-Dîn Walad: una de ellas fue la elocuencia a la hora de hablar y la otra los bellos estados espirituales. Entregué mi elocuencia a Rûmî, porque sus estados espirituales eran ya muy bellos; y ofrecí mis estados espirituales a Salâh al-Dîn, dado que carecía de capacidad para cualquier forma de expresión.[2]

Y eso fue, justamente, lo que Rûmî más valoró en Salâh al-Dîn, su fructuoso mundo interior de luz: «La gracia de Salâh al-Dîn brilló en medio de mi corazón» (DS 1397). Lo cierto es que Rûmî se volcó en él incondicionalmente, hasta el punto de proclamarlo su mandatario espiritual *(nâ'ib)*. A partir de ese momento, Salâh al-Dîn, a quien Rûmî se refería como «maestro de maestros, favor de la verdad y de la religión» (FF XXII, 95), pasó a dirigir los asuntos de la Medersa Jodâvandgâr. Él era a quien los discípulos de Rûmî tenían que obedecer y seguir, incluido Sultân Walad. Rûmî, tras la experiencia dolorosa de la desaparición de Shams, prefirió no ejercer como *shayj* ni tener que bregar a diario con las exigencias de sus discípulos, algo que entonces no le motivaba en absoluto. Muy posiblemente, Rûmî, que había experimentado junto a Shams una relación única por su transparencia y sinceridad, se vio incapaz

2. Aflâkî, *The Feats of the Knowers of God (Manâqib al-'ârifîn)*, Leiden, Brill, 2002, p. 491.

de soportar la infinita necedad humana que vio a su alrededor, incluso en el círculo de sus seguidores más allegados, y optó por dar un paso al lado, lo cual sorprendió e irritó a la mayoría de sus discípulos, sobre todo a los más veteranos, que fueron totalmente incapaces de entender no ya que hubiese elegido para desempeñar un cometido de tal responsabilidad a alguien con las carencias manifiestas de Salâh al-Dîn, sino que se atreviera a afirmar que había vislumbrado en su rostro la misma luz divina que brillaba en Shams. Sin embargo, Rûmî no se dejó intimidar por las fuertes críticas que recibió.

La presencia de Salâh al-Dîn es una constante en la poesía de Rûmî, que le dedicó un total de 71 poemas. Sirvan como ejemplo estos versos espigados del *Maznawî*:

> Cuando hayas escapado de ti mismo, te convertirás en la prueba de Dios; cuando anules al esclavo que hay en ti, serás entronizado rey.
> Si anhelas contemplar este misterio, mira a Salâh al-Dîn. Él ha abierto sus ojos y ahora ven.
> Todos los ojos que han vislumbrado la luz de Dios han visto un signo divino en su rostro y su mirada.
> El *shayj* Salâh al-Dîn no necesita ningún instrumento; instruye a sus discípulos sin pronunciar ni siquiera una palabra.
>
> (M II, 1320-1323)

Pero lo cierto es que, una vez más, una nube de incomprensión ensombreció el entorno de Rûmî. El malestar creció y las habladurías se propagaron por toda la ciudad como en los peores tiempos de Shams. Sus discípulos clamaban indignados contra Rûmî, quien parecía mofarse de todo el mundo con aquella decisión suya, muy difícil de asimilar por la mayoría. Porque aunque la figura de Shams era controvertida, nadie dudaba de que se trataba de un hombre que conocía a fondo la religión. Sin embargo, Salâh al-Dîn era un perfecto lego —la mayoría lo percibía como un ignorante— que ni tan solo era capaz de pronunciar correctamente *Al-fâtiha*, la primera azora del Corán, repetida a diario en cada una de las cinco plegarias obligatorias. De hecho, tenía muchas dificultades para pronunciar correctamente, tanto en árabe como en persa, el léxico técnico del sufismo, algo que escandalizaba sobre todo a los alumnos más veteranos, algunos de los cuales se habían iniciado con Bahâ' al-Dîn Walad.

Por supuesto, a Rûmî, que supo demostrar aguante en tiempos de infortunio, poco le importaba que Salâh al-Dîn fuese una persona sin formación y que tuviese carencias —innegables, por otro lado— a la hora de expresarse. De hecho, después de lo sucedido con Shams, Rûmî se vio muy poco afectado por las nuevas críticas recibidas a cuentas de Salâh al-Dîn. Al Rûmî de entonces todo aquello le era indiferente. El sabio sufí de Konya vislumbró en aquel humilde orfebre unas cualidades únicas que eclipsaban todo lo demás, y eso era más que suficiente para él. Para minimizar los problemas de dicción que la gente le reprochaba, Rûmî comenzó a hablar como Salâh al-Dîn, con su mismo acento y cometiendo adrede sus mismos errores de pronunciación, algo que a muchos les resultó ofensivo. Pero lo que él deseaba era distinguir las cosas y dejar en evidencia a quienes lo criticaban de forma irrespetuosa. Salâh al-Dîn era, fundamentalmente, una persona sensible y bondadosa, pero no estúpida. Es cierto que carecía de estudios, pero no por ello era un ignorante.

La oposición a Salâh al-Dîn fue muy vehemente. Rûmî se hizo eco de ella en varios pasajes del *Fîhî mâ fîhi*, lo cual prueba que no se trató de un episodio menor (cf. FF XXII, 95). Quienes ahora le reprochaban su relación con Salâh al-Dîn, eran los mismos que antaño lo habían criticado con saña por haberse entregado a Shams. Todo ello nos lleva a considerar uno de los rasgos fundamentales de la personalidad de Rûmî, imprescindible al mismo tiempo para comprender su universo espiritual. A lo largo de su vida, Rûmî tuvo siempre la necesidad de sentir muy cerca de él la presencia de un amigo, un confidente, un compañero espiritual, esto es, un objeto de amor visible. A través del amor, expresión máxima de la unión, se le reveló a Rûmî la verdadera condición del ser humano. Para Rûmî, «el hombre debe refinar su capacidad de discernir y buscar un amigo espiritual, puesto que la senda religiosa es el conocimiento del amigo» (FF II, 8). Así, Burhân al-Dîn Muhaqqiq y Shams al-Dîn Tabrîzî, en el pasado, Salâh al-Dîn Zarkûbî, en este periodo, y Husâm al-Dîn Çelebî y Sultân Walad, en el futuro, marcaron las distintas etapas del prolijo periplo vital de Rûmî.

La designación de Salâh al-Dîn como *shayj* tuvo otras consecuencias no menos importantes. Hasta entonces, los alumnos y seguidores de Rûmî provenían, esencialmente, de los sectores más cultivados de la inmigración proveniente del Jorasán, así como de la propia corte y de las clases altas que estaban persianizadas desde el punto de vista tanto estético como cultural. Obviamente, Salâh al-Dîn no pertenecía a dichos grupos humanos cultivados de la ciudad. Él, en tanto orfebre, era un hombre sencillo del bazar, que, al ser designado como *shayj*, atrajo al círculo hasta entonces un tanto elitista de Rûmî a un buen número de personas pertenecientes a los sectores más humildes de Konya. De este modo fue como Rûmî se abrió a otras realidades sociales presentes también en la ciudad, aunque distantes hasta entonces para él.

La posición axial que Salâh al-Dîn pasó a ocupar tras su designación como *shayj* por Rûmî, se vio reforzada por un hecho fundamental: el enlace matrimonial de su hija mayor Fâtima con Sultân Walad. El propio Rûmî le había enseñado a leer el Corán a su nuera, de quien había dicho en alguna ocasión que era su ojo derecho. Tras aquella unión, Salâh al-Dîn y su familia —su esposa Latîfa y su otra hija Hadîya— pasaron a formar parte del núcleo familiar de Rûmî. Salâh al-Dîn no dejó ninguna obra escrita, sin embargo su memoria ha perdurado en el tiempo para el sufismo *mawlawî* gracias a un buen puñado de anécdotas que se han conservado sobre él. La más célebre tiene que ver con la práctica del *samâ' mawlawî.* En cierta ocasión, Rûmî paseaba por el bazar de Konya cuando cruzó por delante del humilde establecimiento que regentaba Salâh al-Dîn, que en ese momento batía el oro. Pues bien, bastó aquel estímulo sonoro totalmente accidental, el rítmico martilleo de aquel humilde orfebre, para que Rûmî entrara en éxtasis y se pusiera a danzar de forma arrebatada. Al poco, fue el propio Salâh al-Dîn quien se sumó a la danza a instancias del propio Rûmî. Como era habitual en él, Rûmî comenzó a declamar unos versos totalmente improvisados, mientras no paraba de girar más y más:

> Un tesoro inconmensurable se me apareció en la tienda del orfebre.
> ¡Qué forma tan sublime! ¡Qué significado tan grato! ¡Qué belleza!
> ¡Qué belleza![3]

Rûmî se mostró siempre especialmente receptivo al poder del sonido. En otra ocasión, también paseando por el bazar de Konya, Rûmî oyó a un hombre ofrecer a voz en grito la piel de un zorro en lengua turca: *«¡Dilku! ¡Dilku! ¡Dilku!»*. Al oír aquella voz se puso a danzar sobre sí mismo de forma frenética, mientras exclamaba: *«¿Dil ku? ¿Dil ku? ¿Dil ku?»*, que en persa quiere decir «¿Dónde está el corazón?». Por muy anecdóticas que pudiesen parecernos a simple vista, dichas historias expresan algunos de los rasgos más definitorios no solo de su exuberante personalidad, sino también del posterior sufismo *mawlawî* respecto al *samâ'*, por ejemplo. Lo primero que salta a la vista es el poder extático del ritmo sobre la extraordinaria sensibilidad de Rûmî, que percibe los sonidos terrestres, ya sea el martilleo del orfebre o la voz humana, como reminiscencias del mundo espiritual. Pero volvamos nuevamente a nuestro orfebre. El propio *mansab* o nombre de profesión de Salâh al-Dîn posee una enorme carga simbólica, ya que *zarkûb* quiere decir en persa «batidor de oro». Podríamos decir que el

---

3. Aflâkî, *The Feats of the Knowers of God...*, *op. cit.*, p. 495.

martilleo rítmico de aquel humilde «batidor de oro» llamado Salâh al-Dîn logró transmutar el corazón de Rûmî mediante el poder alquímico del sonido, a semejanza del plomo que debe ser transmutado en oro.

Al mismo tiempo, la anécdota del orfebre Salâh al-Dîn nos permite comprender mejor el significado que el *samâ'* tenía para Rûmî y que tendrá, posteriormente, para los derviches *mawlawîes*. En él se produce una inversión de los términos, puesto que la danza es más efecto que causa. No es la danza la que desencadena el éxtasis, sino todo lo contrario, el éxtasis es en verdad el que produce la danza. En otras palabras, el éxtasis en Rûmî es previo a la danza y no su consecuencia. De ahí la solemnidad y el hieratismo de los derviches *mawlawîes* cuando danzan durante el *samâ'*. Evidentemente, el *samâ'* de Rûmî, mucho más libre y espontáneo, difiere del de sus discípulos, que está totalmente codificado. Sin embargo, a ambos les anima un mismo espíritu y una misma intención. El *samâ'*, que se sustenta en el rigor geométrico y el ritmo melodioso, destaca por su sobriedad y contención; jamás hay en él desbordamiento afectivo o estados de trance. En ese sentido, el sufismo *mawlawî* no es una mística salvaje. La atmósfera creada por la música *mawlawî* es siempre de una gran calma. Todo en el *samâ'* *mawlawî* está extremadamente ritualizado, ordenado y equilibrado, a imagen de la gran mecánica celeste, a la cual simboliza, ya que, entre otras cosas, escenifica el movimiento orbital de los planetas. En resumidas cuentas, el *samâ'* no es una danza extatogénica. El derviche *mawlawî* no danza para liberarse; al contrario, solamente cuando se ha liberado de sí mismo se pone a danzar:

> Los sabios danzan sobre el campo de batalla espiritual, danzan sobre su propia sangre.
> Cuando se liberan de la presión del ego y sus imperfecciones, baten palmas; cuando escapan a su propia imperfección, danzan.
>
> (M III, 96-97)

Pero volvamos a nuestro orfebre. La salud de Salâh al-Dîn no era muy buena. Los años de rigurosa ascesis habían acabado por mermarle las facultades, hasta el punto de caer enfermo. Durante varias semanas, Salâh al-Dîn estuvo postrado en el lecho. Rûmî pasaba las horas en silencio junto a él. A ambos les sobraban las palabras. Finalmente, Salâh al-Dîn espiró el último aliento. Su muerte ocurrió en un año trascendental para todo el orbe islámico, el año 1258, en el que la furia devastadora de los mongoles arrasó Bagdad, sede califal y corazón entonces de la civilización islámica. Tal suceso significó el fin de un mundo para los musulmanes, del mismo modo que la muerte de Salâh al-Dîn supuso para Rûmî el final de una etapa crucial de su vida que se inició tras la desaparición de Shams. En total, fueron diez años los que Rûmî convivió con aquel humilde orfebre en el que halló no solo gozo y solaz, sino también inspiración divina. Cuando Salâh al-Dîn presintió que la hora de su muerte estaba cercana expresó un último deseo:

> Cuando llevéis mi ataúd, tocad el tambor, el pandero y el *ney*. Llevadme a la tumba cantando y danzando,
> ebrios y contentos, para que todo el mundo sepa que los Amigos de Dios parten hacia Él colmados de felicidad.
> Porque la muerte es para ellos una fiesta gozosa y su morada eterna es el paraíso.
> Vale la pena que una muerte así se acompañe de un *samâ'*, ya que se trata del reencuentro con el Bienamado.[4]

Atendiendo a los deseos de Salâh al-Dîn, Rûmî y sus discípulos celebraron un encendido *samâ'* que se prolongó durante horas y en el cual Rûmî no paró ni un solo instante de danzar en honor de su amado orfebre. Salâh al-Dîn fue enterrado a la izquierda del sepulcro de Bahâ' al-Dîn Walad. Rûmî lo lloró en verso:

---

4. Cf. Sultân Walad, *La parole secrète...*, *op. cit.*, p. 172.

¡Oh amado, cuya separación lloran los cielos y la tierra! Mi corazón
se rompe en dos con tu partida. Mi alma y mi espíritu lloran.
No hay nadie que pueda reemplazarte. Por eso, este mundo y el otro
sollozan por ti.
Me invade un gran dolor y nada puedo ya decir.

(DS 2364)

Junto a Husâm al-Dîn, inspirador del Maznawî

Bagdad, flor de la refinada cultura abasí, había sido arrasada por
las hordas mongolas. De golpe, seis siglos de pretendida unidad
califal se desmoronaron en apenas una semana. La noticia, que fue
recibida de forma traumática, no tardó en llegar a Konya. Apenas dos semanas más tarde, todo el mundo en la ciudad conocía
la catástrofe, de la misma manera que poco antes había llegado la
noticia de la destrucción de los centros urbanos del Jorasán. En
1243, los mongoles derrotaron al ejército selyúcida en la batalla
de Köse Dağ. Desde entonces, ejercieron el poder efectivo sobre
toda Anatolia. Las tropas mongolas habían llegado a las puertas
de Konya en varias ocasiones, respetando su integridad. Tuvo que
pagar, eso sí, unos altos tributos, pero a cambio no padeció ningún ataque. De hecho, Konya jamás sufriría la suerte fatídica de
Bagdad, Balj, Samarcanda, Nishapur y otras ciudades más. Konya
fue en vida de Rûmî una suerte de oasis que vivió en relativa calma
dentro del protectorado mongol en el que se había convertido el
sultanato selyúcida de Rûm. En realidad, no será hasta 1274, un año
después de la muerte de Rûmî, cuando se produzca la verdadera
ocupación mongola de la ciudad.

Al frente de los asuntos públicos de Konya se hallaba Mu'în
al-Dîn Suleymân Parvâna. Brazo derecho del sultán, el influyente
visir persa Parvâna fue la cabeza visible del Sultanato selyúcida de
Rûm durante el último periodo de vida de Rûmî. Parvâna, que era

discípulo de Rûmî, mantuvo una estrecha relación con él, hasta el punto de financiarlo durante un tiempo. Todo ello explica que Rûmî lo mencione unas cuantas veces tanto en su poesía como en sus charlas espirituales.

En este clima político se encontró Rûmî los últimos quince años de su vida, tiempo que estuvo marcado por la presencia de un nombre propio, el del joven Husâm al-Dîn Çelebî, a partir de entonces su más íntimo compañero espiritual y verdadero artífice del *Maznawî*, *opus magnum* de Rûmî, «el manual de todos los sufíes desde las fronteras del Ganges hasta las del Bósforo»,⁵ en palabras del orientalista austriaco Joseph von Hammer-Purgstall (m. 1856). Tras la muerte de Salâh al-Dîn, Rûmî, que pasaba de los 50 años, se volcó nuevamente en los asuntos de la Medersa Jodâvandgâr, asumiendo con nuevas energías su responsabilidad como guía espiritual. Rûmî admitió entonces que era su destino, su misión. Transcurrió cierto tiempo antes de que designara al sustituto de Salâh al-Dîn Zarkûbî al frente de la Medersa Jodâvandgâr. La persona elegida fue Husâm al-Dîn Çelebî (1225-1284), una figura sobresaliente a pesar de su juventud, que desde hacía unos años desempeñaba un papel destacado en la vida de Rûmî. Husâm al-Dîn no solo se convirtió en el tesorero de la medersa y se ocupaba de su correcto funcionamiento diario, sino que también fue un referente espiritual de todos los discípulos de Rûmî. En cierta forma, Husâm al-Dîn fue la voz de Rûmî durante todo ese tiempo. Igualmente, devino su secretario personal, su más íntimo compañero espiritual y su principal fuente de inspiración en los últimos años de su vida.

Rûmî tuvo siempre palabras muy elogiosas para Husâm al-Dîn, que han quedado para la historia en el *Maznawî*. Los primeros versos de cinco de los seis volúmenes del libro contienen loas que

---

5. Cf. Farhang Jahanpour, «Western Encounters with Persian Sufi Literature», en Leonard Lewisohn y David Morghan (eds.), *The Heritage of Sufism. Late Classical Persianate Sufism (1501-1750)*, vol. III, Oxford, Oneworld, 1999, pp. 28-59.

nada tienen que envidiar a las dedicadas a Salâh al-Dîn o a Shams. Husâm al-Dîn, de quien se dice que era de una belleza superlativa, fue para Rûmî «Maestro de maestros», «Hombre de luz», «Rey del espíritu», «Luz de Dios». Husâm al-Dîn apareció en la vida de Rûmî muy joven, a poco de llegar Shams a Konya, cuando aún no había cumplido los 20 años. Muy pronto se ganó la confianza de todos y Rûmî acabó por aceptarlo en su círculo más íntimo. A Shams, que poseía un don especial para percibir las aptitudes e intenciones de las personas, no se le pasó por alto la brillantez de aquel joven que razonaba como un adulto a pesar de su corta edad. Todo el mundo decía de él que era un ser luminoso:

> ¡Oh Luz de la verdad, Husâm al-Dîn! Eres aquel por cuya luz el *Maznawî* superó a la luna en esplendor.
> ¡Oh tú, en quien se han depositado todas las esperanzas! Tu noble anhelo guía este poema hacia Dios sabe dónde.
> Has atado el cuello de este *Maznawî*, conduciéndolo en la dirección que tú bien sabes.
> El *Maznawî* continúa su curso. Quien lo dirige es invisible, pero solo para el ignorante desprovisto de visión.
> Ya que tú has sido el origen del *Maznawî*, si este va creciendo es gracias a ti.
> Y como deseas que sea así, también Dios lo quiere. Dios ensalza el deseo del hombre vigilante.

(M IV, 1-6)

La familia de Husâm al-Dîn, de origen kurdo, procedía de la ciudad de Urûmîyah, en la región de Azerbaiyán, en el noroeste del actual Irán. Aunque su verdadero nombre era Hasan, se le conocía por el título de Husâm al-Dîn o «Espada de la fe» y como Çelebî, forma de reconocer a una persona distinguida y de buena educación. También le llamaban Ibn Ajî Turk, el «Hijo del Hermano Turco», lo cual requiere una explicación más detallada. El padre de Husâm al-Dîn, de nombre Muhammad, era la máxima autoridad en Konya de la así llamada *futuwwa* o caballería espiritual sufí, suerte de fraternidad de carácter iniciático, ligada a los gremios artesanales.[6] Aunque oriunda del Jorasán, la *futuwwa* había echado unas profundas raíces en toda Anatolia. El viajero tangerino Ibn Battûta, que recorrió la región en 1332, casi cuarenta años después de la muerte de Rûmî, describió en estos términos la realidad social de la *futuwwa*:

> El singular de *ajiyya* es *ajî*, como si dijéramos «mi hermano».[7] Los *ajiyya* están por todo el país de los turcomanos de Asia Menor, en cada comarca, ciudad o aldea. No hay en todo el mundo hombres que agasajen tanto a los forasteros como ellos, que sean tan prestos en dar de comer, en satisfacer las necesidades de los demás [...]. Entre ellos, el *ajî* es un hombre que la gente del mismo oficio y otros jóvenes solteros e independientes se dan a sí mismos como jefe. Esta comunidad se llama también *futuwwa* [...]. Si llega un viajero, ese mismo día lo alojan allí y le dan de comer con lo que han adquirido, teniéndole como huésped hasta que se va [...].[8]

Rûmî incorporó algunos rituales caballerescos propios de la *futuwwa* gracias a Husâm al-Dîn, quien a la muerte de su padre fue propuesto para sustituirle en la dirección de la influyente comunidad *ajî* de Konya. Sin embargo, el joven rechazó el ofrecimiento, ya que no le interesaba ejercer ningún tipo de poder. Su único y mayor deseo era acompañar a Rûmî y servirlo en todo. Como había sucedido antes con Shams y Salâh al-Dîn, Rûmî se entregó en cuerpo y alma a su nuevo *hamdam*, su cómplice y compañero del alma, con quien compartió hasta el último aliento vital. Rûmî vio en él mucho más que un discípulo privilegiado. A veces, lo trataba

---

6. Cf. *supra*, p. 88.
7. En árabe, la palabra *aj* significa «hermano». *Ajî* quiere decir «mi hermano».
8. Ibn Batûtta, *A través el islam*, Madrid, Alianza, 2002, pp. 377-378.

como a un hijo y otras se dirigía a él como si el propio Husâm al-Dîn, de quien Shams mismo se había deshecho en elogios tiempo atrás, fuese su padre. De hecho, llegó a considerarlo incluso su maestro, él que era el faro que iluminaba a todos los buscadores sinceros de Konya. Como había ocurrido con Shams y Salâh al-Dîn, el lazo afectivo y de compenetración espiritual que unió a Rûmî y Husâm al-Dîn rebasó con creces el marco relacional clásico entre maestro y discípulo.

Corría el año 1261 o tal vez 1262, cuando tuvo lugar un hecho trascendental, quizás el momento más decisivo de aquella singular relación de profunda amistad espiritual. A instancia del propio Husâm al-Dîn, Rûmî empezó entonces a componer su *Maznawî*. Una noche, estando Rûmî solo en su estancia habitual de retiro, Husâm al-Dîn se acercó a él —tal era la confianza que se tenían— y le expresó una inquietud que lo desasosegaba. Al parecer, los discípulos de Rûmî leían el *Mantiq al-tayr (El lenguaje de los pájaros)* de Farîd al-Dîn 'Attâr y el *Hadîqat al-haqîqa (El jardín de la verdad)* de Hakîm Sanâ'î, pero no acababan de hallar en dichas cimas de la literatura sufí persa ni la guía ni la serenidad interior que precisaban. Por eso Husâm al-Dîn le pidió a Rûmî que escribiese una obra didáctica acerca de los secretos del sufismo que sirviese de guía para todas las almas sedientas de verdad que frecuentaban la Medersa Jodâvandgâr, embrión de lo que pocos años después, tras la muerte de Rûmî, se convertiría en la escuela y fraternidad sufí de los derviches *mawlawîes*.

Al oír aquellas palabras de Husâm al-Dîn, Rûmî sacó de su turbante un trozo de papel que contenía escritos dieciocho versos que hablaban acerca del *ney*, la flauta sufí de caña. Había nacido el *Maznawî*. A partir de entonces y hasta el final de sus días, diez u once años más tarde, con algunas interrupciones, Rûmî, noche tras noche hasta el rayar del alba —porque la suya es una obra fundamentalmente nocturna—, le irá dictando a Husâm al-Dîn, convertido desde entonces en su fiel escriba, la mayor parte del

Maznawî. La figura de Husâm al-Dîn, verdadero inspirador del *Maznawî*, está estrechamente ligada a esa obra monumental. De hecho, esta no se entendería sin su concurso, quién sabe si tan siquiera habría visto la luz. El propio Rûmî lo reconoce en los primeros compases del sexto y último volumen del libro, llegando incluso a referirse al *Maznawî* como el «Libro de Husâm»:

> ¡Oh, Husâm al-Dîn, vivificador del corazón! Desde hace tiempo ardo en deseos de componer este sexto volumen.
> Gracias a la inspiración de un sabio como tú, el «Libro de Husâm» ha visto la Luz.
> ¡Oh, amigo del alma! Aquí tienes como ofrenda la sexta parte que completa el *Maznawî*.
>
> (M VI, 1-3)

Tras un par de años, aproximadamente, el primer volumen del *Maznawî*, que contiene un total de 4003 versos, estaba concluido. Sin embargo, un suceso inesperado vino a interrumpir aquel proceso creativo tan singular, en el que Rûmî recitaba sus versos melodiosos en voz alta, en el silencio de la noche, mientras Husâm al-Dîn los ponía por escrito. El curso natural del *Maznawî* se vio frenado por la muerte repentina de la mujer de Husâm al-Dîn. Este sintió tan hondamente el fallecimiento de su esposa que sin quererlo se vio sumido en una honda depresión. Durante casi dos años anduvo sin apenas fuerzas para realizar nada, inmerso en un estado de profundo abatimiento y dolor. Pues, más allá de cualquier otra consideración, no se puede obviar el aspecto trágico que la muerte terrenal posee. Sea como fuere, Husâm al-Dîn logró superar aquella situación e incluso salió reforzado de ella y pudo remontar el vuelo nuevamente. La suya fue una caída hacia lo alto. El propio Rûmî lo reconoció así: «Partió como un ruiseñor [Husâm al-Dîn] y regresó convertido en todo un halcón capaz de cazar las más altas verdades espirituales» (M II, 8-9).

Por aquel entonces, a mediados del mes de septiembre de 1262, falleció también 'Alâ' al-Dîn, el hijo menor de Rûmî, con quien jamás tuvo una buena relación. Tenía 39 años. 'Alâ' al-Dîn había proseguido su carrera de hombre de religión al margen de Rûmî y su entorno tanto familiar como espiritual. Su visión de la religión era muchísimo más limitada y estrecha que la de su padre o su hermano mayor, Sultân Walad. De ahí que cuestionara abiertamente, por ejemplo, que alguien como Rûmî se entregara al *samâ'*, algo que para él se oponía a la ley religiosa. De hecho, hubo en Konya voces muy contrarias a la danza y la música, y Rûmî tuvo que lidiar con ellas, como se desprende del siguiente relato narrado por Sultân Walad y recogido por Aflâkî:

> Sultân Walad dijo: «Un día preguntaron a mi padre: "¿No es extraño el sonido del *rabâb*?".[9] Él repuso: "Es el sonido de las puertas del paraíso lo que oímos en él". Entonces Sayyed Sharaf al-Dîn dijo: "También nosotros oímos el mismo sonido. ¿Por qué nosotros no nos apasionamos entonces de la misma forma que lo hace Rûmî?". Este replicó: "¡Por Dios! Lo que nosotros oímos es el sonido de las puertas abriéndose, mientras que lo que tú oyes es el sonido de las puertas cuando se cierran"».[10]

Como ya hemos visto, Rûmî jamás le perdonó en vida a 'Alâ' al-Dîn el trato vejatorio que le había dispensado a Shams, siendo esa, muy posiblemente, la razón de que no asistiera a su entierro, algo impensable en circunstancias normales. La mala relación existente entre padre e hijo, jamás atemperada por el paso del tiempo, fue un peso que Rûmî cargó toda su vida. Como sabemos, finalmente Rûmî lo perdonó, aunque después de muerto. Sin embargo,

---

9. El *rabâb* es un instrumento de cuerda frotada, presente, con ligeras variaciones formales, en diferentes culturas musicales islámicas. El término apareció por primera vez en el siglo X, de la mano del filósofo y musicólogo Al-Fârâbî (m. *ca.* 950).

10. Aflâkî, *The Feats of the Knowers of God...*, *op. cit.*, p. 333.

aquel perdón no significó que las desavenencias existentes con algunos religiosos de Konya afines a 'Alâ' al-Dîn se mitigaran. De hecho, aquel antagonismo se mantuvo igual e, incluso, se acentuó.

Una vez que Husâm al-Dîn, convertido ya en todo un halcón de la senda espiritual, se hubo recuperado del duro golpe que supuso la muerte de su esposa, Rûmî, que dio muestras siempre de una gran capacidad de espera, decidió retomar la marcha del *Maznawî*. El comienzo del segundo volumen tuvo que haber sido entre noviembre de 1263 y octubre de 1264. A partir de entonces ya no hubo ninguna interrupción hasta la finalización del libro. La relación entre Husâm al-Dîn y Rûmî se fue estrechando más y más, hasta que este lo elevó a la categoría de *shayj* o guía espiritual de todos sus discípulos. Husâm al-Dîn tenía 40 años, edad que indica respetabilidad en la tradición islámica. A diferencia de lo que había sucedido anteriormente tanto con Shams como con Salâh al-Dîn, Husâm al-Dîn fue aceptado sin problema alguno por todos los discípulos de Rûmî, que veían en él a alguien digno de ser seguido. Dicha actitud fue recibida por Rûmî con alivio, después de las experiencias anteriores tan enojosas e incluso violentas.

Los encuentros más fructíferos, también los más gratos, entre Rûmî y Husâm al-Dîn tuvieron lugar durante los meses más cálidos del año, en Meram, un verdadero vergel a las afueras de Konya, donde Husâm al-Dîn disponía de un huerto y un jardín, a los que Rûmî acudía asiduamente. Fue un periodo muy feliz de su vida. Rûmî parecía caminar en el aire. Mientras tanto, el *Maznawî* iba creciendo a buen ritmo. En menos de tres años, hacia 1270, los tres volúmenes siguientes del *Maznawî* —tercero, cuarto y quinto— estuvieron concluidos.

Una vez completado el segundo volumen, Rûmî y Husâm al-Dîn comenzaron a trabajar en el tercero sin solución de continuidad. Ambos parecían poseídos por una fuerza irresistible que los empujaba a engarzar verso tras verso como un caudal sin límite. En dicho volumen, así como en el cuarto, Rûmî se presentará abiertamente como una suerte de adalid del amor, su tema favorito, fondo que recorre como médula vivificante todo el *Maznawî:* «Cuando el amor de Dios anida en tu corazón, no dudes jamás que Dios te ama» (M III, 4393-96). Para entonces, el *Maznawî* ya estaba en boca de todos en Konya, a pesar de que aún se estaba escribiendo. Todos opinaban acerca de él aun sin conocerlo en detalle. Para algunos, los más espiritualistas, el libro, que según ellos reunía básicamente cuentos sin más, era una obra menor y superficial, falta de profundidad, impropia de un *shayj* sufí. Para otros, los hombres de religión más intransigentes, la teología del amor divino que subyace en el *Maznawî* era sencillamente incomprensible. A Rûmî, hombre de maneras exquisitas, sin embargo jamás le tembló el pulso a la hora de replicar a quienes le increpaban injustificadamente.

Los últimos años, una segunda infancia

Los últimos años de Rûmî fueron como vivir una nueva infancia. Este tramo de su vida coincidió con el final de la soberanía de Konya como capital del Imperio selyúcida. Ambos destinos, el de Konya y el de Rûmî, parecían correr la misma suerte. Vista a la luz de la época en que fue escrita, un periodo de decadencia, la obra de Rûmî es como un último canto conmovedor de amor universal que se eleva desde un barco a medio hundirse. Fue en esa época, hacia 1263, cuando los primeros síntomas de cierto declive físico se manifestaron de forma más visible en Rûmî. En los últimos años de su vida, su salud se vio muy deteriorada. Qué duda cabe que su severa disciplina espiritual tuvo mucho que ver en ello. Los ayunos prolongados, una dieta muy frugal basada fundamentalmente en la ingesta de yogur con ajo y pan, así como las largas noches en vela dedicadas a la plegaria, la práctica del *samâ'* o la composición del *Maznawî* junto a Husâm al-Dîn agravaron su situación. Qué lejos quedaban los años esplendorosos de una juventud que el propio Rûmî compara con «un jardín verde y fresco que otorga sus frutos sin medida» (M II, 1217).

Por aquel entonces, sus hijos eran personas ya adultas cuyas vidas se hallaban más o menos orientadas, tanto en lo personal como en lo profesional. Sin embargo, Rûmî continuó desviviéndose por ellos hasta el final de sus días, de tal manera que lo tuvieron siempre a su lado cuando lo necesitaron. Rûmî jamás les falló a sus hijos. Atrás quedó el tiempo en el que, ya casado y padre de familia, marchó a Siria para proseguir sus estudios islámicos, dejando a Burhân al-Dîn, su maestro entonces, al cuidado de su esposa e hijos. Pero, a pesar de todas las vicisitudes vividas a lo largo de su vida, mentiríamos si dijéramos que Rûmî no fue un padre ejemplar, porque lo cierto es que jamás descuidó sus deberes como tal, incluso en sus periodos de ausencia.

El fiel y paciente Sultân Walad, que fue para Rûmî mucho más que un hijo, permaneció junto a él en todo momento, convirtiéndose en su principal sostén, alguien que supo ocupar siempre el lugar que le correspondía, sin presentar jamás la más mínima queja. Porque hubo quien tras la muerte de Salâh al-Dîn pidió que Sultân Walad tomase las riendas de los discípulos de Rûmî. Sin embargo, este consideró que la persona idónea para desempeñar dicha función era el joven Husâm al-Dîn Çelebî, lo cual fue aceptado por Sultân Walad sin la más mínima queja. Ese era el talante de quien estaba llamado a ser el verdadero legatario espiritual de su padre.

Sin embargo, en la vida de Sultân Walad había una sombra: la ausencia de hijos, algo de lo cual el mismo Rûmî se dolía, deseoso de tener un nieto emparentado con su añorado orfebre Salâh al-Dîn. Tal circunstancia llegaría, pero aún habría de pasar cierto tiempo hasta ver cumplido lo que para Rûmî era mucho más que un sueño. En cuanto a su hijo más pequeño, Muzaffar al-Dîn, que trató sin éxito de hacer carrera dentro de la administración pública como funcionario del Tesoro, abandonó un estilo de vida que no iba con él para dedicarse por completo a la senda sufí de su padre, algo que a este le colmó de orgullo y satisfacción. A pesar de ver mermadas sus facultades físicas paulatinamente, Rûmî continuó, noche y día, entregado al *Maznawî*. Sin duda la presencia de Husâm al-Dîn fue para él estímulo y fuente de inspiración. A su lado, debió de sentirse rejuvenecido. Lo cierto es que muy pronto el quinto volumen de aquel libro llamado a ser con el tiempo una suerte de vademécum sufí quedó completado en el año 1270 o 1271.

Uno de los aspectos más chocantes, y hasta cierto punto controvertidos, de la obra de Rûmî es su particular tratamiento del humor y, más concretamente, del humor escatológico y sexual, presente ya en el cuarto volumen del libro, pero sobre todo en este quinto ahora finalizado. Cuando Reynold A. Nicholson se topó con dichas historias escabrosas *(hazl)* optó por verterlas ¡al latín! El eminente orientalista británico pensaba que de esta manera aquellos pasajes cuando menos delicados no llegarían al gran público, que podría malinterpretarlos. Únicamente los conocedores del latín, personas selectas, tendrían la capacidad y la formación adecuadas para hacer una lectura correcta de esos pasajes, que han merecido no pocos comentarios e interpretaciones. Algunos han querido ver en dichas imágenes jocosas y sexuales formas metafóricas del amor místico. Otros han visto en ellas una forma indirecta de resaltar lo sublime. Sea como fuere, ese es un rasgo característico del pensamiento de Rûmî, para quien la vida nos educa mediante los contrastes y las polaridades, de tal modo que se reconoce cada cosa mediante su contrario. Si todo fuese luz, no habría luz. En este caso, lo sublime se reconoce desde lo más bajo y grosero: «El edificio de la creación se fundamenta sobre los contrarios» (M VI, 50).

El hecho de que dichos pasajes no hayan sido ni suprimidos de sus libros ni tampoco prohibidos prueba que, por muy chocantes e improcedentes que puedan parecer en un personaje de la talla espiritual de Rûmî, cumplen una función pedagógica, aunque esta resulte incomprensible a simple vista. A veces las escenas más obscenas del *Maznawî* se convierten en verdaderas alegorías místicas. Así han sido vistos y aceptados secularmente tales pasajes, escasamente conocidos por un público occidental que ignora casi por completo esa faceta de Rûmî. Podríamos decir que ha prevalecido el principio de autoridad: si alguien como Rûmî se expresó de ese modo sus razones tendría. No en balde, él mismo llegó a decir que sus historias escabrosas no eran tales, sino pura enseñanza.

Poco antes de morir, Rûmî vio satisfecho uno de sus mayores deseos. El 7 junio de 1272, llegó al mundo 'Ûlû 'Ârif Çelebî (1272-1320), fruto del matrimonio entre Sultân Walad y Fâtima Jâtûn, hija de Salâh al-Dîn Zarkûbî. Por fin, su hijo más querido le había dado un nieto, algo que anhelaba desde hacía tiempo. Aquel nacimiento fue vivido por Rûmî y el resto de la familia como un verdadero milagro, ya que Fâtima había sufrido varios abortos involuntarios con anterioridad e, incluso, había perdido a alguna criatura en el parto. Según Aflâkî, Rûmî inició al pequeño 'Ûlû 'Ârif, todavía un bebé de pocas semanas, en el *dhikr* o fórmula invocatoria «Allâh, Allâh», que le susurró al oído, tal como tiempo atrás había hecho su padre Bahâ' al-Dîn Walad con él mismo. Rûmî tuvo mucho que ver también en el nombre que recibió el pequeño. De hecho, fue él quien le sugirió a su hijo Sultân Walad cómo debía llamarlo. En primer lugar, Farîdûn, en honor a su abuelo Salâh al-Dîn, que se llamaba así. Amîr 'Ârif, «Príncipe sabio», que era como Bahâ' al-Dîn se dirigía a veces a Rûmî cuando este era apenas un muchacho. Y, por último, lo más importante: Rûmî quiso otorgarle el título con el que él había sido nombrado de pequeño, Yalâl al-Dîn, que quiere decir «El Esplendor de la Fe». Así pues, su nombre completo quedó así: Farîdûn Yalâl al-Dîn 'Ûlû Amîr 'Ârif Çelebî.

Como veremos en el siguiente capítulo, el joven 'Ûlû 'Ârif, de quien Rûmî afirmaba que era tan «bello como la luna» (DS 16), cobrará protagonismo en el momento en el que comience a cristalizar organizativamente la fraternidad de los derviches *mawlawîes* y se sistematicen las enseñanzas espirituales de Rûmî, algo que jamás le satisfizo. Pero para ello aún habría de pasar cierto tiempo. A pesar de haber llegado al mundo en los últimos compases de la vida de Rûmî, 'Ûlû 'Ârif fue muy importante para él. Existe un muy particular hilo invisible que une a nietos y abuelos, presente y pasado, lo viejo y lo nuevo, infancia y vejez, algo que corrobora la propia lengua árabe y que Rûmî seguramente supo, dado que poseía un conocimiento excelente de la lengua del Corán. En árabe, los términos «nuevo» *(yadîd)* y «abuelo» *(yadd)* comparten una misma raíz gramatical, con lo que poseen también un parentesco semántico. Una vez más los opuestos se abrazan.

La vejez, en la que buena parte de las propias pasiones y avideces se han acallado para siempre, el ser humano se acerca nuevamente a la infancia. Aun sin saberlo, vive una suerte de segunda infancia, en expresión de Frithjof Schuon.[11] Ambas, infancia y vejez, se encuentran muy próximas a la fuente divina. Ambos, el niño y el anciano, son quienes están más cerca de Dios, aunque por razones distintas. La infancia está aún muy próxima a Él, porque acaba de venir de Él; mientras que la vejez también lo está ya, en cierta manera, porque se encuentra a punto de partir hacia Él. Quizás todo ello explique que niños y abuelos hallen satisfacción en unas mismas cosas que suelen pasar inadvertidas para el resto de la gente, toda esa gran franja de personas que ya han dejado de ser niños y aún no son lo suficientemente mayores.

La pena para Rûmî fue que apenas si pudo disfrutar de su nieto, puesto que el final de sus días estaba ya muy cerca. Con todo, Aflâkî recoge algunos episodios muy entrañables en los que un Rûmî totalmente entregado aparece jugando como un verdadero niño con 'Ûlû 'Ârif. En algunos momentos, son Rûmî y el propio

---

11. Cf. Frithjof Schuon, *Miradas a los mundos antiguos*, Palma de Mallorca, J. J. de Olañeta, 2004, p. 67.

Husâm al-Dîn quienes juegan con el pequeño, tal vez en una pausa
de su trabajo con el *Maznawî*, lo cual indica, entre otras muchas
cosas, que a ellos no les molestaban los niños. Para Rûmî:

> [...] mostrar amabilidad para con los niños es un legado que todo
> musulmán ha heredado de Muhammad, soberano de nuestra ley
> religiosa y luna en el firmamento de la realidad más elevada, quien
> dijo: «Quien se halle en la presencia de un niño, que se comporte él
> mismo como un niño».[12]

Fiel a dichas palabras del profeta Muhammad, Rûmî se conver-
tía en todo un niño cada vez que estaba con 'Ûlû 'Ârif Çelebî,
demostrando de este modo que un sabio sufí no pierde jamás
su inocencia, esto es, la capacidad de maravillarse por todo. A
pesar del paso inexorable del tiempo, Rûmî jamás dejó de hablar
el idioma de los niños, basado en la transparencia y la verdad. Y
es que los niños y los borrachos —y Rûmî estaba ebrio de amor
por Dios— siempre dicen la verdad y, por eso mismo, jamás tienen que demostrar nada ni tampoco justificarse ante nadie. Aunque fue muy poco el tiempo que Rûmî convivió con su nieto,
dejó una huella indeleble en el pequeño. A medida que fue ha-
ciéndose mayor, todos quisieron ver en él algo de Rûmî, desde la
forma de andar hasta su delicadeza extrema y su exquisito *adab*.
Su padre Sultân Walad dijo de 'Ûlû 'Ârif, cuando este apenas si
contaba 6 años de edad:

> En el momento en el que 'Ûlû 'Ârif entra a través de la puerta de
> la medersa, imagino que es mi padre [Rûmî] quien está entrando.
> Su porte elegante, su forma delicada de caminar y sus movimientos
> equilibrados son exactamente iguales a los de mi padre. En mi juven-
> tud, vi siempre en mi padre todas estas características y este mismo

---

12. Aflâkî, *The Feats of the Knowers of God...*, *op. cit.*, p. 582.

aspecto. Incluso los movimientos de ʿÛlû ʿÂrif durante el *samâʿ* son idénticos a los de Rûmî [...]. Sin embargo, en su caso todo esto es un don y no algo expresamente adquirido.[13]

Sin embargo, la presencia de ʿÛlû ʿÂrif Çelebî no distrajo a Rûmî de su compromiso con el *Maznawî*. Así, muy pronto el sexto y último volumen del libro quedaría completado y con él esa obra monumental. Es indudable que el número seis no es casual. De hecho, nada en obras de estas características lo es, aunque a simple vista nos puedan parecer un tanto desordenadas y laberínticas, sin estructura aparente, porque esa supuesta desorganización sirve simplemente para alejar a los curiosos y confundir a las mentes lineales. En primer lugar, el número seis simboliza, tanto en el sufismo como en otras corrientes sapienciales islámicas, las seis direcciones de la existencia, esto es, los cuatro puntos cardinales, más el cenit y el nadir, que además de su valor astronómico también indican elevación y profundidad espiritual. Por consiguiente, con ese número queda muy claro el carácter al mismo tiempo sintético y universal del *Maznawî*. Rûmî quiso condensar en él la totalidad del saber islámico y llegar a todos los rincones. De ahí, las seis direcciones. No en vano, el mismo Rûmî afirma en la introducción del primer volumen:

> Este es el libro del *Maznawî*, fundamento de los fundamentos de la tradición del islam, en el que se desvelan los secretos para alcanzar la verdad y la certeza, que es la más alta ciencia divina, la vía más clara y la prueba más evidente de Dios. Cura para los corazones dolientes, consuelo para las penas, instructor del Corán, fuente de la abundancia de los dones divinos.
>
> (M I, Introducción)

---

13. Aflâkî, *The Feats of the Knowers of God...*, *op. cit.*, p. 585.

En este sexto y último volumen, el más largo de todos, se aprecia una voluntad de compilación, así como una maduración de toda la filosofía espiritual de Rûmî, marcada toda ella por el valor que le concede al amor *('ishq)*, al amor y al dolor *(dard)* que inevitablemente lo acompaña.[14] Dicho dolor simboliza un estado surgido de la pureza del afecto amoroso que el amante es incapaz de soportar. Rûmî emplea a menudo la expresión «dolor sin remedio» *(dard bî dawâ')* para referirse, justamente, al amor de Dios, que no tiene cura alguna. En ese sentido, el derviche habrá de asumir que el mal de amor carece de remedio y que, en consecuencia, será siempre un ser herido. Para Rûmî, él mismo un enfermo incurable de amor, no hay experiencia amorosa que no comporte dolor. En Rûmî, todo su ser es dolor infinito, porque es amor sin principio ni fin. Sin embargo, dicho dolor por causa del amor en modo alguno paraliza, antes bien constituye toda una alquimia que transforma y renueva al ser:

> El dolor del amor convierte en nueva la vieja medicina, el dolor del amor poda cada rama del cansancio;
> el dolor del amor es una alquimia renovadora. ¿Cómo puede haber cansancio donde hay dolor del amor?
> No suspires por el cansancio, el frío o la desesperación. Busca y busca el dolor del amor, siempre más y más dolor del amor.
>
> (M VI, 4302-4304)

Con todo, nos queda un interrogante respecto al sexto volumen del *Maznawî*, ya que posee un final relativamente abrupto, pues deja una historia a medio contar. Al menos esa es la impresión que da a primera vista. Queda la duda de saber si dicho final fue intencionado o si se debió a causas ajenas a la voluntad de Rûmî. Quizás no tuvo tiempo de concluirlo como deseaba, por culpa de

---

14. Cf. *supra*, p. 31.

su enfermedad. ¿O tal vez quiso el propio autor que el *Maznawî* tuviese un final expresamente abierto?

Una «noche de bodas» eterna

Si es cierto, como afirman los sabios sufíes, que venimos al mundo con las respiraciones contadas, las de Rûmî comenzaron a agotarse a principios del otoño de 1273, cuando su fatigado cuerpo cayó gravemente enfermo. Unas extrañas fiebres se apoderaron de él. Por suerte, en el círculo de sus alumnos y discípulos había dos médicos cualificados, Fajr al-Dîn Gazanfarî Tabrîzî (m. 1280) y Akmal al-Dîn al-Najyuwânî (m. 1302), su médico particular. Sin embargo, poco pudieron hacer aquellos reputados galenos por restablecer la salud maltrecha de Rûmî, más allá de acompañarlo y prestarle consuelo. Su cuerpo ardía en fiebre noche y día, como había ardido de amor su espíritu toda la vida. Estuvo arropado por los suyos en todo momento. Su esposa Kirrâ Jâtûn, Husâm al-Dîn Çelebî y su hijo Sultân Walad no se separaron de él ni un solo instante.

Informado del estado en el que se hallaba Rûmî, un día recibió la visita de Sadr al-Dîn Qûnawî, el hijastro de Ibn ʿArabî y su discípulo más destacado. A pesar de tener personalidades dispares y del talante diferente de sus respectivas vías espirituales, ambos fueron grandes amigos. Sadr al-Dîn asistía a menudo a las charlas espirituales que ofrecía Rûmî, habiendo llegado a participar incluso en alguna ceremonia de *samâʾ*. Tal fue el afecto que se profesaron mutuamente que Rûmî le expresó a Husâm al-Dîn el deseo de que fuese Sadr al-Dîn quien condujera su funeral una vez que partiera de este mundo, deseo que, como veremos seguidamente, se cumplió, pero solo a medias. El caso es que, al verlo postrado en el lecho de aquel modo, Sadr al-Dîn y los alumnos que le acompañaban le desearon una pronta recuperación y le pidieron a Dios que preservara su vida, a lo que Rûmî les respondió con la serenidad de quien sabe que la hora del reencuentro con la fuente divina le ha llegado:

> Cuando entre el amante y el Amado no hay más que una simple camisa de crin, ¿acaso no deseáis retirar dicha prenda y permitir que, por fin, la luz se una a la luz?[15]

Una vez que hubieron escuchado dichos versos con profundo respeto y emoción, Sadr al-Dîn y sus alumnos se despidieron de Rûmî entre lágrimas, sabiendo que la partida de este mundo de ese alquimista del corazón era inminente. Los hagiógrafos narraron su final con el estilo épico y laudatorio propio del género. Cuentan que durante los días que Rûmî estuvo postrado en el lecho, tuvieron lugar en Konya diversos terremotos que se prolongaron durante siete largos días y noches, algo, por otro lado, muy común en Anatolia. Parecía como si el caos se hubiese apoderado de la ciudad. Todo se derrumbaba sin paliativos. Era como si un mundo se extinguiese con el propio Rûmî. Konya, la ciudad que tanto le debía, se venía abajo sin su sostén espiritual. Sabiéndose en las postrimerías de su vida, Rûmî quiso brindarles unas últimas palabras, sus consejos finales, a las personas más íntimas, quienes le acompañaron en los días y las horas más determinantes de su periplo vital, ya a las puertas de la muerte. Estas fueron sus palabras:

> Os recomiendo que tengáis plena conciencia de Dios *(taqwà)*, tanto en público como en privado; que seáis moderados en la comida y en el sueño, y también a la hora de hablar. Absteneos de cometer cualquier transgresión, evitad incurrir en faltas. Sed constantes en orar y ayunar. Frenad vuestra avidez. Soportad con paciencia cualquier circunstancia de la vida. No frecuentéis a las gentes vulgares e ignorantes. Rodeaos, en cambio, de quienes sean nobles, compasivas y

---

15. Aflâkî, *The Feats of the Knowers of God...*, *op. cit.*, p. 399.

generosas, puesto que las personas más valiosas son las que aportan algo de valor a los demás. Sabed que las mejores palabras son siempre breves, verídicas y razonadas.[16]

En sus consejos finales, Rûmî no les brindó a los suyos una dogmática, sino una verdadera ética espiritual y una civilidad. Rûmî se enfocó en vida en el comportamiento mesurado, consciente de que la maduración del ser humano como tal está estrechamente conectada con la capacidad de sobrellevar la ausencia y la carencia. Para Rûmî era impensable, por ejemplo, que un derviche pudiese dormir en exceso, ya que el sueño desmedido roba instantes que podrían dedicarse al Amado divino. Según Rûmî, quienes duermen mucho ofenden a Dios. De ahí también la relevancia que le concedió al ayuno, práctica que es capaz de cortar de raíz la dinámica de un mundo voraz que vive de la exacerbación del deseo. Porque solo quien sabe renunciar es capaz de gozar serena y noblemente. Lo cierto es que los presentes prorrumpieron en llanto tras escuchar los últimos consejos de Rûmî. Él trató de consolarlos aduciendo que perecería su cuerpo, pero no su espíritu, y que este continuaría velando por ellos desde el más allá. Mencionó entonces el caso de Mansûr Hallây, el mártir sufí de Bagdad, cuya luz iluminó el espíritu de Farîd al-Dîn 'Attâr en sueños mucho tiempo después.

Durante tres días y tres noches, Rûmî guardó un silencio absoluto. La hora final se acercaba y quiso vivirla de la forma más consciente posible. Angustiada ante el mutismo de su esposo, Kirrâ Jâtûn trató de hacerlo hablar. Rûmî pronunció entonces estas palabras: «Medito en silencio acerca de mi muerte, tratando de saber cómo será».[17] Horas antes de morir, Rûmî experimentó una ligera mejoría. En ese tiempo, pudo componer el que sería su último poema, dedicado a su hijo Sultân Walad, quien, presa del agota-

16. Aflâkî, *The Feats of the Knowers of God...*, *op. cit.*, pp. 400-401.
17. *Ibid.*, p. 398.

miento y el desconsuelo de asistir a las horas finales de su padre, había caído enfermo:

Ve y reposa tu cabeza sobre la almohada. Déjame solo ahora.
Permíteme vagar a través de la noche, arrostrando mi aflicción.
Estoy solo, a merced de las olas del amor ardoroso, toda la noche
hasta el alba.
Si así lo deseas, ven y cólmanos de misericordia; pero si no, marcha
y mortifícanos con la ausencia.
Aléjate de mí para no enfrentarte al dolor al que yo me enfrento [...].
Sufro un mal dentro de mí cuyo único remedio es la muerte.
Me pregunto cómo podré llamarla para que venga a socorrerme.
Anoche soñé con un anciano que recorría la senda del amor.
Me hizo gestos desde lejos invitándome a acompañarlo.
Si existe un dragón en el camino de la verdad, que sepas que también
está la esmeralda del amor.
Puedes vencer al dragón con la luz de la esmeralda.
Es suficiente con esto. No hables más. Estoy desfallecido [...].

(DS 2039)

El sábado 17 de diciembre de 1273, correspondiente al 5 de *yumâdà al-âjira*, el sexto mes del calendario islámico, del año 672 de la hégira, Rûmî espiró su último aliento, mientras anochecía en Konya. Por fin, el amante ardoroso se reunía con el Amado divino en su singular «noche de bodas» *(shab-i ʿarûs)*, en expresión del propio Rûmî, para quien la vida es una travesía que conduce irremisiblemente a Dios y la muerte es el instante feliz de la reunión con Él. De ahí estos versos:

Cuando vengas a visitar mi tumba su techumbre se te aparecerá
danzando.
No vengas a mi tumba sin pandero *(daf)*, ¡hermano!
No hay cabida en el banquete de Dios para las personas afligidas.

(DS 683)

Por deseo expreso del propio Rûmî, sus exequias fueron conducidas por Sadr al-Dîn Qûnawî, figura que gozaba del respeto de todos en Konya. Sin embargo, fue tal la emoción que sintió que se desvaneció y cayó al suelo sin ni siquiera haber dado inicio a la oración pertinente. Sadr al-Dîn fue sustituido por Qâdî Sirây al-Dîn Mahmûd al-Urmuwî (m. 1283), juez principal de Konya y un hombre muy próximo a Rûmî desde los tiempos de Shams. Él fue quien salió en su defensa cuando algunos de la ciudad le pidieron actuar en su contra por el uso que Rûmî hacía de la música y la danza durante el *samâ'*, una práctica que consideraban indecente y contraria a la religión. El cortejo fúnebre abarrotó las calles de Konya a su paso. Todo el mundo quiso darle su último adiós. Gentes de diferente condición social, cultura y credo se echaron a la calle para honrar su memoria. Y es que el *walî*, el «amigo íntimo de Dios», lo es para todo el mundo. Rûmî era visto por todos como uno de los suyos. Los líderes religiosos de Konya, tanto judíos como cristianos, proclamaron:

> Hemos comprendido la verdad de Moisés, de Jesús y de todos los demás profetas gracias a su verbo esclarecido. Hemos sabido ver en él el comportamiento de los profetas impecables que leemos en nuestros libros sagrados. Si vosotros, musulmanes, consideráis a Rûmî el Muhammad de este tiempo, nosotros lo reconocemos como el Moisés y el Jesús de la era presente.[18]

Pocos meses después de la muerte de Rûmî, Amîr 'Alam al-Dîn Qaysarî, un prominente funcionario gubernamental, se dirigió a Sultân Walad para expresarle su voluntad de erigir un mausoleo en honor de su padre. A pesar del poco aprecio que Rûmî tenía por este tipo de edificaciones y de haber dejado escrito «después de mi

18. Aflâkî, *The Feats of the Knowers of God...*, *op. cit.*, pp. 405-406.

muerte buscadme en vuestros corazones»,[19] Sultân Walad accedió
y, en poco tiempo, la llamada «Cúpula Verde» *(Qubbat al-jazrâ')*
fue una realidad. Las obras se llevaron a cabo bajo la dirección del
arquitecto Badr al-Dîn Tabrîzî y fueron financiadas por la princesa Gurjî Jâtûn, ferviente discípula de Rûmî, y la esposa del visir
Mu'în al-Dîn Parvâna. Otro arquitecto de prestigio, 'Abd al-Wâhid
bin Salîm, fue el encargado del sarcófago, un intrincado trabajo
tallado en madera de nogal que es considerado como una de las
piezas más sobresalientes del arte selyúcida. En él se inscribieron
los siguientes versos de Rûmî:

El día que yo muera, mientras lleven mi féretro en volandas,
que nadie piense que estoy afligido por abandonar este mundo.
¡Que nadie llore por mí, que nadie se lamente!

(DS 911)

El gato que dejó de maullar

A los pocos días de la muerte de Rûmî, cuando sus familiares y
discípulos aún lloraban su partida de este mundo, mientras la
ciudad de Konya sufría la orfandad ocasionada por la ausencia de
aquel hombre excepcional, tuvo lugar un suceso, en modo alguno
menor, que los sumió aún un poco más en la tristeza a todos. Tras
el adiós de Rûmî, su gato, por quien sentía un afecto muy especial, no probó bocado ni bebió durante una semana, hasta que
finalmente murió. Más que de inanición, el gato de Rûmî murió
de pura tristeza, incapaz de soportar el vacío dejado por quien
había sido mucho más que su amo. Su hija Mâlika Jâtûn cubrió
con un paño blanco el cuerpo inerte del felino y lo enterró entre

19. Citado en Annemarie Schimmel, «Mawlânâ Rumi y Konya revisitados»,
SUFI, n.º 7 (2004), p. 18.

lágrimas no muy lejos de la tumba donde yacían los restos de su padre y del resto de la familia. Del mismo modo que la voz de Rûmî calló para siempre, su gato no volvería a maullar ni a ronronear jamás. Calló para siempre su voz, pero no así su espíritu, puesto que Rûmî, astrolabio con el que orientarse en un mundo desnortado y sin centro como el nuestro, continúa siendo una luz en la oscuridad que denuncia sin titubeos, aunque también de forma profundamente compasiva, los estragos que la necedad humana causa en el mundo.

Como muchas otras cosas, Rûmî heredó del profeta Muhammad su amor por los gatos. El Profeta consideraba que eran animales puros y que como tales podían ingresar en el paraíso. Se dice que los gatos con rayas en la frente han heredado la marca dejada por las caricias que el Profeta le hacía a su gata Mu'izza, «Cariñosa» en árabe. Que en ciudades como Konya y Estambul —denominada popularmente «la ciudad de los gatos»—, en las que la memoria de Rûmî es presencia viva, los gatos campen a sus anchas y formen parte de la vida social, tiene mucho que ver, sino todo, con la pasión que sentían por ellos tanto el profeta Muhammad como el propio Rûmî. Según reza un viejo adagio sufí mencionado en la ciudad de Konya, «quien no ama a los gatos, tampoco es capaz de amar de verdad a las personas».

VIII
Rûmî después de Rûmî.
El legado literario y espiritual

Sultân Walad y el sufismo mawlawî

Fue el mismo Rûmî, en los últimos compases de su vida, ya gravemente enfermo y postrado en el lecho, quien planteó ante los suyos
la cuestión de su sucesión, consciente de que su tiempo se estaba
consumiendo irremisiblemente y no podía dejar huérfanos de guía
a sus muchos discípulos. Por supuesto, solo había dos nombres
capacitados para sucederle, Husâm al-Dîn Çelebî y su hijo Sultân
Walad, aunque todo el mundo sabía que nadie podría llenar el
vacío que un hombre como Rûmî dejaría al morir. Finalmente,
el escogido fue su inseparable escriba Husâm al-Dîn. Esta decisión
de Rûmî sorprendió a casi todo el mundo, dado que la costumbre
era que el sucesor de un maestro sufí fuese alguien de su propia
familia y, más aún, tratándose del primogénito, como era el caso.
Sin embargo, una vez más, Rûmî, dotado hasta el final de una
capacidad inusual de percibir más allá de los fenómenos, optó no
por lo que se suponía que tenía que hacer, sino por lo que consideró más fructuoso para todos. Por su parte, Sultân Walad acató
la decisión de su padre con respeto, como había hecho siempre.

Husâm al-Dîn Çelebî condujo el amplio grupo de seguidores
dejado por Rûmî hasta 1284, año de su muerte. Fue entonces, sí,
cuando Sultân Walad tomó las riendas del legado espiritual dejado
por su padre, dotándolo de una estructura propia de *tarîqa* o fraternidad sufí. Había nacido la *tarîqa mawlawiyya* de los derviches

giróvagos. Dicha fraternidad llevaría desde sus albores el sello inconfundible de Rûmî y su venturoso periplo espiritual, que estuvo marcado, a su vez, por la personalidad de los tres compañeros espirituales que este tuvo a su lado en el último tercio de su vida. Interrogado, en cierta ocasión, acerca de quién de ellos ocupaba el rango espiritual más alto, Rûmî respondió que Shams al-Dîn era como el sol, Salâh al-Dîn como la luna y Husâm al-Dîn como las estrellas. Cada uno poseía su propia personalidad y su sello particular. Sin embargo, tenían algo en común que les hacía iguales.

Aunque los primeros pasos se dieron ya con Husâm al-Dîn, Sultân Walad, de quien el propio Rûmî dijo que era la persona más próxima a él tanto en constitución física como en carácter, fue el verdadero artífice de la fraternidad *mawlawî*. Tenía por aquel entonces 58 años de edad. Fue él quien sistematizó las enseñanzas de su padre, el que dispuso la pedagogía espiritual *mawlawî*, incluyendo la particular forma de iniciación a la que nos referiremos a continuación, y quien dotó de una estructura organizativa sólida y operativa a lo que con anterioridad había sido una comunidad mucho más desregulada, reunida alrededor de la figura carismática de su padre. Así como el de Rûmî fue un sufismo más allá del sufismo, original en muchos puntos, la fraternidad *mawlawî* también lo fue. Uno de los elementos más originales fue el papel concedido a la cocina *(matbaj)*, espacio alquímico por antonomasia de transmutación interior, a la hora de la iniciación de los nuevos aspirantes a derviches *mawlawîes*. La razón es sencilla. Rûmî subrayó sin desmayo la necesidad de que el conocimiento no fuese libresco o de oídas, esto es, meramente especulativo, sino gustativo o, lo que es lo mismo, experiencial. Para él, el saber no valía nada si no hay sabor. No resulta extraño, por lo tanto, que se articule un lazo esencial entre saber y sabor en el sufismo *mawlawî*. Dicho en otras palabras, para Rûmî conocer es saborear. Todo ello explica que la primera etapa del aprendizaje del aspirante a derviche *mawlawî* se desarrolle en el ámbito de la cocina de la fraternidad, durante 1001 días de internamiento que es retiro y servicio a la vez.

Al tiempo que daba forma a la nueva fraternidad *mawlawî*, Sultân Walad tuvo que enfrentarse a la hostilidad de todos aquellos que no veían con buenos ojos que los herederos de Rûmî hiciesen un uso tan masivo de la música y la danza, dos actividades siempre bajo sospecha. A fin de no buscarse problemas mayores, los derviches *mawlawîes* moderaron su actitud durante el *samâ'*. Pero no solo tuvieron que moderarse, también debieron justificarse ante quienes criticaban sus actitudes y métodos espirituales. Poco a poco, se sintieron impelidos a adoptar una actitud paulatinamente más precavida y conciliadora sobre estas cuestiones. Sultân Walad fue el primero en argumentar en favor del carácter espiritual de la poesía de su padre y de la licitud religiosa del *samâ'*, lo cual deja entrever que el clima de incomprensión que los *mawlawîes* hubieron de soportar no se hizo esperar mucho tiempo, tras la muerte de Rûmî. Sin embargo, históricamente, esto no siempre fue así. A lo largo de los siglos, los derviches *mawlawîes* fueron mucho más que una mera fraternidad sufí. Su influencia social y política así lo prueba. Durante el período otomano, los privilegios de los que gozaron los *mawlawîes*, muy cercanos al poder califal, fueron muchos. Por lo que respecta al ámbito particular de la música, la fraternidad *mawlawî* fue la verdadera escuela de música del Imperio otomano,[1] lo cual pone de relieve el valor que los seguidores de Rûmî le concedieron a la música y el grado de perfección que alcanzaron en su práctica. No en vano algunos de los intérpretes y compositores más prominentes de la música turco-otomana fueron derviches *mawlawîes*.

Junto al patrimonio literario y espiritual, hay que reseñar también el patrimonio inmaterial, en forma de música y de danza,

---

1. Cf. Ursula y Kurt Reinhard, *Musique de Turquie*, París, Buchet/Chastel, 1997, p. 194.

sobre todo en el ámbito del sufismo otomano, legado por Rûmî, en primera instancia, y después por la fraternidad *mawlawî*. Destaca aquí, especialmente, el *samâ'* u oratorio musical *mawlawî*. Si bien es cierto que el *samâ'* como tal es una práctica sufí anterior en el tiempo a Rûmî, el formato *mawlawî* del *samâ'* adquirió una elegancia plástica de una belleza inusitada, hasta el punto de convertirse, tanto en Oriente como más recientemente en Occidente, en el arquetipo del concierto musical sufí, de tal manera que hablar de *samâ'* es referirse, primordialmente, al *samâ'* de los derviches *mawlawîes*. Como reconoce el musicólogo Joscelyn Godwin, «no todos los sufíes eran tan disciplinados y elegantes en su *samâ'* como los *mawlawîes*».[2] Ahora bien, dicha elegancia *mawlawî* no era una mera pose ni tampoco un fruto del azar. Desde sus albores, la fraternidad *mawlawî* se caracterizó por el enorme valor concedido al *adab* o cortesía espiritual. Tal como lo concibió Rûmî, el *adab* es delicadeza ante todo, o lo que es lo mismo, un «saber estar» en cada momento y situación. El *adab* son gestos y actos específicos que nacen desde el conocimiento que requiere cada circunstancia. Pues bien, gracias al empeño puesto por Sultân Walad, los derviches *mawlawîes* heredaron de Rûmî la *significación* que para él tuvo el *adab*, con lo que quedaron sentadas así las bases del estilo de sufismo, elegante, artístico y caballeroso, que ha caracterizado a los *mawlawîes* a lo largo de los siglos hasta hoy mismo.

Con todo, hay que decir que, a lo largo de su fructífera historia, en la fraternidad *mawlawî* han convivido al menos dos espíritus en forma de corrientes antitéticas. A la primera, un tanto heterodoxa, se la conoce con el nombre de *shamsî*, en referencia a la figura de Shams al-Dîn Tabrîzî. Uno de sus principales valedores fue ʿÛlû ʾÂrif Çelebî, hijo de Sultân Walad. De Ûlû ʾÂrif, que fue el nieto que Rûmî tanto anheló tener en las postrimerías de su vida, sa-

2. Joscelyn Godwin, *Armonías del cielo y de la tierra. La dimensión espiritual de la música desde la Antigüedad hasta la vanguardia*, Barcelona, Paidós, 2000, p. 93.

bemos el cuestionamiento que planteó de algunos aspectos de la *sharî'a* o ley religiosa. Por su parte, la segunda corriente, conocida como *waladî*, en referencia a Sultân Walad, ha sido históricamente la mayoritaria. Dicha corriente asumió como propios todos los mandatos del islam. Sin embargo, ambos rostros *mawlawîes*, tanto el *shamsî* como el *waladî*, han compartido un mismo espíritu.

El legado literario, una obra poética monumental

La obra de Rûmî constituye un auténtico reflejo del hombre. Toda ella exhala autenticidad, siendo esa, tal vez, una de las razones de su perdurabilidad en el tiempo. La sinceridad es uno de los rasgos más característicos de su poesía, que es el espejo en el que se vislumbra su vida interior. No puede haber arte sin verdad. Por consiguiente, toda simulación poética tiene que ser, en primer lugar, verosímil. Como no hay distinción en Rûmî entre literatura y búsqueda espiritual, la sinceridad es para él la condición de posibilidad del sufismo: «Tu sinceridad te ha convertido en un buscador» (M II, 3007).

Sin embargo, la obra poética de Rûmî no responde a los patrones clásicos de los poetas ordinarios, los poetas de oficio, podríamos decir. Su poesía, asevera su hijo Sultân Walad, no es un divertimento, ni está hecha a sueldo para loar a nadie, ni persigue el simple placer estético, sino que revela al Amado divino y a Él conduce. Mientras que el poeta ordinario, lleno de sí mismo, henchido de orgullo, fascinado hasta la ceguera por su capacidad creativa y rimadora compone y dice desde su ego envanecido, Rûmî lo hace desde el vacío germinador de su ser, desde la nada fértil en la que se convirtió, que no es otra cosa que el *vacare Deo*, esto es, el vacío para Dios, cuyo principio es la superación de los deseos egoicos, y su culminación la cesación del propio yo ante Dios. De ahí la veracidad de una poesía que no pretende embelesar los oídos con bellas rimas, sino sacudir los corazones, conmoverlos y sacarlos de su apatía. Sultân Walad

recurre al lenguaje coránico para referirse a la poesía de su padre y
así dice de ella que es una suerte de *tanzîl* o «descenso», teniendo
en cuenta que el propio Corán es denominado *Al-Tanzîl*, esto es,
«La Revelación descendida». Empleando dicha expresión, Sultân
Walad deseaba subrayar el carácter inspirado, cuasi divino, de la
poesía de Rûmî, lo cual la diferenciaba de la poesía convencional.
En resumen, para Sultân Walad no toda la poesía es igual, porque
hay poesía y poesía:

> La poesía de los fieles de amor es toda ella hermenéutica [*tafsîr*],
> la poesía de los poetas es olor a ajo [*taf-i sîr*];[3]
> la poesía de los fieles de amor pertenece al dominio de la ebriedad [...],
> la poesía de los poetas es el resultado de su propio ego embriagado
>   de sí mismo.
> Esta poesía es comentario del Corán [...],
> conduce a los hombres de la impiedad a la religión,
> pero ¡qué digo a la religión! Es a Dios mismo a quien conduce.
> La poesía de estos hombres es la alabanza de Dios,
> puesto que es Dios quien les concede la vida a sus corazones [...].
> Considera su poesía como la palabra milagrosa de Jesús,
> gracias a ella, los muertos resucitan.[4]

Se dice que el poeta es más intenso que extenso. A veces, la poesía es
eso, justamente, decir mucho con muy poco. Pues bien, también
en eso Rûmî es excepcional, ya que la suya es una poesía intensa, sí,

3. Las expresiones «hermenéutica» *(tafsîr)* y «olor a ajo» *(taf-i sîr)*, incluidas
en los dos primeros versos, requieren una explicación. Sultân Walad juega con
la proximidad fonética entre *tafsîr*, término que en las ciencias islámicas se usa
para referirse a la hermenéutica coránica, y la expresión *taf-i sîr*, que en persa
quiere decir «olor a ajo». En realidad, Sultân Walad tomó prestado dicho juego
de palabras del propio Rûmî (DS 1472).
4. Sultân Walad, *La parole secrète. L'enseignement du maître soufi Rûmî*, Chatillon
sous Bagneux, Le Rocher, 1988, pp. 90-92.

pero muy extensa también. Se trata de un poeta exuberante, pero en modo alguno divagante. Rûmî no perdió jamás la brújula. Sus dos trabajos literarios más importantes son: el *Dîwân-i Shams-i Tabrîzî*, que incluye unos 40 000 versos aproximadamente, y el *Maznawî*, libro en seis volúmenes que abarca un total de más de 25 000 versos. Además de ambas obras, han llegado hasta nuestros días tres colecciones de cartas y una selección de sus charlas espirituales, recogidas en el *Fîhi mâ fîhi*.

Dîwân-i Shams-i Tabrîzî

Se trata de la recopilación de la obra poética de Rûmî, al margen del *Maznawî*. Comprende 3 230 *gazales* u odas místicas, que suman un total de 35 000 versos, dispuestos en 21 metros poéticos distintos. Incluye, igualmente, 44 *taryî'ât*, un tipo de composición poética integrada por dos o más *gazales*, que suman 1 700 versos; y, por último, 2 000 *rubâ'iyyât* o cuartetos. Traducimos la palabra árabe *rubâ'î* como «cuarteto», si bien el *rubâ'î*, que significa literalmente «doble verso», consta solo de dos dísticos repartidos en cuatro hemistiquios que riman el primero, segundo y cuarto, quedando libre el tercero.

En cuanto al *gazal*, se trata de un género poético, originariamente árabe, de carácter erótico-elegíaco. Andando el tiempo se convertirá en la composición estrófica predilecta de los poetas sufíes persas, y Rûmî no fue una excepción. Se trata de una composición que consta, por lo general, de entre cinco y quince dísticos. Los dos hemistiquios del primer dístico marcan la rima de todo el *gazal*, que es de esencia musical. Su musicalidad proviene del *radîf*, suerte de estribillo colocado justo al final de cada dístico. Uno de los rasgos más singulares y distintivos del *gazal* lo hallamos en el último dístico, llamado *majlas*, en el cual el autor inscribe su *tajallus*, que es el pseudónimo o *nom de plume* del poeta. Seguidamente veremos cuáles fueron los que empleó Rûmî. La poesía reunida en el *Dîwân* fue compuesta a lo largo de casi treinta años, desde la llegada de Shams a Konya, en 1244, hasta la muerte de Rûmî, en 1273. Quiere ello decir que una parte sustancial del *Dîwân* fue compuesta en paralelo al *Maznawî*, durante los últimos doce o catorce años de su vida, lo cual significa que Rûmî combinó a la perfección dos tipos distintos de registro poético, algo que no siempre ha sido ponderado como merece.

Si bien más de un tercio de los poemas contenidos en el *Dîwân* está dedicado explícitamente a Shams, mil piezas en total, solo un puñado se lo dedicó Rûmî a personajes como Salâh al-Dîn, 156 concretamente, y 14 a Husâm al-Dîn. Sin embargo, en la mayor parte de los poemas, 2150, no se menciona a nadie en concreto, si bien en más de 500 casos se da una circunstancia muy particular, verdadera seña de identidad de su poesía. En tales casos, Rûmî incluye el término *jâmûsh*, que en persa significa «silencio» —e incluso «silencioso» o «silente»— en el *majlas* de dichos *gazales*, a manera de colofón, lo cual ha llevado a algunos estudiosos a considerarlo como un *tajallus*. Sea como fuere, su empleo revela su alta consideración del silencio: «Haced del silencio un hábito» (M I, 577), les recomendaba Rûmî a los suyos. El silencio es el espacio germinador del que brota la palabra. Toda palabra que nace del silencio lleva impresa la impronta de la verdad, del mismo modo que toda palabra que no nace de dicho silencio es completamente fatua. Mientras que el *Maznawî* posee un neto carácter didáctico, como corresponde al tipo de estrofa poética del *maznawî*, el *Dîwân* puede considerarse la autobiografía espiritual de Rûmî, construida toda ella sobre las bases del amor, verdadero centro ardiente de su poesía. Rûmî se desnuda en el *Dîwân* mostrando no tanto lo que le pasa como todo aquello que le traspasa el ser. Utiliza para ello los recursos poéticos más idóneos, como son el *gazal* y el *rubâ'î*, tipos de estrofa cuyas combinaciones métricas, con *tempi* más veloces, permiten una mejor expresión tanto del gozo más expansivo como de la introspección más intimista.

También el título del libro merece un comentario. Nos hemos referido al vocablo persa *jâmûsh* como uno de los pseudónimos utilizados por Rûmî. El otro, empleado aún en vida de Shams, es justamente ese, Shams. Mucho nos tememos que se trata de algo más que de un mero homenaje formal a quien marcó decisivamente su vida y su trayectoria espiritual. Con la adopción de dicho *tajallus*, Rûmî muestra su total vaciamiento en la figura de su mentor. En cierta manera, Rûmî decide retirarse de su propia obra para que sea Shams quien hable a través suyo, reconociendo de este modo que ambos compartían una misma naturaleza. De hecho, Rûmî vivió junto a Shams una experiencia directa del *tawhîd* o principio islámico de la unicidad divina. Esa fue la mayor enseñanza que recibió de Shams. Hay que tener en cuenta, además, que *Dîwân-i Shams* puede significar en persa tanto «*Dîwân* escrito por Shams» como «*Dîwân* dedicado a Shams» e, incluso, «*Dîwân* inspirado por Shams».

Maznawî Ma'nawî

El *Maznawî* de Rûmî toma su nombre del tipo de estrofa poética en el que está escrito, la más idónea para las narraciones poéticas largas. El *Maznawî Ma'nawî* comprende un total de 25 632 versos reunidos en seis volúmenes. Todo él posee un estilo predominantemente didáctico. Mientras que el *Dîwân* contiene distintas piezas poéticas, autónomas entre sí, que responden a diferentes patrones rítmicos, el *Maznawî* está todo él compuesto según un único y mismo patrón. De origen árabe, la palabra *maznawî* podría traducirse por «doble», «duplicado» y «pareado», haciendo referencia a la estructura interna de la rima, la cual se repite en los dos hemistiquios de cada dístico, de ahí que formalmente el *maznawî* parezca una especie de pareado. Con independencia de su extensión, el *maznawî* posee siempre una misma métrica que se establece desde el primer dístico.

En realidad, el título completo del libro es *Maznawî Ma'nawî*. El vocablo árabe *ma'nawî* suele traducirse, de forma muy genérica, por «espiritual», según lo cual el significado del título sería *Versos espirituales* o, más bien, *Pareados espirituales*. Sin embargo, conviene precisar el sentido literal del vocablo *ma'nawî*, dado que es uno de los términos predilectos de Rûmî. En primera instancia, lo podemos traducir por «significado» o «contenido temático», pero en Rûmî *ma'nawî* es el «sentido profundo de algo». El *Maznawî* reúne todo un conjunto de cuentos sapienciales —algunos de carácter humorístico—, apólogos, hadices, aleyas coránicas y anécdotas de toda índole y procedencia que Rûmî recrea a su antojo. El objetivo de cada explanación es mostrar algún punto fundamental de la sabiduría islámica, pero exponiéndolo según su propia interpretación. Lo que resulta evidente es que Rûmî no pretende en ningún caso edificar un sistema filosófico fundado en procedimientos meramente racionales. Para él la razón —cuyo valor no niega, aunque es consciente de sus limitaciones— está supeditada siempre a la revelación.

El *Maznawî* es un libro mayormente dictado, lo cual le otorga al conjunto de la obra una frescura y un dinamismo más propios de la oralidad que de la escritura en sí. Todo él posee una sobriedad —y, en algunos casos, una contención— que contrasta con la fogosidad y el desbordamiento extático del *Dîwân*, lo cual se debe a que tanto el objetivo como el carácter de ambas obras son totalmente diferentes. En cierto modo, el *Maznawî* es un comentario sobre los estados espirituales expresados en el *Dîwân*. Al fin y al cabo, lo que hace Rûmî, pedagogo del encuentro místico, es enmarcar dichos estados dentro del contexto de las enseñanzas islámicas. El propósito fundamental del *Maznawî* es servir de guía a los buscadores espirituales. Que el libro posea un carácter expositivo en modo alguno significa que el discurso del *Maznawî* presente un desarrollo lineal, lo cual puede confundir al lector poco familiarizado con una obra fundamentada en los cambios repentinos de tema, registro y persona. Pero que carezca de linealidad no implica que sea un libro desordenado o carente de estructura. El *Maznawî* posee una muy particular estructura interna sustentada en complejas yuxtaposiciones y paralelismos, dispuestos por simetría, que responden de un modo sumamente cabal al mismo orden y estructura del texto coránico. Al mismo tiempo, hay que considerar otro elemento importante a la hora de analizar esa particular estructura del libro. Se trata de lo que el arabista Pablo Beneito denomina «diseminación de los contenidos»,[5] un recurso utilizado expresamente para evitar, entre otras cosas, lecturas indebidas y malas interpretaciones.

En resumen, si en el *Dîwân* se nos muestra el universo interior del Rûmî ebrio de amor, con todos sus destellos iluminativos, en el *Maznawî* hallamos al Rûmî *shayj* o maestro de la senda sufí, al sobrio pedagogo del espíritu, al conductor de hombres. En cualquier caso, nos hallamos ante un Rûmî bifronte en cuya personalidad conviven ebriedad y sobriedad.

Fîhi mâ fîhi

Se trata del libro en prosa más importante de Rûmî. En él se recogen un total de 71 charlas espirituales en las que se abordan algunos puntos cardinales del sufismo. Es muy probable que fueran transcritas por su hijo Sultân Walad, inmediatamente, o poco después de haber sido pronunciadas. El título de la obra, un tanto oscuro y difícil de traducir, permite distintas interpretaciones: «En eso está lo que está ahí», «Eso oculta lo que oculta», «Contiene lo que contiene». El profesor turco Hilmi Ziya Ülken lo tradujo

---

5. Cf. Pablo Beneito, «La doctrina del amor en Ibn ʿArabî. Comentario del nombre divino Al-Wadd», *Anales del Seminario de Historia de la Filosofía*, 2001, p. 64.

como «Todo está ahí»,[6] sugiriendo la idea de que quien alcance a comprender dicha significación estará en posesión de la llave del conocimiento. Según Eva de Vitray-Meyerovitch, el título del libro está tomado de una cuarteta de Ibn 'Arabî incluida en el segundo volumen de su obra monumental *Futûhât al-Makkiyya (Las iluminaciones de La Meca).* Similares en cuanto al estilo y el contenido, son muchas las coincidencias existentes entre el *Maznawî* y el *Fîhi mâ fîhi.* En ambas obras se citan, por ejemplo, las mismas aleyas coránicas, los mismos hadices y los mismos versos; hasta las mismas anécdotas aparecen igualmente en ambas, lo cual habla a las claras acerca del idéntico proceso de pensamiento que se da en Rûmî.

Mayâlis-i sab'a

Recopilación de «siete reuniones», que eso es lo que significa, literalmente, el título, mantenidas por Rûmî con un público diverso, no exclusivamente sufí, a juzgar por el estilo y tono divulgativo de la obra. Forûzânfar insinúa que las reuniones recogidas en el libro pudieron haber tenido lugar antes de la muerte de Bahâ' al-Dîn Walad y, por consiguiente, durante la etapa anterior a la llegada de Shams a Konya, lo cual vendría a corroborar el punto de vista según el cual Rûmî poseía ya antes de Shams un importante rango espiritual que el derviche errante de Tabriz ayudó a elevar aún más.

6. Hilmi Ziya Ülken, *La pensée de l'Islam*, Estambul, Fakülteler Matbaası, 1953, p. 308.

Maktûbât

Conjunto de 145 cartas *(maktûbât)* dirigidas por Rûmî a distintos gobernantes y altas personalidades de la ciudad de Konya, así como a sus propios hijos. La mayoría de ellas son recomendaciones y peticiones de favores para discípulos suyos o para algunos de sus familiares. A diferencia de lo que acostumbra a ser común en las colecciones de cartas de los distintos maestros sufíes, las misivas de Rûmî no abordan temas estrictamente doctrinales o espirituales, salvo en un solo caso, en el que responde a alguien que le pide consejo espiritual. En su inmensa mayoría, las cartas abordan temas mundanos y cotidianos. Su lectura nos muestra al sabio sufí que fue Rûmî, pero, como puntualiza Annemarie Schimmel, «no como alguien que vive permanentemente en las esferas celestiales, sino más bien como alguien que, con su infinito amor, se preocupaba por el bienestar de sus vecinos».[7]

7. Annemarie Schimmel, «Mawlânâ Rumi y Konya revisitados», *SUFI*, n.º 7 (2004), p. 18.

Epílogo

Rûmî considera que «el hombre ha venido a este mundo para llevar a cabo una misión y esta misión es su verdadero fin. Si no la realiza, nada habrá hecho realmente» (FF 4, 14). En su caso fue Shams al-Dîn Tabrîzî quien le hizo ver cuál era su verdadera misión en el mundo. Tras su encuentro con él, Rûmî se supo un «purificador de espíritus» *(sayqal-i arwâh)*. Consciente de que ese era su destino, un destino impuesto, y que nada podía contra él, se entregó en cuerpo y alma a dicha misión de purificar espíritus, o lo que es lo mismo, de insuflar vida a los corazones marchitos.

Sin hombres como Rûmî el mundo habría dejado de existir hace mucho tiempo, consumido por la profanidad, el absurdo y la fealdad del mal. Son ellos, fondo nutricio de la humanidad, los que lo sostienen y colman de sentido, los que contrarrestan con su luz tanto oscurecimiento, los que contribuyen a hacer de él un lugar mucho más apacible, benigno y humano. El poeta y filósofo indio Muhammad Iqbal (m. 1938) escribió en su día que «el mundo de hoy necesita un Rûmî que cree una actitud de esperanza y avive el fuego del entusiasmo por la vida».[1] En un mundo tan abúlico y desnortado como el que nos ha tocado en suerte vivir, necesitamos, en efecto, esperanza y entusiasmo por la vida, pero

---

1. Allamah Muhammad Iqbal, *La reconstrucción del pensamiento religioso en el islam*, Madrid, Trotta, 2002, pp. 119-120. Prólogo de Halil Bárcena.

también capacidad de distinguir la naturaleza real de las cosas, dada la dificultad que hoy nos encontramos, en tiempos de *fake news*, a la hora de saber qué es realmente real y qué no. Tal como el propio Rûmî afirma, «la fe es el discernimiento capaz de separar la verdad del error, las cosas valiosas de las que carecen de valor».[2]

Para Rûmî, esa es la principal tarea a la que debe entregarse todo aspirante espiritual. Al fin y al cabo, la espiritualidad es discernimiento entre lo eterno y lo efímero, y entrega a lo eterno; separación del mal, que es pura ilusión, y unión con el bien divino, que es lo realmente real. Rûmî utiliza el término árabe *tamyîz* para referirse a tal discernimiento. Dicha palabra ha dado en español «tamiz». En definitiva, tamizar, que quiere decir separar las partes finas de las gruesas, no deja de ser una forma de distinguir. Pues bien, hoy, en un mundo en el que todo aparece horizontalmente igualado y resulta tan difícil distinguir lo real de la filfa, lo valioso de lo inútil, lo que nos hace realmente seres libres de lo que nos esclaviza y nos convierte en meros robots, se hace aún más urgente que nunca cultivar el *tamyîz* al que se refiere Rûmî, porque «aunque "león" y "leche" se escriban igual en persa [*shîr*] no son lo mismo» (M I, 263).

Pese a que Rûmî es una realidad inagotable, un «asombroso océano infinito» (DS 1759), cuya singladura es una historia muy larga y ardua de narrar, como él mismo dice, debemos concluir este libro. Al finalizar estas páginas debo confesar con profunda gratitud que su escritura ha supuesto para mí toda una dichosa experiencia espiritual, cuyo significado va mucho más allá del mero ejercicio intelectual. Y es que nadie puede adentrarse en la vida de un hombre ejemplar como Rûmî y permanecer indiferente o salir indemne de la tarea. Del mismo modo que Rûmî concluye muchas de sus odas místicas con la palabra persa *jâmûsh*, «silencio», sabedor de que este es el guía y el sostén de los buscadores

2. Cf. FF XXXIX, 146 y 148.

sinceros, el terreno siempre fértil en el que germina toda palabra veraz, también nosotros ponemos punto y final a este libro invocando dicho silencio, fuente inédita del conocimiento, condición de posibilidad de la senda interior, ya que Dios habla al corazón de los que silencian las exigencias parciales del ego para escucharlo a Él. El silencio es un océano, nos enseña Rûmî, y la palabra un mero riachuelo.

Así pues, la presente historia admite ser contada solamente hasta este punto. El resto no cabe en las palabras. Por mucho que nos esforzáramos en explicarnos sería inútil. Para describir el amor divino, esto es, la experiencia fruitiva de Dios que tuvo Rûmî, no hay palabras en el diccionario que valgan. Solo el silencio, que es apertura al misterio del ser, un intérprete directo del sentido de las cosas, nos puede conducir a través del océano sin orillas que es Rûmî, porque el silencio es el verdadero guía y sostén de los hombres en las aguas del espíritu. Como indica el propio Rûmî, no queda más remedio que callar para que sea el Amigo divino quien tome la iniciativa y hable a través del silencio interior del ser humano:

Guarda silencio en el momento preciso en el que llega el amante.
Él sabe sin palabras. Silencio [...]
No pronuncies palabra alguna sobre los dos mundos.
Él te conduce hacia el único color. Silencio.

(DS 1897)

Bibliografía

Aflâkî, Shams al-Dîn Ahmad, *The Feats of the Knowers of God (Manâqib al-'ârifîn)*, trad. de John O'Kane, Leiden, Brill, 2002.

Ambrosio, Alberto Fabio; Ève Feuillebois y Thierry Zarcone, *Les derviches tourneurs. Doctrine, histoire et pratiques*, París, Les Éditions du Cerf, 2006.

Anvar-Chenderoff, Leili, *Rûmî. La religion de l'amour*, París, Médicis-Entrelacs, 2004.

Bárcena, Halil, *Sufismo*, Barcelona, Fragmenta, 2012

—, *Perlas sufíes. Saber y sabor de Mevlânâ Rûmî*, Barcelona, Herder, 2015.

—, *A oscuras*, Barcelona, Akiara Books, 2020. Ilustraciones de Laura Borràs Dalmau.

—, *Dîwân de Hallây*, Barcelona, Fragmenta, 2021.

Can, Şefik, *Fundamentos del pensamiento de Rumi. Una perspectiva sufí mevlevi*, Somerset (NJ), La Fuente, 2009.

Chittick, William C., *The Sufi Path of Love. The Spiritual Teachings of Rumi*, SUNY, Albany, 1983.

—, *La doctrina sufí de Rumi*, Palma de Mallorca, J. J. de Olañeta, 2008.

Dawlat Shâh, Ibn 'Alâ' al-Dawla, *Tadhkirat al-Shuarâ'* [Memoria de los poetas], Teherán, Bârâni Leiden, 1958.

During, Jean, *Musique et extase. L'audition mystique dans la tradition soufie*, París, Albin Michel, 1988.

ERGUNER, Kudsi, *La fuente de la separación. Viajes de un músico sufí*, Barcelona, Oozebap, 2009.

GAMARD, Ibrahim, *Rumi and Islam. Selections from His Stories, Poems, and Discourses*, Woodstock, Skylight Paths, 2004.

HAMDI TANPINAR, Ahmet, *Cinco ciudades*, Madrid, Sexto Piso, 2017.

HOSSEIN NASR, Seyyed, *Islamic Art and Spirituality*, Londres, Golgonooza, 1987.

—, *Rûmî and the Sufi Tradition*, Teherán, RCD Cultural Institute, 1974.

KEMÂL ÖKE, Mim, *Mevalana Jelaluddin Rumi and Sufism. A Dervish's Logbook*, Estambul, Sufi Kitap, 2017.

LEWIS, Franklin D., *Rumi. Past and Present, East and West. The Life, Teachings and Poetry of Jalâl al-Din Rumi*, Oxford, Oneworld, 2000.

LEWISOHN, Leonard (ed.), *The Legacy of Medieval Persian Sufism*, Londres, Khaniqahi Nimatullahi Publications, 1992.

NICHOLSON, Reynold A., *Rûmî, mystic and poet*, Oxford, Oneworld, 1995.

—, *Selected Poems from the Divan-e Shams-e Tabrizi of Jalaluddin Rumi*, Bethesda, Ibex, 2001.

RIFAI, Kenan, *Listen. Commentary on the Spiritual Couplets of Mevlana Rûmî*, Louisville, Fons Vitae, 2011.

SCHIMMEL, Annemarie, *The Triumphal Sun. A Study of the Works of Jalâloddin Rumi*, Albany (NY), SUNY, 1993.

SIPAHSÂLÂR, Farîdûn bin Ahmad, *Zendegînâme-yi Mawlânâ Yalâl al-Dîn* [Vida de Rûmî], Teherán, Iqbâl, 1947.

TABRÎZÎ, Shams-i, *Me and Rumi. The Autobiography of Shams-i Tabrizi*, trad. de William C. Chittick, Louisville, Fons Vitae, 2004.

VITRAY-MEYEROVITCH, Eva de, *Mystique et poésie en Islam. Djalâl-ud-Dîn Rûmî et l'Ordre des Derviches tourneurs*, París, Desclée De Brouwer, 1972.

—, *Konya ou la danse cosmique*, París, Jacqueline Renard, 1989.

Vitray-Meyerovitch, Eva de, *Rûmî. El canto del sol,* Palma de Mallorca, J. J. de Olañeta, 1998.

Walad, Sultân, *La parole secrète. L'enseignement du maître soufi Rûmî,* trad. de Eva de Vitray-Meyerovitch y Djamshid Mortazavi, Chatillon sous Bagneux, Le Rocher, 1988.